八千代出版

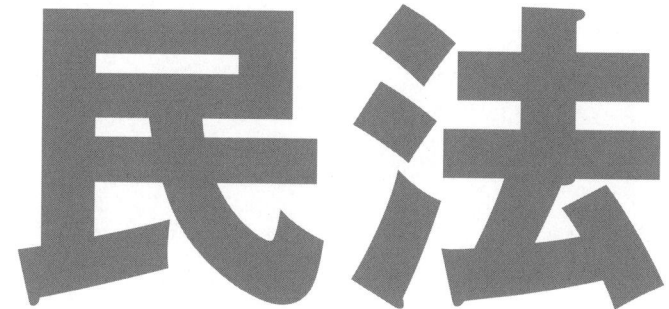
民法

小川 富之 編著

吉村 朋代
竹田 智志
土居 俊平
大島 一悟
廣瀬 孝壽
下田 大介
古川 瓔子
宍戸 育世

執筆者一覧（掲載順）

小川富之	福岡大学法科大学院教授	序章、4章5-6節、5章
吉村朋代	広島国際大学心理科学部教職教室准教授	1章1-2節
竹田智志	明治学院大学法学部兼任講師	1章3-8節
土居俊平	熊本県立大学総合管理学部専任講師	2章1-3節
大島一悟	大阪経済法科大学法学部准教授	2章4-7節
廣瀬孝壽	北九州工業高等専門学校准教授	3章1-3節
下田大介	岡山商科大学法学部准教授	3章4-5節
古川瓔子	近畿大学法学部講師	4章1-4節
宍戸育世	近畿大学大学院博士課程	4章5-6節、5章

　　　　　　　　は し が き

　法学とは、法律関係を明らかにすることを目的とするもので、言い換えると、法律上の権利（と）義務の関係がどうなっているかについて学習することである。法は広い意味では、社会規範（ルール）を意味するが、ここではこの中の一つである法律を中心に考える。法律は公法と私法、一般法と特別法といったようなさまざまな観点から分類される。本書の扱う民法は私法の一般法である。ただ、民法は「シビル・コード」と表記されることからも分かるように、私たちが市民として生きていくうえで必要とされるルールを組織的・体系的に規定しており、その意味では憲法や刑法も含めたすべての法律の一般法と考えることができる。

　この民法は、第1編「総則」、第2編「物権」、第3編「債権」、第4編「親族」および第5編「相続」の全5編で構成されており、このような方式はパンデクテン体系と呼ばれる。

　本書の第一の特色は、この体系に沿って内容を説明している点である。このことにより、まず初学者がふもとから頂上を目指して一歩ずつ民法という山を登っていくように、第1章から順を追って学習することができる。次に、民法の各章を詳しく学んで、全体が鳥瞰できるようになったら、本書は民法全体が1冊にまとめられているので、自分の学んだ部分が山全体のどのあたりにあるかを把握でき、自分がどんな山の頂上に立っているのかを確認できる。さらに、目次や索引を地図のように活用して、必要に応じて必要なところにたどり着けるようになっている。

　本書のもう一つの特色は、民法の各分野の専門家が各章を執筆しており、そのスタイルの違いを生かしながら全体の統一を図るよう工夫されている点である。このことにより、読者は、第1章から順に読み進めても、あたかもオムニバス方式の講義のように、毎回新しい先生が登場し、新鮮な気持ちで学習をすることができる。これは、必要に応じて章や節を集中して学習する

場合も同様である。

　本書がこのような内容で完成したのは、各章や節を担当していただいた専門家の先生方と研究会等を通じた努力の成果である。また、本書をこのような形で刊行できたのは、八千代出版の森口恵美子さんのご理解とご協力のおかげである。改めて感謝申し上げるとともに、本書を手に取ったみなさんが、無事に民法という大きな山の頂に立つことができるとともに、必要に応じて地図を見ながら、自由にその山を散策してくれることを願っている。

　　　　　　　　　　　　　　　　　　　　　　編著者　小川　富之

目　次

はしがき　i
略記一覧　vii

序　章　法学入門・民法入門 ─────────────── 1
1　法学入門（社会規範としての法規範、法の分類、法学の意義）1　2　民法の位置づけ　3　3　民法の歴史　3　4　民法の構成　4

第1章　総　　則 ──────────────────── 7
第1節　通　　則　7
1　公共の福祉　7　2　信義則　8　3　権利濫用の禁止　8　4　個人の尊厳と男女平等　9

第2節　人・法人　10
1　権利主体　10　2　権利能力　11　3　行為能力　13　4　住所　19　5　不在者の財産管理・失踪宣告　19　6　法人　22

第3節　物　25
1　権利の客体の意義　25　2　動産と不動産　25　3　主物と従物　26　4　元物と果実　27

第4節　法律行為　27
1　法律行為の意義と種類　27　2　法律行為の解釈　28　3　法律行為の効力　28

第5節　意思表示　29
1　意思表示の意義　29　2　意思と表示の不一致　31　3　瑕疵ある意思表示　40　4　無効・取消し、条件と期限　44

第6節　代　　理　47
1　代理の意義　47　2　無権代理　55

第7節　期間の計算　65
1　期間の意義　65　2　期間の計算　65

第8節　時　　効　66
1　時効の意義　66　2　取得時効　70　3　消滅時効　74

第2章 物　　権 — 77

第1節　物権総論　77
1　物権の意義　77　　2　物権の一般的効力　81　　3　物権変動論　82

第2節　所有権・占有権　95
1　所有権　95　　2　占有権　98

第3節　用益物権　103
1　地上権　103　　2　その他の用益物権　104

第4節　担保物権総論　105
1　担保物権の意義　105　　2　担保物権の種類　106　　3　担保物権の効力　108　　4　担保物権の性質　109

第5節　法定担保物権　111
1　留置権　111　　2　先取特権　114

第6節　約定担保物権　118
1　質権　118　　2　抵当権　122

第7節　非典型担保　131
1　仮登記担保　131　　2　譲渡担保　132　　3　所有権留保　134

第3章 債　　権 — 135

第1節　債権総論　135
1　債権の目的　135　　2　債権の効力　140　　3　多数当事者の債権および債務　151　　4　債権譲渡と債務引受　159　　5　債権の消滅　161

第2節　契約総論　166
1　契約の成立　166　　2　契約の効力　171　　3　契約の解除　175

第3節　契約各論　177
1　贈与　177　　2　売買　179　　3　交換　185　　4　消費貸借　186　　5　使用貸借　188　　6　賃貸借　189　　7　雇用　194　　8　請負　195　　9　委任　196

第4節　事務管理・不当利得　197
1　事務管理　197　　2　不当利得　198

第5節　不法行為法　201
1　不法行為制度の意義　201　　2　過失責任主義と無過失責任論　202　　3　一般不法行為の成立要件　204　　4　不法行為の効果　220　　5　特殊不法行為　233　　6　不法行為特別法　239

目　次

第4章　親　　　族 —————————————— 243
第1節　総　　　則　243
1　親族の意義　243　　2　親族の範囲　243
第2節　婚　　　姻　244
1　婚姻の意義　244　　2　婚姻の成立　244　　3　婚姻の効力　247　　4　離婚　249　　5　婚約・内縁・事実婚　251
第3節　親　　　子　252
1　実子　252　　2　養子　254
第4節　親　　　権　256
1　子と親権者　256　　2　親権の効力　257　　3　親権の喪失・停止　257
第5節　後　　　見　258
1　後見の意義　258　　2　未成年後見　259　　3　成年後見制度　259　　4　任意後見制度　261
第6節　扶　　　養　262
1　扶養の意義　262　　2　扶養の当事者　262　　3　扶養の内容　263

第5章　相　　　続 —————————————— 265
第1節　総　　　則　265
1　相続の意義　265　　2　相続の開始　265　　3　相続回復請求権　266　　4　相続財産に関する費用　266
第2節　相　続　人　267
1　血族相続人　267　　2　配偶者相続人　268　　3　相続欠格　268　　4　相続人の廃除　268
第3節　相続の効力　269
1　相続財産の包括承継　269　　2　相続分　270　　3　遺産分割　271
第4節　相続の承認および放棄　272
1　相続の承認　272　　2　相続の放棄　274
第5節　財　産　分　離　274
1　財産分離の意義　274　　2　第一種財産分離　275　　3　第二種財産分離　276
第6節　相続人の不存在　277
1　相続財産の管理　277　　2　相続財産の国庫への帰属　277
第7節　遺　　　言　278
1　遺言制度の意義　278　　2　遺言の方式　278　　3　遺言の効力・執行・撤回と

取消し　280
　第8節　遺　留　分　282
　　　1　遺留分制度の意義　282　　2　遺留分権利者と遺留分　282　　3　遺留分の算定　283　　4　遺留分の減殺方法　283

索　　引　285

略 記 一 覧

1. 法　　令
法令の略語は以下のとおりである。

家事	家事事件手続法
仮登記担保	仮登記担保契約に関する法律
憲	日本国憲法
原子力損害	原子力損害の賠償に関する法律
国賠	国家賠償法
戸籍	戸籍法
質屋	質屋営業法
自賠	自動車損害賠償保障法
借地借家	借地借家法
商	商法
人訴	人事訴訟法
水質汚濁	水質汚濁防止法
製造物	製造物責任法
大気汚染	大気汚染防止法
特許	特許法
不登	不動産登記法
保険	保険業法
民執	民事執行法
民訴	民事訴訟法

2. 判　　例
判例については下記のように表示する。
「最判昭27・2・19民集6巻2号110頁」は、「最高裁判所判決昭和27年2月19日最高裁判所民事判例集6巻2号110頁」を示す。

[判例の略称]		[判例集、法律雑誌の略称]	
最大判（決）	最高裁判所大法廷判決（決定）	民集	大審院・最高裁判所民事判例集
最判（決）	最高裁判所判決（決定）	民録	大審院民事判決録
高判（決）	高等裁判所判決（決定）	刑録	大審院刑事判決録
地判	地方裁判所判決	裁判集民事	最高裁判所裁判集民事
支判	地方裁判所支部判決	下民集	下級裁判所民事裁判例集
家審	家庭裁判所審判	家月	家庭裁判所月報
大判（決）	大審院判決（決定）	交民	交通事故民事裁判例集
大連判	大審院連合部判決	新聞	法律新聞
		判時	判例時報
		百選	判例百選
		判タ	判例タイムズ

序章

法学入門・民法入門

1 法学入門（社会規範としての法規範、法の分類、法学の意義）

（1） 社会規範（ルール）

「社会あるところに法あり」という法格言がある。人が2人以上いるところが「社会」で、「法」とはここではルールの意味である。1人だけで生活している場合には、自分の好きなように行動しても、人に迷惑をかけることがないので、特にルールは必要とされない。しかし、人が2人以上いる場合は、各自が勝手気ままに行動すると、お互いに迷惑を受けることになるので、少しずつ我慢した方がかえってお互いのためになる。そこで、何らかのルールが必要となる。このようなルールは、話し合いをして作られることもあるが、自然発生的に出来上がるものもある。自然発生的なルールは「習俗」と呼ばれる。

ルールは守らなければならないが、残念ながらルールは必ず破られる。ルールを守らせるためには「サンクション（制裁）」が必要とされる。ルール違反をすると処罰されるのがこの例で、違反者に何らかの不利益を与えることによって、ルールを守らせるわけである。

社会のルールにはいろんなものがあり、これらは社会規範と呼ばれる。先ほどの「習俗」、「慣習」、「宗教」および「道徳」等も社会規範であるが、現代社会で重要なものが「法」である。この「法」規範と、それ以外の社会規範には大きな違いが存在する。「法」規範を守らせるのは、国や自治体等の責任で、それ以外の社会規範を守らせることができるかどうかは、私たち自

身の責任である。

（2） 法の分類

　法は、さまざまな観点から分類されるが、まず公法と私法に大きく分けられる。法典のある憲法、民法、刑法、商法、民事訴訟法および刑事訴訟法を一般に「六法」と呼び、その中で憲法、刑法および刑事訴訟法が公法に属するとされる。裁判手続きについて規定されていることから、民事訴訟法も公法に属するとされることもある。また、特別の法典はないが、行政法および国際法も公法に属するとされる。これに対して、民法および商法は私法に属する。公法と私法の分類基準についてはいろいろな立場が主張されているが、国民としての生活関係を規律するのが公法であり、人類としての生活関係を規律するのが私法だというのが古典的な区別である。

　法はまた、一般法と特別法に分類される。民法が私法の一般法で商法が私法の特別法とする分類である。適用範囲に制限のないものが一般法であり、適用範囲に制限のあるものが特別法とされる。ほかには、実体法と手続法という分類もある。民法が実体法で、民事訴訟法が手続法である。また、刑事法と民事法という区別も行われている。その場合には、公法とされる刑法および刑事訴訟法が刑事法であるのは当然であるが、民事法では私法とされる民法および商法のほか、公法とされる民事訴訟法も民事法である。これは形式では公法で実質では私法という民事訴訟法の性格を反映しているわけである。実体法は物事の実質に関する法であり、手続法はその手続きに関する法である。

（3） 法学の意義

　法律の学習をするのは難しいといわれることがある。法律の学習とは、法律関係を明らかにすることで、言い換えると、法律上の権利と義務の関係を明らかにすることであると定義できる。おそらく、文学や経済学等と比べると、何を学ぶのかはかなり簡明であるといえる。法律上、誰にどんな権利と義務があるのか、その権利義務の対象は何かということを学習するわけである。

2 民法の位置づけ

　法典とは、ある範囲の法規を組織的・体系的に配列・編纂した成文法のことをいう。民法典も、当然のことながら法典として整備されたものであり、私法の一般法とされるだけでなく、日本の全法体系における一般法だというべきである。言い換えれば、民法に対して商法が特別法であることは当然として、また社会法も特別法であることは一部では認められているとおりであり、さらに公法とされるものの多くも本来は私法とされる民法典の特別法であると考えることが可能である。民法で住所、期間および親族等について規定され、行政法および刑法等でこれらに関連したその領域の規定がされていると考えることができるからである。

　民法典は、私たちが生まれてから死ぬまで、朝起きてから寝るまで、寝ている間も含めて、私たちの一生、1日24時間を通じて生じるさまざまな法律問題をその対象とする法規を組織的・体系的に配列・規定したものである。また、私たちが個人として、家族の一員として、さらに企業や国家等さまざまな集団の中で、その日常生活を営むうえで必要とされる規定が定められている。

3 民法の歴史

　明治になった当初は、統一的な法典が整備されておらず、必要に応じて出された太政官布告に従っていた。その後、フランス法を参考にして旧民法（ボアソナード民法）が1890年に制定公布されたが、施行を延期することを主張する強硬な反対論が起こり、法典論争へと発展し、1892年に施行は無期延期とされた。

　旧民法の施行延期により、穂積陳重、富井政章および梅謙次郎の3名の起草委員を中心に新たに法典調査会が設置され明治民法が制定されることとなった。この明治民法の第1編「総則」、第2編「物権」および第3編「債権」のいわゆる財産法の部分は1896年に制定・公布され、残りの第4編「親族」

および第5編「相続」のいわゆる家族法の部分は1898年に制定・公布され、全体として1898年7月16日に施行された。

明治民法の家族法の部分は、封建的、家父長的な「家」制度に基づくものであった。具体的には、戸主と家督相続という制度により、家長権の存続と、祖先より子孫に及ぶ抽象的、超世代的な「家」の存続という機能を備えたものであった。第二次世界大戦敗戦後の日本国憲法は、24条で家族について個人の尊厳と両性の平等を基本とすることが明記された。これを受けて民法第4編「親族」および第5編「相続」は全部改正され、一応、民主的な家族法の形態となった。

4　民法の構成

形式的に民法といえば、私たちは現行の「民法典」のことをその対象と考えるが、実質的には、それだけに限定されず、私法の一部として私的な生活関係を規律する原則的な法を含むものである。したがって民法の法典としての現実的な形態は、「民法典」に限られるものではなく、さまざまな「特別法」が存在し、それらを含めて全体として日本の法制度の中で重要な役割を担っている。

一般に、民法の内容は、所有権や契約のような財産関係を規律する法と、家族関係を規律する法とに分けられる。前者は財産法といわれ、後者はかつて身分法と呼ばれていたが、最近では家族法という表現が定着してきている。

民法は、5編で構成されており、第1編「総則」、第2編「物権」、第3編「債権」、第4編「親族」および第5編「相続」に分かれている。

このうち、第1編「総則」は、民事法を含めた私法全般、さらには日本の法制度全体に通じる一般原則について規定されているとともに、民法典の総則規定が定められている。内容的には、まず、権利主体についての規定で、権利主体となることができるのは「人」であり、「自然人」と「法人」に分かれている。続いて、権利の客体として「物」について規定され、さらに、それらの間に法律関係を生じさせる「法律行為」の規定が続き、「期間の計

算」および「時効」で構成されている。

　民法第2編「物権」では、権利主体と客体との間の法律関係として、まずその対象が誰の物かということが問題であるので、「所有権」について規定されるが、その前提として物を所持していることで認められる権利である「占有権」について規定され、さらに所有権を制限するもの（制限物権）として「用益物権」と「担保物権」が定められている。

　民法第3編「債権」では、権利が発生する根拠となる「債権」と「債務」について規定し、それらの債権・債務関係が具体的に発生する「契約」、さらに「事務管理」、「不当利得」および「不法行為」について定められている。

　民法第4編「親族」では、その対象となる範囲について規定したうえで、「婚姻」、「親子」、「親権」、「後見」および「扶養」で構成されている。

　民法第5編「相続」では、「法定相続」、「遺言」および「遺留分」について規定し、人が死亡した場合の財産がどのように承継されるかについて定め、承継すべき人が存在しない場合には最終的にこれらの財産が国庫に帰属するところまでを扱っている。

　民法典は、このように、一般原則から始まって、順次、詳細・個別な問題へと展開していくといった構成となっている。

第1章

総　則

第1節　通　則

　第1章「通則」は1条・2条の全2条で構成され、私権に関する4つの基本原則、すなわち、公共の福祉、信義則、権利濫用の禁止、個人の尊厳・男女平等が定められている。両条は、民法典成立時にはなかったが、1947年の親族・相続両編の改正と同時に、新たに追加された。しかし、とりわけ信義誠実の原則と権利濫用の禁止については、戦前から、学説・判例の中で認められ、理論的にも確立されていた。両条の追加は、こうした法理を明文化したものである。

　これらの基本原則は、いずれも要件・効果が明確に特定されていない一般条項であり、制定法規定の硬直性や限定性を是正・補完し、裁判の具体的妥当性を実現するためにしばしば用いられる。

1　公共の福祉

　「私権は、公共の福祉に適合しなければならない」(1条1項)。これは、私権が一面では権利者の個人的な利益を対象とするのと同時に、他面では、個人を超えた公共的な福祉にも従うべきものであることを示す。ただし、「公共の福祉」の名のもとに、個人の権利行使が不当に制限されることへのおそれは、立法当時から指摘されていたところであり、常に留意の必要がある。もっとも、これまでこの規定が私権の行使を制限する直接の解釈上の根拠と

して持ち出されたことはない。

2　信　義　則

　信義誠実の原則（信義則・1条2項）は、社会共同生活の一員として、互いに相手の信頼、正当な期待を裏切らないように誠意をもって行動することを要求するルールである。信義則は、古い原則で、ローマ法の bona fides を端緒とする。古代ローマの法務官が指揮した actio bonae fidei（誠意訴訟）で、審判人は、契約当時の状況、取引きの習慣、詐欺脅迫の有無、その他信義誠実の原則に照らして参照することが公平妥当な事情の一切を、判決の基礎とすることができた。フランス民法1134条の"bonne foi"、ドイツ民法242条の"Treu und Glauben"も信義則を規定するが、フランス民法は、これを「契約の履行」に関する原則と位置づけており、またドイツ民法は「債務の履行」に関する原則としている。しかし、日本民法典では、こうした領域の限定がなく、「権利の行使および義務の履行」全般に関する指導原理となっているところに特徴がある。たとえば、契約交渉中、十分な理由なく一方的に交渉中断した者に対して、判例・学説は、社会的接触関係に入った当事者には「信義則上相手方の期待を不当に害しない義務」があるとして損害賠償を負わせている（最判昭59・9・18判時1137号51頁）。また、広く物権関係や身分関係の領域にも、社会一般の倫理観念の要請に背かないという意味で用いられ、たとえば、有責配偶者からの離婚請求にも認否双方の判断の根拠とされてきた（最判昭27・2・19民集6巻2号110頁、最判昭62・9・2民集41巻6号1423頁等）。

3　権利濫用の禁止

　権利濫用は、外形上は権利の行使のように見えても、具体的場合に即して見ると、権利の社会性に反し、権利の行使として是認できない行為を指す。民法1条3項は、権利行使がこうした権利の濫用と評価されるような場合には違法となり制限されるとする。ドイツ民法も、他人を害する目的のみから

権利行使をする場合に、権利濫用として禁止している（シカーネ Schikane 禁止の原則）。

　諸外国の類似規定と比較すると、日本民法は、権利濫用となる範囲を次第に広げてきた経緯がある。規定設置以前から多くの学説・判例の蓄積があったが、宇奈月温泉事件（大判昭 10・10・5 民集 14 巻 1965 頁）は、リーディングケースとして有名である。事件は、特に用途のない土地の一部を温泉の引湯管が僅かにかすめて通過していたことを奇貨として、当該土地を譲り受けた所有者が、引湯管を敷設していた鉄道会社に対し、土地の法外な価格での買取りを要求、次に引湯管の除去を請求したものである。裁判所は、権利行使者がもっぱら相手方を害する目的であったという主観的事情に加えて、当事者双方の被るであろう客観的損失を利益衡量し、この請求を権利濫用と判断した。これ以降、権利濫用の判断に、主観的要件（権利行使者の害意）と客観的要件（当事者や社会一般の利益状況の比較衡量）をともに考慮することが確立した。その後、客観的（主として経済的）利益の比較衡量のみが基準とされ、主観的な事情が不可欠の成立要件とはされない判例も見られるようになる（たとえば、板付空港事件〔最判昭 40・3・9 民集 19 巻 233 頁〕）。しかし、客観的利益衡量のみで権利濫用を考えると、社会的強者が既成事実を作ることによって、権利者の利益が保護されない危険性は大きくなる。主観的要素を考慮するなど「権利濫用」の濫用に対する歯止めが必要であろう。

　信義則が権利の行使・義務の履行に適用されるのに対して、権利濫用の法理は権利の行使にのみ適用される。もっとも、双方の適用領域は明確に区別されているわけではなく、重ねて援用されることも多い。権利濫用法理は広い意味での信義則の派生的法原理ともいえよう。

4　個人の尊厳と男女平等

　「この法律は、個人の尊厳と両性の本質的平等を旨として、解釈しなければならない」(2 条)。この条文は、日本国憲法 13 条、14 条、および 24 条を受けた規定であるとされる。民法全体の解釈・運用指針として設置されたが、

次第に、主として家族法の領域に関わる規定という位置づけになった。ただし、これまで本条が民法解釈上の直接的根拠とされることはほとんどない。

近年、従来はあまり取り上げられることのなかった、民法1条1項および2条を積極的に評価しながら、この1条・2条を民法の基本原理である自由・平等や連帯と関係づけ、民法を秩序づけていくための原則として読み直す試みもある（大村敦志『『民法0・1・2・3条』〈私〉が生きるルール』みすず書房、2007年）。

第2節　人・法人

1　権利主体

　私法関係（権利・義務関係）は、権利の主体としての「人」、権利の客体としての「物」、そして権利・義務を形成する取引き等の「行為」によって構成される。

　この権利（および義務）の主体となりうる権能を権利能力といい、このような能力を有する資格を法人格という。現行法では、すべての自然人と法人が法人格を有し、民法典第2章の「人」は自然人について、第3章は「法人」について規定する。

　すべての自然人は、出生と同時に当然に私法上の権利能力を取得する（3条1項）。この3条1項は、権利能力の始期を定めただけの一見凡庸な規定だが、その前提に、すべての人間（自然人）は完全かつ平等な権利能力を有するという近代市民法の根本原則がある。近代以前には、たとえば、人間であっても法上は人格をもたない奴隷の制度があった。ローマ法では、奴隷は権利の主体とならず、法的には権利の客体である「物」として扱われた。奴隷制度が、19世紀半ばまで存在していたことは周知であろう。奴隷でなくとも、近代以前の社会では、人の身分によって取得できる権利に制限があるのがむしろ一般的であった。身分、階級、職業を超越し、宗教、性、年齢、家の地位による差を廃して、人間を一律平等に権利能力者とする、こうした思想を

もった近代自然法学者や啓蒙主義の哲学者の影響のもとで成立した諸法典の中に、ようやく権利能力の平等の原則が見られるようになる。法社会学の基礎を築いた20世紀初頭の法学者エールリッヒは、ドイツ民法1条の同様の規定について次のようにいう。「この平凡な言葉を以て、この法典は数千年間の、もちろんすでに完了している発展の成果を要約したのである」（川島武宜、三藤正訳『権利能力論』岩波書店、1942年）。

　3条1項のもう一つの意義は、自然人以外の、動物や物は権利主体になれないということである。しかし最近は、ペットに財産を遺したいという要望や、野生動物が環境保全を訴える主体となりえないかという問題提起もなされている。

　自然人以外で権利主体となりうるのは、法人のみであり、法律によって権利能力が付与される。法人には、人の結合体（社団法人）と一定の目的に捧げられた財産をもとにするもの（財団法人）がある。

2　権利能力

（1）　権利能力の始期と終期

　自然人の権利能力は、出生に始まる（3条1項）。私法上、出生とは、胎児が母体から全部露出することであり、その瞬間に権利能力の主体となる。したがって、死亡して生まれた場合は出生ではない。なお、刑法では、堕胎罪と殺人罪を区別するために、胎児が一部でも露出すれば出生したものと捉えている。

　権利能力の終期について、民法に明文の規定はないが、死亡によってのみ自然人の権利能力は消滅すると解されている。人が生きている間に権利能力がなくなることはない。死亡時期は、一つの事実問題であるが、この証明のためには、実際上は戸籍の記載が有力な資料として機能する。もちろん記載と異なる事実を主張できるが、証明が必要であり、挙証責任はこれによる法律効果を主張する者にある。

　人の死亡時期や死亡の順序が確実に証明できない場合、さまざまな法律関

係、特に相続関係に重大な影響を及ぼすため、いくつかの制度が用意されている（失踪宣告については本節5 (2)）。たとえば、数人が同じ危難に遭って死亡した場合や、数人が別々の場所で死亡したが死亡時期の先後が分からない場合、この数人は同時に死亡したものと「推定」される（32条）。そして、これら同時死亡者の間では、互いの相続は起こらない。もちろん推定であるから、反対の証拠を挙げて推定を覆すことは認められる。

(2) 胎　児

日本民法では、出生しなければ権利能力が認められない以上、胎児は権利能力を有しないのが原則である。例外的に、不法行為に基づく損害賠償請求（721条）、相続（886条1項）、受遺能力（965条）について、すでに生まれたものとみなして、個別的に権利能力を有するものと定めている（出生擬制）。ただし、これらの場合においても、判例は、胎児である間に権利能力を取得するのではなく、後に生きて生まれた場合に、当該の時期に遡って権利能力を取得すると解している（停止条件説）。

こうした個別主義に対して、すべての法律関係において胎児をすでに生まれたものとみなす一般主義の立場を採ることも可能である。「胎児は同人の利益が問題とされるときには、すでに生まれたものと見なされる」という法諺は、ローマ法に淵源をもち（Paul.D.1.5.7, Iul.D.5.26 参照）、旧民法人事編やスイス民法はこの立場を採用する。

この一般主義に対して個別主義は、適用範囲が明確という長所があるが、規定がなければ何の権利も取得できないため、常に既存の規定で胎児の保護は十分かが顧みられなければならない。たとえば、胎児に認知請求権がないこと、胎児の代理制度がないため出生前に権利保護請求ができないこと等は、以前より指摘されているところである。近年は、生殖補助医療の発展に伴い、たとえば受精卵を胎児とみなしてよいかなど新たな問題も出ている。数々の胎児問題は、ほとんど未解決のまま広がりと多様性だけが増している。

(3) 外　国　人

民法3条2項は、外国人の権利能力に関する特則である。外国人とは、日

本国籍を有しない自然人をいい、したがって無国籍者もこれに含まれる。古くは、外国人の権利能力を否定していた時代があった。内外人に同様の権利能力を認める思想の素地は、13～14世紀、取引きの要求に迫られたイタリアの都市法や条約に見出すことができるが、それが私法上の原則となるのは、ようやく近代以降になってからである。

　外国人に権利能力を認めるについて、近代法では2つの主義がある。外国が自国人に認めているのと同様の権利能力を認める「相互主義」と、外国人にも自国人と同じ（完全な）権利能力を認める「平等主義」である。日本は後者に立脚し、内外人平等を原則とする。3条2項は、外国人に日本における一般的権利能力を認め、例外的に法令または条約による制限を加えることを定めたものといえる。

　外国人の権利能力を制限するものは、たとえば船舶所有権、特許権等一定の財産権についてのものと、公証人等一定の事業・職業活動についてのものとがある。また、国家賠償法6条は相互主義を採用している。

3　行為能力

(1)　意思能力・行為能力

　民法第2章第2節の表題「行為能力」とは、私法上の法律行為をする能力のことである。権利能力が、すべての（自然）人に平等に認められているのに対して、行為能力はこれを否定ないし制限されることがありうる。

　行為能力の基礎には、意思能力の概念が存在する。意思能力とは、行為の結果を判断するに足るだけの精神能力のことであり、民法典制定当時に、ドイツ民法学で用いられたWillensfähigkeitに該当する理論上の概念である。意思能力は、すべての法律関係が法的人格の意思により形成されるという近代法の原則を支える重要な概念であるが、民法典上に明文の規定はない。意思能力の有無は、7歳程度の知的判断能力が一応の目安とされるが、行われる行為の種類によって違ってくる。意思能力が完全に欠如した人によって法律行為が行われたとしても、それは法律上の行為としては成立しない（無効

である)。問題は、意思能力があるかないかの判断が実際には必ずしも容易ではないことである。そこで、意思能力が完全とはいえない人について、あらかじめ画一的に法律行為をする能力があるかどうかを定めておこうという工夫が行為能力制度である。

行為能力を制限された者を制限行為能力者という。制限行為能力制度は、判断力の十分でない者が取引きをすることによって損害を被ることを防止するための制度であり、制限行為能力者の保護を目的とする。制限能力者とされている者には、未成年、成年被後見人、被保佐人、被補助人の4類型があり、意思能力の程度に応じて定型的に分類される。これら制限行為能力者は、独立して取引きをすることができないので、その利益を図るため、それぞれに保護機関(者)が設けられている。

制限行為能力の規定は、制限行為能力者の財産保護を目的とするものであるから、本人の独自の意思によることを原則とする身分上の行為には適用がないというのが、通説・判例である。

なお、権利能力・行為能力に関する規定は強行規定であり、契約をもってこれを制限したり放棄したりすることはできない。

(2) 未成年者

民法では、満20歳が成年とされ(4条)、したがって、成年に満たない者が未成年である。成年に達すれば完全な行為能力を享受し、それ以前は行為能力が制限される。未成年の制度は、人間の判断能力・取引能力の漸次的発達や個人差を問題にせずに、一定の年齢で一律に行為能力の有無を画する法的技術である。ただし、未成年者が婚姻した場合は、成年者であるとみなされる(成年擬制・753条)。

未成年者には、親権者または未成年後見人が保護者として付される(818条・838条)。未成年者の保護者は、未成年者の財産管理権を有し、その財産に関する法律行為を代表する法定代理人である(824条・859条1項)。したがって、代理行為として、子に代わって、子の名義で各種取引きを行うことができる。

未成年者も法律行為ができないわけではない。その場合には、個々の法律行為について法定代理人の同意を得なければならない。また、法定代理人はこれに反する行為を取り消すことができる (5条1・2項)。この同意は、形式を必要とせず、黙示でも事後の追認でもよいとされる。追認は、未成年者が成年に達してから自身のした行為を追認することもでき、また未成年であっても法定代理人の同意を得て追認することもできる。

　さらに、未成年者が単独で法律行為を行うことができる例外がいくつかある。

① 　まずは、「単に権利を得、又は義務を免れる法律行為」(5条1項但書) である。具体的には、贈与・遺贈の受諾、債務の弁済の受領等があろう。こうした契約は未成年者にもっぱら有利と考えられるからである。

② 　法定代理人が、「目的を定めて処分を許した財産」および「目的を定めないで処分を許した財産」については、未成年者が自由に処分することができる (5条3項)。前者については、目的の範囲内である限り、法定代理人の同意があると考えられ、後者については、当該財産の処分に関する限り、法定代理人の包括的な同意があると考えられるからである。

③ 　営業を許された未成年者の営業に関する行為については、未成年者は「成年者と同一の行為能力」を有し (6条1項)、単独で法律行為ができる。ここでいう営業とは、営利を目的とする独立の事業を指し、被用者として働くことは該当しない。この場合でも、法定代理人は、未成年者がその営業に堪えることができない事由があるときは、許可を取り消し、または制限することができる (6条2項・823条2項・857条)。この許可の取消しは、すでになされた取引きには影響を与えない。

(3) 成年後見制度

　すべての成人は、原則として行為能力を有する。しかし例外的に、精神障害のために判断能力が不十分である者の行為能力を制限し、同時に必要な法律行為ができるように保護機関を設けて、その者の保護を図ろうというのが成年後見制度である。成年後見制度は、1999年に本人の自己決定の尊重と

必要かつ十分な保護を基本的理念として、それまでの禁治産・準禁治産制度を見直す形で創設された。この成年後見制度は、法定後見制度と任意後見制度の2つの制度からなるが、任意後見制度については、任意後見契約法ほかの法律がこれを規定している。民法には、法定後見制度が規定されているが、旧制度以来、総則編と親族編にまたがっており、総則編には成年被後見人等の行為能力に関する規定が置かれ、成年後見人等の権限・義務その他に関する規定は、親族編に置かれている。したがって、ここでは法定後見制度の行為能力に関する記述のみに留め、成年後見制度の詳細は本書第4章第5節に譲ることとする。

　法定後見制度は、現に判断能力が不十分な状態にある者について、家庭裁判所の審判によって行為能力を制限し、その能力を補完させるため、特別に選任された保護者に法定の権限を付与する制度である。判断能力のレベルに応じて、後見・保佐・補助の3類型が定められている。3つの類型は重複することはない。たとえば、すでに保佐や補助の審判がなされている者に対して、新たに後見開始の審判を行うときには、保佐や補助開始の審判を取り消す必要がある（19条）。各類型の制度デザインは表1-1のとおりである。

　各類型の行為能力の相違について見ておこう。①成年被後見人が制限される行為能力は広汎であり、原則として、単独でなされた法律行為は成年後見人によって取消しが可能である（9条）。成年後見人が事前に同意を与えることは許されないが、追認は可能である。成年後見人は、成年被後見人の財産に関して包括的な代理権を有し、一種の法定代理人として成年被後見人に代わって法律行為をなしうる（859条・9条）。例外は、日用品の購入その他日常生活に関する行為であり、これは自己決定の尊重およびノーマライゼーションの要請から成年被後見人が単独で有効に行うことが認められている（9条但書）。②被保佐人は、原則として法律行為を単独でできるが、13条1項列挙の重要な財産上の行為等については保佐人の同意を必要とし、同意を得ていない場合は、保佐人がこれを取り消すことができる。この同意は事前の同意でも事後の追認でも構わない。保佐人に代理権は当然には認められないが、

表 1-1 法定後見制度の3類型

	①成年被後見人	②被保佐人	③被補助人
要件	精神上の障害のために事理弁識能力を常に欠く者（7条）	精神上の障害のために事理弁識能力が著しく不十分な者（11条）	精神上の障害のために事理弁識能力が不十分な者（15条）
請求権者	本人、配偶者、四親等内の親族、成年後見各保護機関および監督人、検察官、市町村長		
保護者	成年後見人	保佐人	補助人
監督者	成年後見監督人	保佐監督人	補助監督人
保護者の代理権	あり（859条）	原則なし。ただし、申立てにより家庭裁判所が代理権を付与しうる。この審判には本人の同意が必要（876条の4）	同左
代理権の範囲	財産に関するすべての法律行為（ただし、日常生活に関する行為を除く）。ただし、成年被後見人が居住の用に供する建物またはその敷地について、売却、賃貸、賃貸借の解除、抵当権の設定その他これらに準ずる処分をするときには、家庭裁判所の許可が必要（859条の3）	家庭裁判所が審判で定めた「特定の法律行為」（ただし、日常生活に関する行為を除く）	同左
保護者の同意が必要な行為		13条1項の行為 1) 元本の領収または利用 2) 借財または保証 3) 不動産その他重要な財産に関する権利の得喪を目的とする行為 4) 訴訟行為 5) 贈与、和解または仲裁合意 6) 相続の承認もしくは放棄、または遺産の分割 7) 贈与の申込みの拒絶、遺産の放棄、負担付贈与の申込み承諾、負担付遺贈の承認 8) 新築、改築、増築または大修繕 9) 602条に定める期間を超える賃貸借 家庭裁判所による同意権付与の審判を得た行為（13条2項）	家庭裁判所による同意権付与の審判を得た13条1項（左欄）の一部の行為

「特定の法律行為」については、請求に基づき、家庭裁判所の審判において代理権が付与されうる（13条2項）。③補助類型は、判断能力上の問題が他2類型に比べて相対的に軽度なため、旧制度ではカバーできなかった者についても保護を拡充して柔軟に対応するために新設された。したがって、補助開始の審判自体に本人の同意が必要である（15条2項・17条2項）。被補助人の行為能力の制限はより小さく、一律ではない。補助人の同意および取消権は、13条1項列挙行為の一部に限られ、家庭裁判所が審判によって指定する。代理権付与の審判は、保佐人と同様である。

（4） 制限行為能力者の相手方の保護

未成年者・成年被後見人等の制限行為能力者の保護は、他面で、取引相手に思わぬ不利益をもたらす可能性がある。法律行為が取り消されれば、遡って無効とされ、双方に原状回復義務が生ずる。しかしその場合、制限行為能力者の方は、善意・悪意にかかわらず、現存利益を返還すればよいとされる（121条）。さらに、この取消権は5年間行使されうる（126条）。これは相手方からすると大きなリスクとなり、ひいては一般取引の安全を害することにもなる。そこで、民法は、次のように一定の限度で相手方を保護するための規定を設けて調整を図っている。

まずは、相手方の催告権（20条）である。相手方は、法定代理人、保佐人または補助人に対して、取り消しうべき法律行為を指示し、追認するか否かを催告することができる。相手方の不安定な地位を早期に解消するための制度といえる。催告に確答があれば法律行為はいずれかに確定するが、確答がない場合でも、取消または追認したものとみなし、効果を確定できる。催告においては、制限行為能力者側の考慮期間として1ヵ月以上の猶予を置かなければならない。

次に、そもそも制限行為能力者の方が詐術を使って法律行為を行っていた場合には、取消権を否認している（21条）。詐術の範囲について、通説では、能力者であると信じさせるための積極的欺罔行為を指し、単なる沈黙はあたらないとされる。この制度の起源は古く、ローマ法では詐術を用いた場合、

未成年者の原状回復の特権を否認していた。

　しかし、こうした規定の適用では、制限行為能力者制度が、基本的に、取引きの安全を多少犠牲にしても、制限行為能力者の財産を保護しようという制度であることを忘れてはならないだろう。

4　住　　所

　法律関係は、住所を基礎に形成され、処理されている。ただ、住所が法律上の重要な判断要素となるのは、裁判管轄や、国際取引の準拠法の選択等であり、民法では、不在および失踪の標準、債務履行地等で問題になるくらいである。

　住所とは、各人の生活の本拠をいい（22条）、その者の生活関係の中心的場所を指す。これに対し、居所とは、生活の本拠とはいえないが、多少の期間継続して居住している場所をいう（23条）。住所が知れない場合、日本に住所を有しない場合は、居所が住所とみなされる。このほか、当事者がある取引きについて、一定の場所を選んで仮住所とすることができる（24条）。この場合、当該取引に関する限りは、仮住所が住所とみなされる。なお、住民票や戸籍は、民法の意味における住所とは直結しない。

　住所の認定については、意思主義と客観主義がある。ある場所がある人の生活関係の場所的中心になっているという客観的事実をもって足るとするか（客観主義）、そのほかに定住の意思を必要とするか（意思主義）で対立がある。通説は客観説だが、ドイツ、フランス等、主観主義を採用した立法をもつ国もある。また、住所の個数についても、一個に限られるか（単数説）、数個存しうるか（複数説）で対立がある。複数説が通説となっているが、判例は必ずしも明確ではない。

5　不在者の財産管理・失踪宣告

　従来の住所または居所を去って容易に帰ってくる見込みのない者を、不在者という。これは生死不明を必要としない。したがって不在者には、不在で

あるが行方が明らかな者と行方不明の者とが含まれる。不在者が生死不明となり、その状態が長年続いた場合には、失踪宣告をして、一定の法律関係について死亡と同一の効果を生じさせる。不在者制度は、残留財産の管理をして本人が帰ってくるのを待つための制度であるといえる。

(1) 不在者の財産管理

　不在者の財産管理は、不在者自身が財産管理人を置いていたか否かで区別される。置いていた場合は、通常その委任契約に従う。民法がここで問題とするのは、財産管理人を置いていなかった場合である。

　不在者みずから財産管理人を置いていなかった場合、家庭裁判所は、利害関係人等の請求により、財産管理人の選任等必要な処分を命ずる（25条1項）。裁判所の選任する財産管理人の権限は、裁判所の命令の内容によって決まり、対外的には法定代理人となる。常に財産目録を調製し、家庭裁判所の命ずる処分をし、担保を提供することが義務づけられる。必要な費用は不在者の財産から支出され、報酬を受け取ることもできる（27条・29条）。ところで、この不在者の財産管理の規定は、成年被後見人に関する規定（7条・10条・853条以下）と同型の構造をもつことが指摘されている。しかし、成年後見人には担保提供義務がない。それは、これまで主に近親者に成年後見の担い手を頼ってきたことが大きいが、不在者の財産管理と比較したとき、適正な財産管理のための重要な手段が成年後見人に一つ欠落していることは、成年後見制度の今後の課題であろう。

　不在者みずから財産管理人を置いていたとしても、本人の不在中に財産管理人の権限が消滅した場合には、置いていない時と同様に家庭裁判所が介入しうる（25条1項）。また、財産管理人が置いてあるとしても、不在者の生死が不明な場合には、同様に家庭裁判所が介入しうる。このとき、家庭裁判所は、財産管理人を解任して別の財産管理人を選任することもできるし、従来の財産管理人に権限を与えることもできる（26条）。

(2) 失　踪　宣　告

　自然人の権利能力の終期は「死亡」に限られているため、人は「生死不

明」、「不在」の事実だけでは、依然として権利能力を失わない。しかし、不在者の財産が放置されている場合等、不在が長期化すると、不在者に関する法律関係を確定または変動することができないため、利害関係者にとっては不都合になる場合がある。そこで、民法は、不在者が一定期間生死不明となっている場合に、利害関係人の申立てを受けて家庭裁判所が失踪宣告をする制度を設けた（30条）。失踪宣告があると、その不在者は死亡したとみなされる（31条）。必要とされる生死不明の期間は、一般失踪と特別失踪（危難失踪）で異なる。一般失踪は7年間だが（30条1項）、特別失踪は、死亡の原因となる危難（戦争、船舶の沈没等）が去った後1年間である（30条2項）。また、一般失踪は、7年の期間の満了時が死亡時として扱われるのに対して、特別失踪は、危難の去った時点が死亡時として扱われる（31条）。

　失踪宣告による死亡擬制の効果は、あくまでも不在者の従来の住所を中心とする私法上の法律関係に決着をつけるために必要な限度で与えられる。したがって、失踪者が失踪宣告後に別の場所に生存していて、国内外で物品を購入したり、雇用されたり、婚姻していたとしても、失踪宣告は、こうした取引きや身分行為の効果に影響しない。

　宣告後に失踪者の生存が明らかになった場合でも、直ちに失踪宣告は失効せず、本人または利害関係人の請求により、家庭裁判所によって失踪宣告が取り消される必要がある。死亡擬制時と異なる時の死亡が証明された場合も同様である（32条1項）。失踪宣告が取り消された場合は、原則として、はじめから失踪宣告がなかったものとして扱われる。したがって、失踪宣告を原因として生じた権利義務の変動も生じなかったことになる。ただし、この遡及効は、失踪宣告後その取消前に善意でした行為には及ばない（32条1項）。この善意は、取引きの相手方との間のみで足りるとする見解が有力である。婚姻に関しては、通説では、善意悪意を問わず後婚を優先する。また、失踪宣告によって財産を得た者は、失踪者からの返還請求に応じなければならなくなるが、現存利益のみを返還すれば足りる（32条2項）。

6　法　　人

　2006年に公益法人制度の大幅な改革が行われ、「一般社団法人及び一般財団法人に関する法律」（一般法人法）、「公益社団法人及び公益財団法人の認定等に関する法律」（公益法人認定法）、およびこれら2つの法律の施行に伴う関係法律の整備法が、公益法人を含む非営利法人を規律することとなった。このとき民法典も大きく改正され、それまであった法人の規定はほとんど削除されて、法人一般についての原則規定と外国法人についての規定の5カ条のみとなった。

（1）　法人法定主義

　法人とは、自然人以外で法律によって権利能力を認められた団体である。法律は、一定の要件を満たした場合、人の集合である団体（社団）や財産の集合体（財団）に法人格を付与することを規定している（一般法人法3条）。

　法人格をもつことの意義は、団体それ自体が権利義務の帰属点となること、つまり後に団体の構成員が変動したとしても権利義務関係を持続できることにある。また、団体財産と個人財産を切り離すことができ、構成員に関わりなく団体財産が維持されるため、団体活動が保障されるというメリットがある。

　団体設立の自由は、私的自治の原則の発現形態であり、近代民法の基本原理の一つである。憲法でも結社の自由としてこれを保障している（憲21条1項）。こうした自由があるとしても、これらは団体に法人格の付与までも当然に保障するものではない。民法は、「法人は、……法律の規定によらなければ成立しない」（33条1項）として、法人法定主義を定めている。

（2）　法人の種類

　法人の種類には、まず、営利法人／非営利法人という区別がある。営利法人とは、対外的活動を通じて利益を上げ、これを社員に分配することを目的とした法人をいい、このように営利を目的としない法人のことを非営利法人という。営利法人に関しては、会社法が規定する。非営利法人に関しては、

2006年から一般法人法が包括的に規定するようになっている（2001年から中間法人法によって設定されていたかつての中間法人は、この一般法人に解消された）。

次に、法人は、公益を目的とするか否かでも区別される。営利法人の中に公益を目的とする法人はあるが、営利法人はすべて会社法で扱われる。非営利法人＝一般法人のうち、公益目的の事業を行う法人であって、さらに行政庁により公益認定を受けたものを特に、公益法人という。これは2006年に制定された、公益法人認定法が扱う。

したがって、民法33条2項の、「学術、技芸、慈善、祭祀、宗教その他の公益を目的とする法人、営利事業を営むことを目的とする法人、その他の法人」という3類型は、それぞれ公益法人、営利法人、一般法人に対応する（図1-1）。このほかに、各種特別法が設定する法人もある。たとえば、医療法人、宗教法人、学校法人等である。特定非営利活動法人（NPO法人）については、2006年の公益法人改革で、公益法人への吸収が検討されたが、NPOの幅広い活動に資するため、従来どおり特定非営利活動促進法に拠ることとされた。

(3) 法人の設立

法人の設立に関しては、法律のコントロールの強い順に、特許主義、許可主義、認可主義・認証主義、準則主義がある。特許主義は、特別の立法による。認可主義は、法律の要件を備えている場合に主務官庁の認可により設立

図1-1　民法33条2項が定める法人の3類型

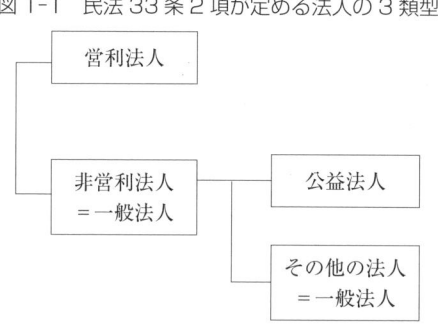

される。準則主義は、法律の要件を満たしていれば、設立の申請や行政庁による審査・確認を必要とせず、国家により法人格を付与される設定方法である。たとえば、国立大学法人は特許主義、医療法人や社会福祉法人は認可主義、宗教法人は認証主義、一般社団法人や株式会社は準則主義を採る。

　以前は、公益法人は許可主義が採られ、設立には、所管官庁の自由裁量に基づく許可が必要であった。しかし、2005年に、会社法について思い切った自由化を図る改革がなされ、これと共通の思想に立脚して、翌2006年に公益法人改革が行われた。これは、明治以来の日本の法人法制を根本的に転換する改革といってよい。この改革によって、法人の設立と公益性の認定は明確に分離され、非営利法人一般について、法人の設立はすべて準則主義とされた。公的規制が外される代わりには、法人の活動に対する内部的コントロール（ガバナンス）の仕組みが会社並みに作られた。そのうえで、公益性の認定は有識者からなる機関が別に行い、公益的活動をしていると評価されたものだけが公益法人として扱われることになった。

　一般社団・財団法人の設立手続きについては一般法人法が定める。必要な主なものは定款と登記である。一般社団法人は意思決定機関である社員総会、執行機関である理事を必ず設置しなければならない。一般財団法人も同様に、理事、理事会、評議員、評議員会、監事を必ず置かなければならない。一般社団・財団法人のうち公益目的で活動しているものが、行政庁に申請し、民間の有識者等による公益性の判定を受け、行政庁に公益認定されると、公益社団法人・公益財団法人になることができる。公益法人に認定されると税制上の優遇措置を受けることができる。

（4）　法人の能力

　法人に権利能力があるといっても、自然人とは異なる特殊性から、帰属可能な権利義務は限られる。たとえば、婚姻や養子縁組をする権利はない。さらに、法人の活動は、法人の定款等に書かれた「目的」にも制限を受ける（34条）。この「目的」による制限を、権利能力の制限と考え、目的の範囲外の法律行為は無効とする見方もあったが、最近は、代表者の代表権（代理権）

の範囲の制限と考える見方が通説になりつつある。この説を採ると、目的外の行為は、無権代理と同様に、追認や表見代理が問題となりうるため、取引きの相手方保護の可能性が大きくなる。

第3節　物

1　権利の客体の意義

　民法における権利の客体は多種多様である。所有権等の物権は、客体として物が当然に登場してくるが、債権は、物の引渡し、代金の支払いといった債務者の給付が、その客体である。ところでなぜ、ここで「物」についてだけ規定を置いたのだろうか。物は直接的に所有権等の物権の客体になるだけでなく、さまざまな契約の目的物と密接に関連してくるからである。
　では物とは何か。さまざまな方向から分析・分類できるが、民法はまず物とは有体物だとする（85条）。有体物とは形ある物といえるが、空間の一部を占める物であり、固体のほか、気体、液体が含まれる。特許権、著作権、工業所有権等の知的財産権は、その客体が、発明、意匠や著作であり知的な創造物であるが、これらは、形のない無体物であっても個別の特別法により具体的に各客体を示すことになる。
　ところで、物は形式上単一の物として扱われる物（単一物・合成物）もあれば、倉庫内の在庫商品のように結合して取引き上一体として扱われる集合物もある。民法は物権の排他的効力に基づき、一物一権主義を採用し、同一物上に相容れない物権が2個以上存在しないとするが、単一物、合成物はともかくとして集合物をどのように扱うかは問題であり、修正しこれを認めようとしている。

2　動産と不動産

　動産とは動く財産で、不動産とは動かない財産であるのは間違いないが、

民法は土地およびその定着物は不動産である（86条①）とする。土地の所有権は、法令の制限内において、その土地の上下に及び（207条）、定着物とは、土地に付着し取引上土地と一体として扱われるものだとされる。たとえば宅地における石垣、定着物であっても例外的に独立の所有権の対象となる物が、建物、立木等（明認方法を経ることで独立の不動産）である。

　では、動産とは何か。不動産以外の物はすべて動産であり（86条②）、無記名債権は動産とみなす（86条③）とする。土地に付着はしていても定着物でなければ動産（仮植の植木、伐採された樹木等）である。無記名債権は、債権の成立、存続や行使につき、証券を必要とし、かつ、証券に債権者の表示がないもので、乗車券、商品券がこれにあたる。

　さて、不動産の公示方法は登記（177条）であるが、動産は占有（178条）である。動産は物そのものの引渡しによって移動するが、不動産は動かない物であるから登記という公示によって取引可能性の拡大を図っている。動産は占有に公信力が与えられており、即時取得（192条）が成立するも、不動産の登記には公信力を与えていない。取引安全の保護の視点が異なっている。

3　主物と従物

　物の所有者がその物の常用に供するため、自己の所有に属する他の物をこれに付属させたときは、その付属させた物を従物とする（87条①）。なお、従物を付属させる対象となった物を主物というわけである。たとえば、住宅の建物そのものは主物であり、その中の和室の畳は従物である。従物は主物の処分に従う（87条②）ことになる。

　さて、土地に付着し取引上土地と一体で扱われる土地の定着物と、独立した他の物である従物は当然に異なることになる。たとえば、宅地上にある石垣は、土地と一体として扱われる定着物であるが、その宅地上の庭園を飾る庭石や石灯籠は、独立性があるから従物となるのである（最判昭44・3・28民集23巻3号699頁）。

4　元物と果実

　物から生じる経済的収益を果実といい、それを産み出した元の物を元物(がんぶつ)という。物の用法に従って収取された産出物を天然果実といい（88条①）、物の使用の対価として受けるべき金銭、その他の物を法定果実という。たとえば前者は、植物の果実、後者は不動産の賃料等がこれにあたる。

　天然果実は、元物から分離する時の収取権者に属することになり（89条①）、法定果実は、これを収取する権利の存続期間に応じ、日割計算によって、これを取得することができる（89条②）。民法2項の定めは、権利の帰属というよりはむしろ、帰属権利者間の内部関係の定めであるとの見方が有力である。

　たとえば、新所有者に代わったアパートメントの賃借人が支払った家賃は、新所有者が受取り、旧所有者との間で所有権移転日を起点に日割計算を行い、その賃料を分配すればよいわけだが、これは、任意規定であるから当事者がこれとは異なる合意を行うこともできることになる。

▶ 第4節　法律行為 ◀

1　法律行為の意義と種類

　法律行為とは、意思表示を要素とし、一定の法律効果を発生させようとする行為にほかならない。意思表示とは、ある法律効果を発生させようとして外部にそれを表示する行為であるといわれる。

　たとえば、法律行為を3つの類型に分類して説明すると、まず契約は当事者の申込みと承諾という相対立する意思表示の合致によって成立するし、遺言（960条）や契約解除（540条）等の単独行為は、法主体の単独の意思表示により、権利義務関係に変動が生じる。複数人が同一の目的で団体を作るとか共同で事業をなす場合のような意思の合致を合同行為と呼ぶ。

　このように法律行為は意思表示の結合の仕方により分類される。なお、法

律行為に関する規定を準用するものに準法律行為があるが、これは、意思表示と類似しているものの性質が異なっていて、たとえば、催告しても債務者が債務の履行を怠れば、債権者の意思にかかわらず解除権の発生といった法律効果が生じるような場合を指している。

なお、法律行為は、発生する効力、効果発生の時期、要式、対価関係の有無等から分類することが可能で、たとえば、当事者間に債権債務関係を生じさす行為は債権行為、物権変動そのものを目的とする行為は物権行為であるというように、また、効果が行為者の生前・死後に発生する場合、行為を行うのに一定の要式を必要とするものとしないものや両当事者間で対価的関係に立つものと立たないもの等種類ごとに分別できる。

2　法律行為の解釈

法律行為に関して当事者間で紛争が生じれば、まず当事者のした表示行為がどのようなものであったのかを明らかにしなければならない。これが法律行為の解釈である。当事者がその法律行為によって達成しようとした意図が何であるかを踏まえ、法律行為の内容を明確にする。また、当事者間の法律行為が不明確な場合には、当事者の表示していないことであっても補充したり、表示したことを修正したりする場合が生じてくる。

この場合、慣習、任意規定、条理の順に補って解釈されることになるが、法律行為の当事者が法令中の公の秩序に関しない規定である任意規定と異なる意思表示を行えばそれに従うのであり、法令中の公の秩序に関する強行規定に反すれば、その契約は無効となる（91条）。また任意規定と異なる慣習がある場合には、法律行為の当事者がその慣習による意思を有していると認められるときは、その慣習に従う（92条）とするのである。

3　法律行為の効力

法律行為は原則、当事者の意図したとおりの効力を認めるが、公の秩序または善良の風俗に反する事項を目的とするものは無効（90条）となる。法律

行為は、当事者と意思表示、目的が揃うことによって初めて成立要件が整う。とはいえ、成立要件が備わるだけでは法律行為が有効とはならない。

たとえば、当事者については、意思能力や行為能力を有しなければならないし、法律行為の内容面からすれば、まず目的物が不明瞭、不明確でないこと（確定性）、取引きの実現が可能なこと（実現可能性）、適法であること（適法性）をクリアーとしなければならない。なお、適法であるということは、公序良俗が具体化された強行規定に反せず、行政上の規制によって私法上の行為の制限のある取締規定に反しない、さらに、強行規定違反とはいえないまでも実質的に違反するような脱法行為を避けたものでなければならないということが要請されてくる。

第5節　意 思 表 示

1　意思表示の意義

法律行為は、原則として、当事者の意図したとおりの効力が認められることになっている。これはすでに学習した（第4節1）。またこれを、「法律行為自由の原則」ともいう。では「意思表示」とは何だろう。権利・義務の変動、法律効果を生じさす行為を法律行為といったが、法律行為は、たとえば、○○契約というように「土地を買取りたい」、「建物を借りたい」といった法律効果を発する意思を外部に表示する行為である。つまり意思表示とは、意思表示を不可欠の法律事実とする法律要件であって、法律行為そのものは「不法行為」「事務管理」等によっても発生してくる時があるが、その中でも契約におけるそれが重要である。

意思表示とは、ドイツ法学に倣って解釈すると、たとえば、表意者Aが近所に新設の大学ができるとして、学生用アパートメントの建設を進めるため用地の購入を考えた。これが土地購入の動機①である。では、300㎡の土地を1㎡10万円の相場価格で買えないだろうか。効果意思②を抱く。近く

地主のBさんと会って話してみよう。表示意思③をもつ。どうやら売ってくれそうだ。「買う」ことをBさんに告げよう。表示行為④である。①から④という段階を経て意思表示が成立すると考えられているが、②・③・④は意思表示の3要素ということになる（図1-2）。

すると、表意者Aの「内心」（真意）があって外部へ「表示」されるという過程をたどることになるのだとすると、常に「内心」と「表示」とが一致しているとは言い難いといったことが起こってくる。そこで、「内心」と「外観」が一致しない場合、どちらを基準に「意思表示」の有効性を決めるかが問題として浮上する。内心を重視し表示に対応する意思がなければ無効だとする立場が「意思主義」と呼ばれる立場であり、外観を重視し、表示に対応する意思がなくても意思表示は有効だとする立場が「表示主義」と呼ばれる立場である。

意思表示をした本人の利益を考慮すれば意思主義が望ましく、取引きの安全を考慮すれば、表示主義が望ましい。本人の利益と取引きの安全の調和を図る解釈が望まれてくるが、法は両スタンスを採用しつつ折衷的な位置づけを示している。

そして、「表示」に対応する「内心の意思」が欠けている場合を「意思の不存在」（93条～95条）とし、また、意思表示自体に欠陥はないが意思を形

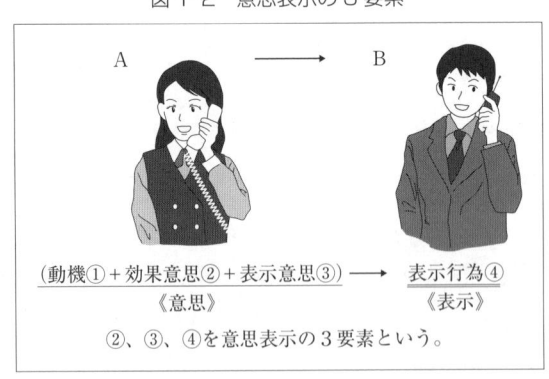

図1-2　意思表示の3要素

（動機①＋効果意思②＋表示意思③）　→　表示行為④
《意思》　　　　　　　　　　　　　　　《表示》
②、③、④を意思表示の3要素という。

成する動機に欠陥がある場合を「瑕疵ある意思表示」(96条)として分別を図っているのである。

Case 1　効果意思と表示行為
　毎晩のようにクラブに通うAは、そのクラブで働くホステスBの歓心を得ようと、多額の生活費を与えることを約束したが、この約束をいつか忘れてしまっていた。ホステスBは、この約束をAに守ってもらおうと訴えを提起し、多額の生活費の支給を請求した。さて、多額の生活費を与えるという約束は確かに、Aによる表示行為ではある。しかも動機を前提とした効果意思もしっかりと構成されていると見られる。

　裁判所は当初、Aの贈与契約を認める判断を示したものの、贈与を認めるだけの特別の事情を示していないとして訴えを斥けている。つまり、Aが任意に履行すれば有効な履行だけれども、Bの側から履行を強要できるような債務ではない、自然債務であるとするわけである（カフェー丸玉事件〔大判昭10・4・25新聞3835号5頁〕）。

2　意思と表示の不一致

　まず意思と表示に食い違いが生じた場合、その意思表示は無効である。無効とは、当事者の表示した効果意思の内容に従った法律上の効果が生じないということであり、追認あるいは、時の経過によっても有効とはならないということを意味している（図1-3）。

(1)　心裡留保（冗談、嘘、単独虚偽表示）

　AがBに対して「僕の持っている車を君にあげよう」（意思表示）といい、Bがこれを承諾した場合、贈与契約は成立するだろうか。Aの贈与の意思が真意ならば当然にこの契約は成立する（549条）だろう。しかし法は、冗談や嘘のように、心の裡に真意を留保し、意思表示を行った場合、それを有効としているものの、相手方のBがAの言葉を冗談だと知っていた場合、または客観的に冗談だと分かる場合、BがAの真意を知り、また知ることができた場合には、Aの贈与の意思表示は無効で契約は成立しないとするので

図 1-3 意思と表示の不一致

```
     A          →          B
   (本人)    《意思表示》   (相手方)
意思……………………意思表示⇒不一致の場合＝意思の不存在＝「意思の欠缺(けんけつ)」
                                              ①・②・③
```

▶意思の不存在①心裡留保

贈与の意思表示「今度の試験で
100点満点なら僕の車を贈呈しよう」
　　A　（贈与者）　←→　　　　　　　　　　B　（受贈者）
意思（「学生に贈呈する気
など毛頭ない」）

※ A・B間の贈与契約は、原則有効だから意思表示どおり自家用車は贈呈しなければならないが、Bが悪意・有過失であれば、たとえば同じことを昨年もいっていることを知っていれば無効である。

▶意思の不存在②虚偽表示

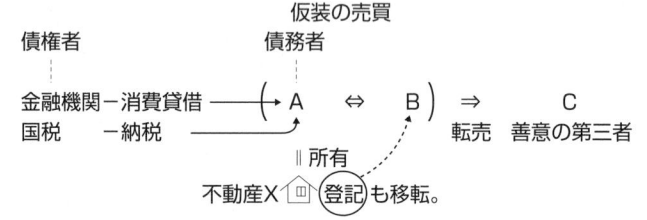

```
                    仮装の売買
         債権者      債務者
金融機関―消費貸借 ―(→ A  ⇔  B )⇒   C
国税　　―納税　　　　　　　　　  転売　善意の第三者
                    ‖所有
              不動産X 🏠 (登記)も移転。
```

※（A・B）間の通謀（仮装の売買）による意思表示は無効。もしA・B間の事情を知らないCが不動産Xを取得すれば、それは有効になる。

▶意思の不存在③錯誤

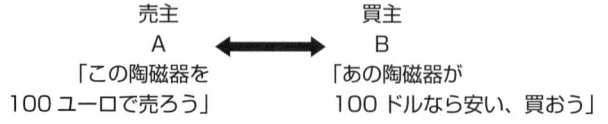

```
         売主               買主
          A        ←→       B
   「この陶磁器を          「あの陶磁器が
   100ユーロで売ろう」    100ドルなら安い、買おう」
```

※この勘違い（錯誤）による取引きを無効とするためには、買主である表意者Bに「要素の錯誤があること」かつ表意者Bに「重過失がないこと」が必要とされる。なお重要な部分の錯誤ではなく、Bに重大な過失があれば有効になってしまう。

ある。

　法は、意思表示は、表意者がその真意でないことを知ってしたときであっても、そのために効力を妨げられない（93条本文）とし、ただし相手方が表

意者の真意を知り、または知ることができたときは、その意思表示は無効とする（93条但書）としている。つまり心裡留保による意思表示は当然には有効で、例外的に無効となるということである。ところで例外的に無効となる場合であっても、その無効を第三者に対抗できるかについては実は明文の規定をもっていない。こういった場合は、取引きの安全といった観点から94条2項の規定を類推し、善意の第三者には、その無効を対抗することができないと解している。

　さらに、代理権の濫用（第6節1）場面においても、心裡留保の類推適用がなされることがある。代理人が、本人から与えられた代理権を基礎として法律行為を行うわけだが、濫用というのは、代理人が自己または第三者の利益を得るため権限内の行為を行った場合に生じてしまう。この場合、相手方が代理人の意図を知りまたは知ることができたときは、本人は責任を負わないとした判例（最判昭42・4・20民集21巻3号697頁）がある。

（2）　虚偽表示（八百長、通謀虚偽表示）

　相手方と謀って真意と異なる意思表示を行う。たとえばAが税金対策として、または債権者対策として債務を逃れるため、Bと謀って虚偽の外観を作りだす。いわゆる「通謀虚偽表示」といわれるものだ。この場合、A・B間の意思表示は無効で契約は成立しない。ところが、A・B間の通謀虚偽表示後、たとえばBが自分にAの所有する土地の登記のあることを利用し、Aに無断で第三者CにAの所有する不動産を譲渡したとすると、善意の第三者C（A・B間の通謀の事実、Bの虚偽の登記を知らない者）には、Aは対抗できないとしている。

　法は、相手方と通じてした虚偽の意思表示は、無効とする（94条1項）と規定し、相手方と通じてした虚偽の意思表示の無効は、善意の第三者に対抗できない（94条2項）とする。では、ここでいう善意の第三者とはどう考えるべきか。善意とは、ここでは虚偽表示の存在を知らないといった意味で、第三者とは、虚偽表示の当事者およびその包括承継人を除く、利害関係を有するに至った者としている判例（大判大9・7・23民録26巻1171頁）がある。

Case2　94条2項による類推適用

　Xは、訴外のAから不動産を購入し、所有権の移転登記を済ませた。その際、親密な交際相手であるBから購入金額の半額を上回る資金の援助を得たが、BはXの実印と不動産の権利書を無断で持ち出し、XとB間での売買契約を原因として所有権移転登記を経由したところ、Xがこれを知り登記名義の回復をBに約束させた。その後、XとBは婚姻を済ませる。ところで、Xは訴外のC銀行より当該不動産に根抵当権を設定し貸付契約を締結したが、当該不動産の登記名義はBのままであった。やがて、XとBは離婚。Bは当該不動産をYに売却し所有権移転登記がなされた。これに対し、Xは所有権取得登記の抹消登記手続きを求め提訴した。

　B名義である所有権移転登記は、BがXの承諾を得ずに行った虚偽の登記である。本来、当該不動産はXが所有者であるはずだから、当該不動産は当然にXに返還されるものであるし、登記名義も回復が可能であるように見えないこともない。判例は、不動産の所有者が、真実その所有権を移転する意思がないのに、他人と通謀してその者に対する虚構の所有権移転登記を経由したときは、この所有者は、民法94条2項により、登記名義人に当該不動産の所有権を移転していないことをもって善意の第三者に対抗することができない。不実の所有権移転登記の経由が所有者の不知の間に他人の専断によってされた場合でも、所有者であるXが、不実の登記のされていることを知りながら、これを存続させ明示または黙示に承認していた場合は、94条2項を類推適用し、所有者であるXは、その後当該不動産に利害関係を有するに至った善意の第三者Yに対して、登記名義人Bが所有権を取得していないことをもって対抗することができないものと解するのが相当だ（最判昭45・9・22民集24巻10号1424頁、百選Ⅰ〔7版〕44頁）とした。

　さて、Case2においては、通謀があったであろうか。また、虚偽ではあっても意思表示があったであろうか。意思表示がなければ直接、94条を適用するわけにはいかないが、94条2項を類推適用することで、虚偽の外観を真実であると信頼した者を保護していることが認められる。これがいわゆる権利外観法理であり、判例法は、虚偽の権利外形を作出した真正の権利者の帰責性に照らし外観の信頼を保護する。不実の登記の作出、あるいは存続に

本人の意思が関与していれば94条2項の要件を緩和し類推することで善意の第三者を保護してきた。さらに、不動産取引きにおいては、一般的第三者の保護規定がなく、しかも登記に公信力を認めていないが、これによって不動産取引きの安全を図るための法理を組み立てていると見ることができる。実質的に登記に公信力が認められるのと異ならない。

94条2項が類推適用される場面としては、まず虚偽の外観が存在すること。その権利外観の作出につき真正の権利者に帰責性が認められること。第三者がその外観を信頼したことが要件として挙げられよう。

Case3　民法94条2項と110条の重畳類推適用

XがAの紹介で当該不動産を購入した。Xはその後、当該不動産を第三者Bに賃貸し、その際、当該不動産の管理（契約・敷金の授受等）を全面的にAに委ね、管理委託としての経費を支出した。その後Aはまず、当該不動産の管理委託金の返還手続きでXの所持する権利証を預かり、XからAに当該不動産を売却する旨記載された不動産売買契約書を作成し、Xが署名、捺印した。さらに、当該不動産の賃貸借にあたって必要であることを理由に、関係書類および当該不動産の権利証、登記済証、印鑑登録証明書の交付を複数回に渡って求め、これらすべてにXが応じ、その都度、AがXの前で関係書類等にXの実印を押印した。このようにして、Aは当該不動産の登記申請書にXの実印を押印し、当該不動産につきXからAに対し売買を原因とする所有権移転登記を実行、さらにAはYとの間で当該不動産の売買契約を締結し、AからYへの所有権移転登記もなされた。これに対し、XはYに当該不動産の所有権に基づき、この所有権移転登記の抹消と不動産そのものの返還を求めた。

XはAに対し全面的な信頼を寄せ、当該不動産の購入から管理に至るまで一切を任せるような代理権を授与していたものと見えないこともない。すると、これはA代理人による代理行為において権限外の行為の表見代理（110条）に類似するケースとも見受けられる。しかし判例は、本件登記手続きができたのは、Xのあまりにも不注意な行為によるものとしたうえで、Aによる虚偽の外観が作出されたことについてのXの帰責性の程度は、みずから外観の作出に積極的に関わった場合、これを知りながらあえて放置した場合と同視しえるほど重いというべきだと判断、Yは、Aが所有者である

との外観を信じ、また、そのように信ずることにつき過失がなかったというのであるから、94条2項・110条の類推適用により、XはAが本件不動産の所有権を取得していないことをYに主張できないとしてXの訴えを斥けた（最判平18・2・23民集60巻2号546頁、百選I〔7版〕46頁）。

権利者が外観作出に積極的に関わるか、あるいは、それを承認する、帰責性が認められる場合は、94条2項の類推適用により、第三者を保護するのが判例の示しているところであるが、Case3では、不実の所有権移転登記につき真正の権利者のあまりにも不注意な行為の帰責性を踏まえ、外観作出に積極的に関与したあるいは、知りながらあえて放置した場合と同視する。94条2項・110条を重畳類推適用し、善意・無過失の第三者を保護した。

なお、当事者間で虚偽表示による不動産の売買が行われた場合、善意の第三者から転得した者が悪意であればどうなるだろうか。判例は、善意の第三者が介在した以上、取引の混乱を避けて、真正の権利者が転得者に無効を主張できないとしている（大判大3・7・9刑録20巻1475頁）。

(3) 錯誤（思い違い・勘違い）

意思表示をした本人が、思い違いや勘違いにより意思と表示の不一致に気づかない場合、契約が無効となる場合がある。無効となる場合には、まずは買主側に「要素の錯誤」が必要（95条本文）で、かつ、重大な過失（重過失：著しい不注意）がないことが要求されている（95条但書）。

さて、錯誤とは、これまで学習してきた心裡留保（93条）や虚偽表示（94条）と異なり、意思表示の過程で、表意者の主観と現実の間に食い違いが生じ、真意と表示とが不一致であることを表意者自身気づかずに行った意思表示である。また法文の規定上、相手方や第三者の利益を保護するような定めがなく、表意者本人の保護に重点が注がれていると解される。

たとえば、売主Aが所有する土地を1㎡あたり10万円で売買したいといったとき、買主であるBは1坪10万円と勘違いして「買いたい」旨の意思表示をしてしまった。単独虚偽表示であるところの心裡留保は、表意者自身が真意でない意思表示を認識し、虚偽表示もまた契約当事者が通謀して虚偽

の表示を行っているわけだから、表意者自身、意思と表示の不一致を認識しているわけである。ところが錯誤は、表意者自身これを知らない。

　民法は、法律行為の要素に錯誤があった場合に、その意思表示を無効にできるとするが、錯誤にはどのような類型が存在するかをまずあたってみると、たとえば、入札価格の記入欄に一桁誤った数値を記入したようなときは、表示上の錯誤に該当し、1ポンドと1ドルを同価値と見て表示した場合は、内容の錯誤に該当するとする。いずれの場合も表示に対する効果意思が欠けていると見られる。適用要件を満たすことで95条が該当し意思表示の無効を主張することができる。

　さらに、動機の錯誤と呼ばれるものもあるのだが、これは効果意思が形成される前の動機の段階ですでに錯誤が形成された場合である。本来であれば、動機上に錯誤が生じても要素の錯誤にはならないが、動機構成の領域の中であっても、その動機が表示されて意思表示の内容となった場合には、要素の錯誤になりうるとした判断（大判大3・12・15民録20巻1101頁）がある。

Case4　要素の錯誤になりうる動機の錯誤
　　XとYは結婚しXの所有する不動産Oに居住していたが、Xが別の女性と親密な関係になったことを受け離婚することとした。その際、不動産OにつきYが所有する旨、所有権の移転登記を済ませた。YはXによる離婚の届出、本件不動産の財産分与を原因とする所有権移転登記等を委任に基づき実行した。本件財産分与の契約に際しては、XがYへ多額の課税のあることを配慮し、これを気遣う発言を行っていたが、離婚後、この課税が2億円を超えX自身に課税されることが明らかとなった。XはYに対し、本件財産分与に際して、自己に譲渡所得税が課せられないことを合意の動機として表示しており、2億円を超える課税を知っていたならば、このように意思表示はしなかったから本件財産分与の契約は要素の錯誤であり無効であると主張、併せて不動産Oの一部の所有権移転登記の抹消を求めた。

　これに対し原審は、財産分与した場合の高額の課税は、単にXの動機に錯誤があるにすぎず、Xへの課税の有無がX・Y間の話題に上らなかったから、これが本件契約の前提にされていたこと、また、Xがこれを合意の動機

として表示したことも認められないとして請求を棄却しXは上告した。最高裁は、意思表示の動機の錯誤が、法律行為の要素の錯誤として、その無効をきたすためには、その動機が相手方に表示されて法律行為の内容となり、もし錯誤がなかったならば表意者がその意思表示をしなかったであろうと認められる場合であることを要するとしたうえで、このように動機が黙示的に表示されているときであっても、これが法律行為の内容となることを妨げるものではないとした。

また、本件については、所得税法33条1項にいう資産譲渡とは、有償無償を問わず資産の移転させる一切の行為をいうもので、夫婦の一方の特有財産である資産を財産分与として他方に譲渡することは、資産譲渡にあたり、譲渡所得を生ずるものであることはすでに判例により明らかであり、分与者に譲渡所得を生じたものとして課税されることになる。本件においては、財産分与契約の際、Xが誤解していたというほかないが、Xはその際、財産分与を受けるYへの課税を心配し気遣う発言をし、Yも自己に課税されるものと理解していたことを窺わせるから、Xにおいては、財産分与による課税を重視していたのみならず、自己に課税されないことを当然の前提とし、かつその旨を黙示的には表示していたものといわざるをえず、本件不動産全部に伴う課税がきわめて高額に上るから、このように意思表示は、錯誤がなければしなかったものと認める余地が十分だとして破棄差戻し（最判平元・9・14判時1336巻93頁）としている。

Case5　動機の錯誤およびその表示（耐震偽装事件）

　大手ディベロッパーである売主Yから新築マンションの分譲を受けた買主Xらが、Yに対し、同マンションは実は耐震基準を満たしていないものであったとし、マンションの売買契約の錯誤無効、消費者契約法4条1項1号（平成12年法61、平成13年4月1日施行）の不実告知に該当するとし、不当利得の返還として売買代金の返還を求めるとともに、売主Yが、耐震性能を回復できる根拠を示さないまま補修による対応を主張し続けたことは不法行為にあたるとして、不法行為に基づく損害賠償の請求を行った。

Xらが、本件マンションのモデルルームを訪れた際、Yらからの説明は「新耐震基準に基づく安心設計」、「当マンションでは新耐震基準に基づき、かつ阪神淡路大震災のデータなども考慮に入れた構造を採用」等と記載されたパンフレットが交付され、大手ディベロッパーが建築、品質確保法に基づく性能評価を受ける物件であり、耐震設計に問題はなく、法令の基準よりも余裕をもたせた耐震性能を有するマンションだとして購入を勧誘されたが、実際には当初設計は耐震基準を満たさないものであった。この点裁判所は、当該マンションの構造計算の偽装を原因とする耐震性不足があったことは、売買契約を締結するうえできわめて重大な問題であり、錯誤の要素性を満たしていることは明らかであるとしたうえで、XらはYが、実際には耐震基準を満たしていない設計であるにもかかわらず、新耐震基準に基づく旨の記載のあるパンフレットを交付し、モデルルーム等においては設計が耐震基準を満たしている旨説明した。

　これは、消費者契約法4条に基づく、消費者契約の申込みまたはその承諾の意思表示の取消しにおいて、事業者の勧誘に際し、不実告知、断定的判断の提供や不利益事実の不告知によって消費者が誤認して契約の申込みまたはその承諾の意思表示をした時にあたるとして取消しができるとする（本節4(2)）。

　そして、買主側による錯誤無効の主張においては、民法95条における「動機の錯誤」の扱いについてはまず、人や物の性質に関する「性状錯誤」として捉え、判例・通説に従い、動機が表示され意思表示の内容となった場合として、動機表示錯誤説の立場に立った解釈（大判大3・12・15民録20巻1101頁、最判平元・9・14判時1336巻93頁）を行う。

　では、法律行為の要素に関する錯誤かどうか。動機が意思表示の内容の重要な部分すなわち契約締結における重要な部分となる内容であるかどうかが客観的に判断されるわけだが、動機の表示は明示・黙示を問わない。すると、ⅰ．意思表示の内容＝動機と事実の不一致を表意者が知らない（要件1）、ⅱ．法律行為の要素に関するものであること（要件2）が要請されてくる。

裁判所は本件各売買契約において売主であるYは、建築基準法令所定の基本的性能が具備された建物である事実を当然の大前提として販売価格を決定し販売活動を行い、Xらもその事実を当然の大前提として販売価格の妥当性を吟味し、この分譲物件を買受けたことに疑いはないとする。本件各売買契約においては、客観的には耐震偽装がされた建物の引渡しが予定されていたのに、売主も買主も、これが建築基準法令所定の基本的性能が具備された建物であるとの誤解に基づき売買を合意したことになり、売買目的物の性状に関する錯誤（いわゆる動機に関する錯誤）があったことになるとする（札幌高判平23・5・26 LEX/DB 文献番号25472798、消費者法ニュース89号203頁）のである。この場合、前段は共通錯誤としての処理も可能だから要素性については問題ないように思われる。
　要素性とは、判例からすると、意思表示の内容の重要な部分ということになるが、動機が表示され意思表示の内容となる場合は、動機の錯誤であれ95条の適用範囲であり、この動機の表示は、明示であれ黙示であれ、どちらであってもよいとされている。
　なお、錯誤における無効は、錯誤に陥ってしまった表意者を保護するための無効だから、表意者が無効を望まないときまで認める必要はない。錯誤無効の主張は、表意者のみが主張できるのである。誰からでも、誰に対しても主張できるものとされる絶対的無効に対し、相対的無効といわれる。

3　瑕疵ある意思表示

　意思表示は本来、自由な意思に基づいた意思決定にほかならない。表意者の意思決定の自由を妨げる、あるいは侵害することで意思を表示させることは瑕疵といったキズのある意思表示である。とはいえ、意思と表示の間に食い違いはない。自分の所有物を他人に売ろうという効果意思、これを売りたいという表示行為は一致している。意思はそのまま表示されているものの、意思決定に際して他人の干渉が認められるというものだ。
　民法はこのような場合、その意思表示を直ちに無効であるとはせずに、取

り消すことができる（96条①）として扱う。詐欺・強迫による意思表示には、表意者による意思表示の効果を発生させない機会が与えられているというわけである。なお、この詐欺や強迫が不法行為に該当すれば、表意者は加害者に損害賠償を求めることもできるし（709条）、損害賠償のみの請求も可能である（図1-4）。

（1）詐　　欺

　詐欺による意思表示とは、他人を欺き、錯誤に陥れ、それによって意思表示を行わせることになるわけだが、これを成立させるためには、①詐欺者が

図1-4　瑕疵ある意思表示の全体像

（1）詐欺
AがBに物を売るとき、Bから騙された。
▽たとえば偽物の宝石を本物の宝石として相手を騙す。Bの欺罔行為により錯誤に陥ったAは「これを買います」と意思表示してしまった。ここでBには、まずAを騙し（欺罔）、錯誤に陥らせた故意と、錯誤によって意思表示させるという「二段の故意」（＝二重の故意）があり、錯誤を構成するのである。

（2）強迫
AがBに物を売るとき、Bから脅された。

```
          ←《1》96条①
       ┌── 騙し ──┐
   A ━━━━━━━━━▶ B        ⇒    C《3》（96条③の第三者）
       └── 脅し ──┘
   これを売りたい（意思）……「これを売ります」
                        ＝売るという意思表示　売る表示←Bによる詐欺（騙し）、強迫
                         （おどし）
   ↑
   D《2》（96条②の第三者）
```

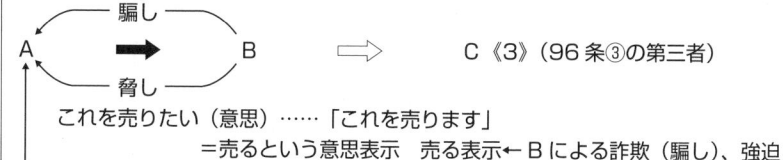

《1》意思は構成され、意思と表示も一致しているが、そもそも意思が外部からの圧力により構成されていれば、この取引を取り消すことができる（96条①）。
《2》D（第三者）が詐欺を行った場合、契約の相手方であるBではないという点と強迫に関する明文のないことに注意。法は相手方Bが、Dによる詐欺の事実を知っていたときに限り、表意者であるAが取消しできると規定する（96条②）。強迫は、反対解釈で取消しが可能。
《3》表意者Aは、意思表示の取消しを善意の第三者Cに対抗できない（96条③）とし、強迫については前項と同じく反対解釈となる。

表意者を騙す（欺罔行為あるいは詐欺行為を行う）。②相手方に対し故意に欺罔し錯誤に陥らせるということと、その錯誤によって意思表示させる故意といった二段の故意を具備する、要は詐欺者の違法な欺罔行為、欺罔行為によって表意者が錯誤に陥ることがあって、③表意者がその錯誤によって意思表示したことが必要である。

　少し具体的に見ようとすると次のような事例が考えられる。まず詐欺者Bが表意者であるAを騙して、Aの所有する土地を安く購入するといった場合を想定してみよう。BはAの所有する土地をめぐって何らかの理由により近く暴落するようなことを述べ、Aに誤った認識や判断をさせる。これを受けてAはBにこの土地を売却することとした。

　民法は、Bによる詐欺行為はあっても売買契約は有効に成立しているとするが、詐欺を受けたAを保護するため、この意思表示を取り消すことができる（96条①）としている。ところがもし詐欺者が第三者Dであれば、詐欺の事実を意思表示の相手方であるBが知っていれば取消しでき（96条②）、意思表示が取り消されれば、その意思表示は当初から無効であったものとみなされること（遡及的無効・121条）になる。

　では、詐欺者Bから騙された表意者Aが所有する土地を廉価でBに売却し、その後、Bが高価で善意の第三者Cに転売したとすればどうなるか。Aはその後Bに騙されたことを知って、意思表示を取り消し（96条①）、Cに渡った土地を取り戻せるかというと、法は詐欺による意思表示は善意の第三者に対抗できない（96条③）として、第三者Cが善意・無過失であればその土地をCが取得することになるのだとする。

（2）強　　迫

　一方、強迫による意思表示は、他人に強迫行為、脅しといったことを行って畏怖を与え、その畏怖により行った意思表示である。これを成立させるためにはまず、①強迫者の故意、②違法な強迫行為、③その違法な強迫行為によって表意者が畏怖したこと、④表意者が強迫行為によって抱いた畏怖すなわち恐怖心によって意思表示を行ったことが必要である。

具体的には、強迫者Bが表意者Aに対してAの所有する不動産を廉価で売るように「安く売らないと建物に火をつけるぞ」と脅す。表意者Aは仕様がなくこの売買契約を締結してしまったといったような場合に相当する。所有する不動産を売ろうと思ったわけで、表示行為に対する効果意思が認められるわけだから、意思の不存在ということにはあたらず、その形成過程に瑕疵があったことになり、効果としては詐欺の場合と同様（96条①）である。

とはいえ、第三者Dによる詐欺の場合、民法は96条2項を規定しているものの、強迫については触れられていない。強迫の場合は、詐欺とは異なり相手方Bの善意・悪意にかかわらず表意者Aを保護する。つまり、96条2項には規定すらなされていないが、強迫の場合は詐欺の場合の反対解釈を行って、Aを絶対的に保護する立場を採っている。

これは、96条3項の場合も同じである。強迫による意思表示の遡及的無効、いわゆる取消しは、詐欺の場合、善意の第三者に対抗することができないが、その反対解釈により、善意の第三者に対しても対抗することができることになり、強迫の場合は、絶対的に表意者を保護する姿勢が示されている。表意者本人に帰責性が存在しないと見られるからである。

ところで、これまでは意思表示の成立過程に焦点を絞り学習してきたわけだが、その意思表示はどのように成立し、どの段階で効力を発生させるのだろうか。売買契約は、「申込み」と「承諾」があって、これが合致することで成立する。まずは売主と買主が離れた場所にあって意思表示のなされる場面を想定してみよう。

売主の商品カタログ（陳列）を見て、表意者である買主が売主に対しある商品を買いたい旨申込書を書く。これが「表白」と呼ばれるものであり、続いて申込書を投函する。こちらは「発信」と呼ばれる。これが売主の手元に届く。「到達」である。そして申込書の内容を知る。「了知」である。契約における申込みは、①表白、②発信、③到達、④了知といった4段階で構成されている。

民法は原則、隔地者に対する意思表示は、その通知が相手方に到達した時

からその効力を生ずる（97条①）として到達主義を採用している。意思表示が相手方の支配圏に入ったこと、相手方が了知できると認められる状態になったことと解されている。相手方に申込書が到達しない限りは撤回できるということである。また、何らかの事情で申込書の受取りを拒絶しても正当な理由がなければ到達の効力は失われない。

　隔地者に対する意思表示は、表意者が通知を発した後に死亡、または行為能力を失ったとしてもその効力は妨げられないとする（97条②）。また、意思表示の相手方がその意思表示を受けた時に未成年者、成年被後見人であったときは、その意思表示をもってその相手方に対抗することができないとし（98条の2本文）、表意者による到達の効果の主張ができないものの、未成年者、成年被後見人は主張できる（98条但書）。

　表示者が、相手方を知ることができず、またはその所在を知ることができない場合、公示の方法によって意思表示できる（98条①）とし、公示の方法は、民事訴訟法の規定に従うとする（98条②）。他方、承諾の意思表示は、申込書が売主に到達し、売主がこれに対する承諾の意思表示を発信すれば、この意思表示が買主に到達しなくても効力が生じる。民法は、隔地者間の契約は、承諾の通知を発した時に成立する（526条②）とし、発信主義を採用している。

4　無効・取消し、条件と期限

　無効・取消しとは、公の秩序維持の側面と意思の不存在（欠缺）といった私的自治の原則部分に関わる側面で登場し、いわゆる公益の擁護、当事者の個人的利益の保護を目的として、どちらも予定された法律効果の発生を阻止する。

（1）　無効と取消しの比較

　無効は、追認によってもその効力を生じない（119条前段）ということだから、法律行為がその成立当初から、効力を発生せず確定していることになる。具体的には、ここまでの学習で明らかなように公序良俗（90条）、強行規定

(91条) に違反する場合、心裡留保 (93条但書)、虚偽表示 (94条)、錯誤 (95条) による場合、さらに意思無能力や契約内容の確定性、実現可能性によって無効になる場合がある。

こういった無効には、絶対的無効と相対的無効と呼ばれるものがあり、絶対的無効というのは、誰からでもまた、誰に対しても、さらにいつでも主張可能であるのに対し、相対的無効は、錯誤における無効のように表意者のみが主張できる無効だとされる。また、無効は結果として、法律行為の効果が当初から発生せず追認によっても有効とはならないこと (119条後段) になる。

では、取消しはというと、意思表示を前提に一応は有効に成立している法律行為を、取消権者の意思表示によって、遡及的に無効とする単独行為となるわけだが、法は取消原因、取消権者、取消期間、取消しによる効果を定めている。

取消原因とは、これまでの学習から明らかなように、制限行為能力者による法律行為、瑕疵ある意思表示 (96条) と消費者契約法4条で定められた意思表示である。具体的には、制限行為能力者の場合、その者または代理人、承継人もしくは同意することのできる者 (120条①)、詐欺または強迫によった場合は、瑕疵ある意思表示を行った者、またはその代理人もしくは承継人 (120条②) と、消費者契約法4条に該当する消費者が取消権者になる。取消しを行うには、相手方が確定している場合は、取消しの意思表示を行えば足りる (123条)。

取り消された行為は、取消しの効果として初めから無効であったものとみなされるわけだが (121条本文)、制限行為能力者の場合は現に利益を受けている限度 (現存利益) で返還の義務を負う (121条)。

なお、取消権の行使には期間が伴う。取消権は、追認することができる時から5年間行使しないときは時効により消滅してしまい、法律行為の時から20年経過すれば、同様に消滅してしまう (126条)。つまり、このどちらか早い方の期間を経過することで取消権が消滅する。これは、契約の相手方にとって不安定な立場を避けるといった措置である。

ところで、取り消すことのできる行為は、追認することでも効力を生じない（119条）。当事者が無効であることを知って追認したときは新たな行為をしたとみなされ（119条但書）、また、一度追認したときは以後、取り消すことができず、第三者の権利を害してもならない（122条）。追認は、取消しの原因となっていた状況が消滅した後にしないと、その効力が生じないが、追認することができる時以後に、全部または一部の履行、履行の請求等取り消すことができる行為があれば追認したとみなされる場合もある（法定追認・125条）。なお追認もまた、相手方が確定していた場合、意思表示のみで足りる。

ここで取消しにつき簡単に要約しておこう。取消しの場合、その法律行為は取消しが意思表示されるまで有効であって、取消権者によってのみ取消しが可能。放置することで取消権が消滅し、追認によって初めから有効な法律行為として扱われる場合もある。

（2） 消費者契約法による特則

詐欺や強迫により不本意な意思表示を行えば当然に取消権が与えられることになるのはすでに触れたが、事業者が消費者契約の締結について勧誘する際、①重要事項の事実と異なることを告げることによって、その内容が事実であると誤認する。②物品、権利、役務その他消費者契約の目的となるものに関し、将来におけるその価値、将来においてその消費者が受け取るべき金額その他将来における変動が不確実な事項につき断定的判断を提供すること、それによる断定的判断の内容が確実であると誤認し、それにより消費者契約の申込みまたは承諾の意思表示をしたときは、これを取り消すことができる（消費者契約法4条①）とした。

また、重要事項、それに関連する事項につき、消費者の利益となる旨を告げ、かつ、この重要事項について消費者の不利益となる事実を故意に告げなかったことにより、このように事実は存在しないとの誤認をして申込みおよび承諾の意思表示をしたときは、これを取り消すことができる（同4条②）とする。

さらに、消費者契約の締結について勧誘する際、当該消費者が、その住居またはその業務を行っている場所から退去すべき旨の意思を示したにもかかわらず退去しない、逆に当該消費者が退去する旨の意思を示したものの退去させないことにより、困惑してしまい、この消費者による契約につき申込みまたは承諾の意思表示をしたときは、これを取り消すことができる（同4条③）とし、これにより従来の詐欺、強迫あるいは錯誤の規定では取消しにあたらなかった事項を超えて取消しの範囲を広げることとなった。

（3）　条件・期限の意義・種類

　法律行為の効力の発生または消滅を、将来の不確実・不確定な事実に係らせることを法律行為の付款と捉えることができる。これにはまず、条件と呼ばれるものがあり、当該事実が発生すれば、法律行為の効力を発生させる停止条件と、法律行為の効力を消滅させる解除条件とがある。

　たとえば、「大学に合格したら新車を買ってあげよう」という約束を行ったとする。停止条件の場合には「大学に合格したら」であり、成就した時からその効力を生ずる（127条①）ことになる。また、解除条件は「もし大学に合格できなかったら」が、解除条件でありこれが成就すれば、約束は消滅する（127条②）というものである。

　他方、期限とは、法律行為の効力の発生または消滅を、将来の確実・確定的な事実に係らせる法律行為の付款だと見ることができる。「もし今の総理が引退したら」とか、「来年4月1日に」といったことが考えられるが、総理はやがて引退するが時期が確定しているわけではないから、これを不確定期限とし、期日の確定しているものを確定期限として分類している。

第6節　代　　　理

1　代理の意義

　代理というのはたとえば、代理人Bが本人Aのためにみずから相手方C

に対して意思表示をし（能動代理）、または、AのためにCから意思表示を受け（受動代理：代理人が相手方から本人に代わって意思表示を受ける場合）、これによって直接本人Aに法律効果を生じさせる制度である。三面関係とは「本人対代理人」、「代理人対相手方」、「相手方対本人」の三面関係が生じることを示している。

代理関係は、まず本人が代理人に代理権を授与することから始まり、代理権授与行為または授権行為を行い、次に、代理人が相手方と交渉して契約を締結することと見ることができる。これを代理行為というわけだが、具体的には、代理人は相手方と取引きに入る際に「私は本人の代理人だ」というように必ず自分が本人の代理人であることを明らかにしなければならない。これを顕名(けんめい)という。これによって、代理人と相手方との間で締結された契約の効果がすべて本人に帰属することになる（本人のためにすることを示してした意思表示・99条）。また、顕名とは、顕名主義に基づき、代理人が「自分は本人の代理人である」ということを表明して相手方に示すことであって、示さないと代理行為の効果が本人に帰属しないことになってしまう。

代理制度のもつ意義とは、一言でいうと本人と一定の関係に立つ他人である代理人が本人のために意思表示を行い、または意思表示を受けることで、その法律効果が本人に帰属することを認める制度である（図1-5）。

（1）代理制度の機能

経済社会の発展に伴って、取引活動が複雑多岐となる一方、その種類および範囲が拡大してくると、もはや個人レベルでは処理しきれない問題が増加してくる。すると他人の協力が必然的に要請されることになってくるが、本人の代わりとして他人が事務を処理し、その結果を本人が享受するという代理制度は、こういった社会の要請に応えたものであるという側面をもつといえる。

また、近代的国家は、当然に自然人に対し権利能力を認めているわけであるが、その中には意思無能力者、制限行為能力者が存在するのであって、これらの者はみずからが法律行為をすることができなかったり、あるいは制限

図1-5　有権代理（任意代理）の三面関係

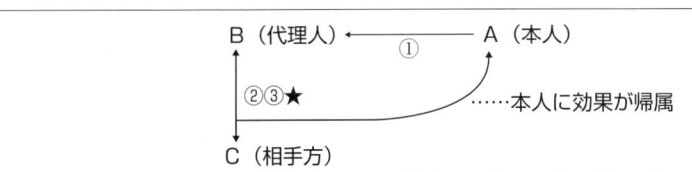

```
        B（代理人） ←――①―― A（本人）
           │                    │
         ②③★                 ……本人に効果が帰属
           │                    │
        C（相手方）―――――――――┘
```

★取引きの間に代理人が登場するケース……「任意代理」、これとは異なる代理「法定代理」
　　　　　　　　　　　　　　↓
代理関係は、まず本人が代理人に代理権を授与することから始まる。
　　　　　　　　　　　　　　↓
　　　　　　　　代理権授与行為または授権行為①
代理人が相手方と交渉して契約を締結すること。
　　　　　　　　　　　　　　↓
　　　　　　　　　　　　代理行為②
代理人は相手方と取引きに入る際に「私は本人の代理人だ」というように必ず自分が本人の代理人であることを明らかにしなければならない。
　　　　　　　　　　　　　　↓
　　　　　　　　　　　顕名（けんめい）③
※これによって、代理人と相手方との間で締結された契約の効果がすべて本人に帰属することになる。
★顕名主義：代理人が「自分は本人の代理人である」ということを表明して相手方に示さないと代理行為の効果が本人に帰属しないことになる。

されることになる。親権者、後見人がこれらに代わってこの行為をフォローしてやる必要性が生じてこよう。こういった要請に応えるのも代理制度のもつ、もう一つの側面である。

　「本人」の意思に基づいて代理権が生じるのが任意代理であり、「法律」の規定に基づいて代理権が生じてくるのが、法定代理と呼ばれるものである。なお、このように区別は、代理権の消滅事由、ないし復任権（代理人が復代理人を選任できる権限）といったところで最も端的な差異を生じさせる。

（2）　代理権および類似する制度

　代理権が発生するのはいつで、その原因とは何であろうか。本人と一定の関係に立つ他人である代理人が本人のために意思表示を行い、または意思表示を受けることで法律効果は本人に帰属することを認めるのが代理制度であ

る。すると代理関係の発生は、代理人の地位ないし代理権限に求めることができ、これを「代理権」と呼ぶのである。ところで、その本質面では、代理権の授与をどう見るか、といったことを焦点にさまざまな学説が展開されている。通説は、代理権は純粋な権利ではなく、代理人の本人に対する法律上の地位、資格であるとする資格・地位説（鳩山秀夫、我妻榮説）である。

　また、発生の原因は、まず法定代理であれば、本人に対して一定の地位にある者が当然に代理人になるケースや協議、指定によって選任される場合のほか、裁判所が選任する場合もあり、それぞれ法定されている。一方、任意代理は、自己の行為により本人に権利義務の変動を生じさす地位・資格を「本人」が「代理人」に授与する行為で、通説は、委任・雇用・請負・組合等の契約とは別個独立に与えられた授権行為であって、民法典では、代理人の合意あるいは承諾を必要とする民法典にはない無名契約（無名契約説）だとしている。

　もっともこれは、委任契約に近い見方もできるし、サービス提供型契約と代理権授与行為が融合しているものと解することもできる。また、サービス提供型契約とは別に与えられた授権行為によって、代理人の同意を必要としない単独行為だとする考え方（単独行為説）もあり、根強く主張されている。

　続いて、代理権の範囲だが、法定代理であれば、それぞれの法律の規定によって決まってくるのに対し、任意代理は、権限の定めのない代理人の権限として、保存行為、代理の目的である物または権利の性質を変えない範囲内における利用または改良を目的とする行為（103条）として、その範囲は代理権授与行為の解釈に委ねられている。もちろん、ここでは処分行為を認めていない。

　次に、代理権の制限について概観してみよう。複数の代理人が存在していて、そのすべての代理人が共同してのみ代理行為を行うことができる場合を共同代理と呼んでいる。この場合は、全員の共同によらない代理は完全な代理にならないことになるから、共同代理は各代理人にとって代理権の制限にあたる。もし、この制限を破って単独で代理行為を行えば権限外の代理行為

（権限踰越の代理行為・本節2(2)）になってしまう。ところで、代理人が複数ある場合には共同代理か単独代理であるかは法律の規定および授権行為の解釈によって決まってくるが、親権者である父母が法定代理人となる場合には、法は、父母が婚姻中には共同で行い、一方が親権を行うことができないときは、他の一方が行う（818条③）とし、結局は共同代理であっても一般的には単独代理となることが多い。さらに受動代理といった局面では、共同代理であっても単独代理と同様に、各代理人が相手方からの意思表示を受け付けることが可能になる。

　自己契約①と双方代理②といった108条における禁止事項について検討してみよう。①は、本人から売却の代理権を与えられている者が、みずから買主になってしまうことで、同一の法律行為につき当事者の一方が相手方の代理人になることをいい、これを自己契約と呼ぶ。②は、売主から代理権を与えられている者が買主の代理人を兼ねてしまう場合のように、同一人が同一法律行為の当事者双方の代理人となることをいい、双方代理と呼ぶ。

　これらは、代理人が一人で法律行為をすることで当事者の一方の利益が害されるおそれがあることから禁止されている。とはいえ、そのようなおそれがない場合には、禁止する必要がない。債務の履行、移転登記申請行為は例外とされる（108条但書）。また、同条は強行規定ではないから、本人があらかじめ同意していれば可能である。なお、同意を得ずにこれを行えば、この行為は無権代理（本節2）となる。

　一方、法定代理では、本節で学習した任意代理とは異なって、代理人・本人間の利益相反行為に関しては、たとえば、親権を行う父または母とその子との利益に相反する行為については、その子のために特別代理人を選任すべき旨を定めている（826条）等、108条の特則が存在する（図1-6）。

　では、代理権はいつ消滅するのか。法定代理、任意代理とも共通して、本人が死亡すれば代理権も消滅するし、代理人が死亡の場合もそうである。また、代理人が後見開始の審判を受け、成年被後見人となった場合のほか、破産手続き開始の決定がなされれば消滅する（111条①）ことになる。

図1-6 自己契約と双方代理

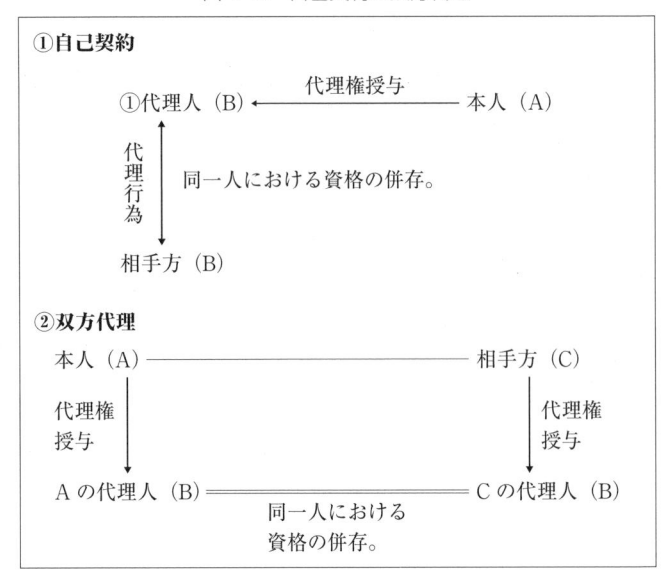

```
①自己契約
              代理権授与
    ①代理人（B） ←――――― 本人（A）
      ↑
    代
    理  同一人における資格の併存。
    行
    為
      ↓
    相手方（B）

②双方代理
    本人（A）――――――――――― 相手方（C）
      │                                  │
    代理権                            代理権
    授与                              授与
      ↓                                  ↓
    Aの代理人（B）============== Cの代理人（B）
                  同一人における
                  資格の併存。
```

　なお、法定代理の場合は、条文でそれぞれ規定するが、たとえば、本人が管理人を置いたときは、家庭裁判所は、その管理人、利害関係人または検察官の請求により、その命令を取り消さなければならない（25条②）とする。任意代理では、事務処理の委託の終了によって消滅する（111条②）。

　代理人がさらに代理人を選任し代理権を行使する場合がある。これを復代理というが、任意代理と法定代理の復代理について検討する。代理人は、本人の許諾を得たとき、またはやむをえない事由があるときのみ復代理人を選任することができる（104条）。この権限を復任権と呼ぶ。法定代理人もまた、この復任権をもつが、自己の責任で復代理人を選任することができる（106条前段）。

　任意代理人が復代理人を選任したときは、その選任および監督につき本人に対し責任を負い（105条①）、本人の指名に従って復代理人を選任したときは、本人に対し責任を負わないが、ただし、その代理人が復代理人の不適任または不誠実であることにつき知っていれば本人に通知しまたは復代理人を

解任することを怠ったときは責任を負う（105条①・②）。

　法定代理人は、自己の責任で復代理人を選任できるものの、その選任および監督につき本人に対し責任を負う（106条）。なお、復代理人は、その権限内の行為につき本人を代表するのであって、復代理人は、本人および第三者に対して代理人と同一の権利を有し義務を負う（107条①・②）のである。

　さて、代理と類似する制度として、まず使者について取り上げてみると、使者とは本人が書いた手紙を届ける、本人の口上を相手方に伝える者のことである。前者はつまり、本人の完成した意思表示を伝達するだけの「伝達機関としての使者」であり、後者は本人の決定した意思をそのとおりに表示し、その意思表示を完成させる「表示機関としての使者」である。代理人に少し類似しているように見えるが、意思は、あくまでも本人が決定するのであるから代理制度における代理人自身が決定し、意思表示するのとは大きく異なってくる。

　次に、代表と呼ばれるものであるが、法人の機関である理事は、法人を代表するとされ、機関の行為そのものが法人の行為になると考えられている。代理人は本人と対立する別個の存在だとすると、その行為はあくまでも代理人個人の行為であるとされる。なお、代理は法律行為のみに認められるのであって、代表は、人の意思に基づかないで法律効果を発生させる行為や、加工者の意思にかかわらず発生し、不法行為等にも及ぶことになる。

　また、問屋（といや）と呼ばれるものがある。いわゆる間接代理（商551条）ということになるが、たとえば本人Aが問屋Bに鹿児島・枕崎産の鰹節を100kg注文する。これを受けてBは、自分の名義で馴染みの漁業協同組合Cから鰹節を購入し、みずから鰹節を所有したうえで改めてAに対し鰹節の所有権を移転するというものだから、法律効果の帰属をそもそも本人が負う代理とは異なる形式である。

　占有権は、代理人によっても取得することができる（181条）、いわゆる代理占有であるが、これは意思表示ではない。第三者のためにする契約は、契約により当事者の一方が第三者に対してある給付をすることを約したときは、

その第三者は、債務者に対して直接にその給付を請求できる権利を有する（537条）とし、たとえば、第三者Cは当事者であるA・B間の債権関係に基づいて請求権を取得するに留まるのであって代理ではない。また信託制度は、本人を委託者とし、その相手方である受託者は、信託財産に属する財産の管理または処分およびその他の信託の目的の達成のために必要な行為をすべき義務を負う者であって、やはり代理制度とは異なる。

　こうして見てくると、代理の成立要件は、代理人が代理権をもち代理権に基づき代理行為を行うことである。その有効要件は、代理人が代理行為を行うときには、本人のためにすることを示さなければならず（99条①）、これを「顕名主義」といった。ここで本人のためにするとは本人の利益のためではなく、本人に効果を帰属させようとする意思（代理的効果意思）という趣旨で、代理人が本人の利益のためだけでなく自己や第三者の利益を図る目的で代理行為を行ったとしても、その効果は代理効果として有効に本人に帰属することになる。ただし、相手方が代理人の背任的意図を知っていたような場合は、民法93条但書の適用（判例・通説）を受け、その意思表示は無効となる。

　なお、代理人は行為能力者である必要はない（102条）。代理の効果の帰属は本人であるから代理人が行為能力者である必要はない。ただし、意思能力は必要である。また、代理人のなした法律効果はすべて本人に帰属する。ここで注意を要するのは、本人に帰属する効果は法律的効果に限らず、錯誤による無効、詐欺による取消権をも含む。代理行為に瑕疵があるかどうかは、実際にその行為を行った代理人について考えられるが一定の場合は本人の事情も考慮される（101条①・②）ことになる。

Case6　親権者の代理権濫用と利益相反行為
　未成年Xは、父の死亡で、遺産分割に伴い本件土地を取得したが、その登記は、Xの親権者である母がA（Xの叔父）に依頼して行いAは登記手続きを含め諸事にわたってX親子を世話する。母はXの土地について、Y（保証協会）がB（Aの会社）に対して保証委託取引きに基づき取得する債権を担保するため、根抵当権を設定することをXの親権者として承諾し、またAが母

第1章　総　　則

を代行し、前述の合意に基づき契約書を作成することおよび登記手続きを行うことを許容した。そこでAは母を代行し極度額3000万円とする根抵当権設定契約証書を作成し登記手続きを行い、さらにその後、極度額を4500万円に変更し同様の手続きを行った。B会社はC銀行から4000万円を借り受け、その際Yは、B会社との間で信用保証委託契約を行い、C銀行に対し、B会社の各借受金債務を保証する旨約し、Yは、Aが母を代行して行った根抵当権設定契約およびその後の極度額変更契約の締結に際し、B会社のC銀行からの借り受けがBの事業資金で、Xの生活資金を含むXのその他の利益のために使用されるものでないことを知っていた。そこで成年に達したXは、Yに対し、本件各契約はAの代理権濫用であり、Yはそれを知っていたので、本件各契約は無効だとして、土地の所有権に基づき、根抵当権設定登記の抹消を求めた。

　利益相反行為にあたるかどうかは別として、最高裁は、親権者が、原則としてこの財産上の地位に変動を及ぼす一切の法律行為につき子を代理する権限を有する（824条）ところ、親権者がこの権限を濫用して法律行為をした場合において、その行為の相手方がこの濫用の事実を知り、または知りうべかりしときは、93条但書の規定を類推適用し、その行為の効果は子に及ばないと解するのが相当とした判断（最判平4・12・10民集46巻9号2727頁、百選I〔6版〕54頁）を示している。ただしこの事案では代理権濫用は否定されている。

2　無権代理

（1）　無権代理の意義
　無権代理とは代理人として代理行為を行った者が実は代理権がなかった場合をいうが、無権代理人と本人との間に緊密な関係あって、たとえば、代理権授与行為における外観作出につき、本人に一定の帰責性があり、無権代理の効果を帰属させてもよいとするものを、表見代理といい、そうでない代理、帰責性のない代理を狭義の無権代理といって区別を図っている（図1-7）。

（2）　表見代理
　正式な代理権が存在しなくても、本人が代理人に対し、さも代理権が存在するような外観を与えてしまったような場合、相手方が代理人に代理権があ

ると信頼してしまう場面が少なからず起こりうる。実際は無権代理であるが、このようにときに本人に帰責性があることを踏まえ、相手方の信頼を保護する必要から、文字どおり、おもて見は代理権があるような代理だとして、法は次の3種類の表見代理を規定し、本人に効果が帰属するとした（図1-8）。

1) 代理権授与表示の表見代理（109条）　本人が相手方に対し、代理人としての他人に代理権を与えた旨を表示した場合には、実際にその他人に代理権を与えなかったとしても、その代理権の範囲内において、その他人が相手方と行った行為について責任を負わなければならない（109条前段）。

これは、代理権の授与が全くなかったにもかかわらず、その代理権を与えた旨の表示があって、代理権授与表示がなされたといった場合の責任であり、いわゆる表示責任だといわれる。表示責任とは、禁反言（estoppel エストッペル）ということであり、他人に虚偽の表示をした者は、それを信じて行動した者に対し、表示の内容が虚偽であったことを後で改めて主張することは許

図1-7　無権代理の概観

```
              ┌→ 表見代理
「無権代理」 ─┤
              └→ 狭義の無権代理
```

図1-8　表見代理の3態様

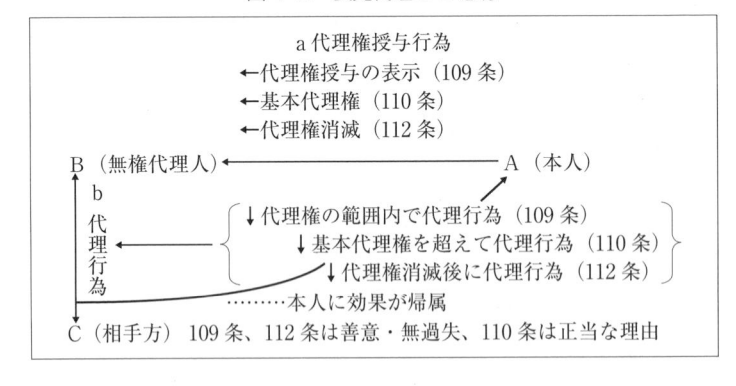

```
           a 代理権授与行為
    ←代理権授与の表示（109条）
    ←基本代理権（110条）
    ←代理権消滅（112条）
 B（無権代理人）←─────────────── A（本人）
 b                ↓代理権の範囲内で代理行為（109条）
 代               ↓基本代理権を超えて代理行為（110条）
 理               ↓代理権消滅後に代理行為（112条）
 行        ……本人に効果が帰属
 為
 C（相手方）109条、112条は善意・無過失、110条は正当な理由
```

されないとする法理である。さらに淵源として、権利外観法理（rechtsschein レヒッシャイン）は、権利の外観を作出した者に責任を認めているのである。なお、ここでは相手方は、代理人としての他人に代理権を与えられていなかったことにつき、善意・無過失であることが要請される（109条但書）。

たとえば、本人Aは割烹料理店を営んでいるものの、経済低迷の影響を受け、経営不振に喘いでいる。そこでフランス料理を学んだ息子Bを迎え新たな料理店を開店させようと、割烹料理店の土地を担保に金融機関から事業資金の融資を受けようと考えていた。AはBとともに金融機関を訪ね、「今後は自分に代わってBが事業を引き継ぐので宜しく頼みたい」と挨拶した。ところが数日後、BはAに相談することなしに、先の金融機関から3000万円の事業資金を借り受けてしまった。Aは同金融機関とは先代からの付き合いがあり、事業資金の借り受けに際しては、自分で折衝するつもりでいた。Bが借り受けた事業資金につきAが負担すべきか問題である。

この場合、相手方である金融機関は、AとBが同行を訪れた際、BがAの代理人であると信頼したのであれば、109条に則ってAが債務を負うことになる。

成立要件としては、本人Aが他人B（前例は息子）に対して代理権を与えたという表示、代理権を与えたと評価できる表示があって、他人Bがこの表示された代理権の範囲内で代理行為を行うこと。さらに代理権がないことを相手方が知っていたということ、または過失によって知らなかったということがないことである。

Case7　東京地方裁判所厚生部事件

繊維製品の販売を行うX会社は、東京地方裁判所厚生部との間で繊維製品の売買契約を締結し代金374万円で販売したが、厚生部はこの支払いをしなかったため、Y（国）に対し、その支払いを求めて提訴した。なお、厚生部とは、同裁判所の福利厚生を図るため生活物資の購買配給活動を行い、いわば自然発生的に「厚生部」と呼称されたものであった。

最高裁は、厚生部が東京地裁の一部局ではないとしたものの、一般に他人に自己の名称、商号等の使用を許し、もしくは、その者が自己のために取引きする権限ある旨を表示し、その他人のする取引きが自己の取引きのごとく見る外形を作り出した者は、この外形を信頼して取引きした第三者に対し、みずから責に任ずべきであるとして、109条が適用されると判断（最判昭35・10・21民集14巻12号2661頁、百選Ⅰ〔7版〕58頁）した。

Case8　白紙委任状の取扱い
XはAから12万円を借り受け、その担保としてX所有の本件不動産に抵当権を設定し、登記手続きのための不動産権利証、白紙委任状、および印鑑証明書をAに交付した。ところがAは金融を得る目的で、これを電気器具販売業を営むBに交付した。Bはその後、電気器具卸売商を商うY会社との間で電気器具の継続的商品取引契約を締結するにあたり、Xから何ら委任は受けていないものの、Xによる先の不動産権利証、白紙委任状、および印鑑証明書を示し、BのYに対する継続的商品取引契約から生じる将来の債務の担保として、本件不動産につき債権極度額100万円の根抵当権設定契約およびBの債務不履行を停止条件とする代物弁済契約を締結し、これを受けて、Yは根抵当権設定登記および所有権移転請求保全の仮登記を行った。これを知ったXは、Yに対し根抵当権・代物弁済契約上の権利の不存在、および根抵当権設定登記・仮登記の抹消登記の請求を行った。これは認められるだろうか。

最高裁はXが、Aに代理行為に必要な白紙委任状を含む書類を交付し、Aがその書類をBに交付し、Bがこれを濫用しYのために抵当権を設定したとしても、109条の問題とはならないとしている。登記書類の交付を受けた者が、さらにこれを第三者に交付し、その第三者において登記書類を利用し、不動産所有者の代理人として他の第三者と不動産処分に関する契約を締結しても、同条の要件事実が具備しているとはいえない。この場合、Bへの代理権授与の表示をしたことにはならないとして棄却した（最判昭39・5・23民集18巻621頁、百選Ⅰ〔7版〕56頁）。

2）　**権限外の行為による表見代理**（権限踰越の表見代理・110条）　　代理人が権限外の行為をした場合、その代理人と取引きした相手方がその代理人に

権限ありと信ずべき正当な理由があるとき、本人にその権限外の行為についても責任を負わせる規定である。

　たとえば、本人であるAは代理人B（宅地建物取引主任者）に自宅建設のための土地を購入するための代理権を与え委任し「土地購入に関する一切の権限を与える」とした。その際、AはBに口頭ではあるが「5000万円以下であれば問題ないが、それを超えるような場合には自分に相談して欲しい」と伝えた。ところがBは、その土地を6000万円で購入するという売買契約をAに無断で締結してしまった。Aはこの売買契約につきどんな責任を負うことになるのだろう。

　この場合、Bの代理権は5000万円以下の値段で土地を購入することに限られており、Bの行った行為は、明らかにその権限を越えた無権代理である。がしかし、無権代理であることにつき相手方に正当な理由があれば表見代理が成立。Aは相手方に対し本件契約に基づく代金支払債務を負う。

　この成立要件は、権限外の行為であるから、本人Aが他人Bに対し何らかの代理権をすでに与えていること、つまり基本代理権を付与していることと、この基本代理権を超えて代理行為を行うこと。さらに相手方Cが、他人Bにその権限があると信じるにつき正当な理由のあることである。

Case9　基本代理権

　A会社は、金融機関の預金金利よりも高い利息で金員を借り入れ、高利で貸し付ける業務を、勧誘外交員を使用し一般人を勧誘する方法で行っている。YはA会社に20万円を預金し同社の勧誘員となったが、健康上の理由から勧誘行為一切を長男のBに委ねた。XはBの勧誘により、A会社に対し30万円をY保証名義で貸し付け、その後Bの勧誘により前契約同様に再契約した。そこでXは、金員の授受を省略し、従前契約の各満期である期日に、30万円を返済期を6カ月後として貸し付け、Yが保証する旨の保証契約証が付されたが、これはBがXからの求めに応じ作成したものであった。その後、XはYに対し保証債務の履行を求めたが、Yは、一切関知していないとし、Bが単独で行ったものとして履行を拒否した。

原審は、Bの借入金勧誘行為は、BがYから与えられた代理権限に基づきなされたものと判示するが、最高裁は勧誘それ自体は、人の意思に基づかないで法律効果を生じさす行為、つまり事実行為であって法律行為ではないから、ほかに特段の事由の認められない限り、この事実をもってBがYを代理する権限を有していたものとはいえず、基本代理権にはあたらないとして差し戻した。代理権が認められれば110条が適用される、表見代理人が真に有する代理権と、その権限を踰越してなされた行為が関連性のない異種類のものでもかまわないが、勧誘という事実行為のみでは代理権がないと判断（最判昭35・2・19民集14巻250頁、百選Ⅰ〔7版〕60頁）した。

　3）　代理権消滅後の表見代理（112条）　　代理権の消滅は善意無過失の第三者に対抗することはできない。かつて本人の代理人であった者が、その代理権消滅後も代理人と称して代理行為をなした場合、本人が表見代理の責任を負う。

　たとえば、Aは新聞の専売所を経営しているが、そこで働くBは新聞の配達と購読料の集金にあたっていた。ところがある日、A・B間に営業方針に関する意見の相違があって対立する。AはBを解雇し、すでに1カ月程経過した。ところでAがBの担当する配達先に購読料の請求に行ったところ、前月分の購読料がすべてBにより集金されていた。Bが無断で集金を行ったこととは別に、Aはどのような責任を負うことになるかが問題として浮上する。この場合、Bはすでに解雇されており代理権は消滅している。しかしAは、Bを解雇したことを配達先の購読者に伝える等していなかった場合、購読者がBにつき代理権があると過失なく信頼したのであれば、Aはこの債務を負うことになってしまう。Aは当該購読料をBにすでに支払済みの読者からは集金できない。

　成立要件は、かつてBに存在した代理権が消滅していることと、相手方Cが代理権の消滅につき知らなかったか、知らなかったことにつき過失がないこと。相手方の善意・無過失が要請される。

Case10　表見代理の重畳適用①

　Yは、訴外Aに対し、Aの代理人Bを介して、Y所有の本件山林を代金205万円で売渡し、手付金20万円を受取った。Yは、その際、Aに対する本件山林の所有権移転登記手続きのために、①権利証、②Yの印鑑証明書、③Yの記名押印および売渡物件の記載があり、金額・名宛人・年月日各欄を白地とした売渡証書、④Yの記名押印、目的物件および登記一切の権限を与える趣旨の委任事項の記載があり受任者・年月日の各欄を白地とした白紙委任状を、Bを介してAに交付した。Aは、代理人Bを、X1・X2の代理人訴外Cとの間で本件山林とX1・X2所有の山林の交換にあたらせたが、BはCに対し、BがAの代理人であることを告げることなく、Yから何ら権限を与えられていなかったにもかかわらず、Aから改めて交付を受けていた①～④の各書類をCに示し、Yの代理人のように装い、このため、Cは契約の相手方をYと誤信し、即日、Bとの間でX1・X2共有の山林とY所有の本件山林を交換し、X1・X2が追銭15万円の交付を受ける旨の契約を締結した。追銭のうち10万円は契約成立時に、残金5万円と自地部分に補充がなされていない①～④の各書類は翌日にBからCに交付された。X1・X2は、Yを相手として本件山林の所有権移転登記手続きを求めて本訴を提起した。一、二審においては、X1・X2は、Bは①～④の各書類を所持しており、民法109条の表見代理が成立すると主張したが、同判決は、最判昭39・5・23民集18巻4号621頁を引用し、本人が登記手続きに必要な書類を特定の他人に交付した場合に、それらを何人が行使しても差し支えないという趣旨で交付したのでない限り、特定他人からさらに書類の交付を受けた第三者に対して代理権授与の表示があったとはいえないとし、本件において特定他人はAであり、Bに対する代理権授与の表示があったとはいえないとして、請求を棄却していた。

　これに対し最高裁は、①～④の各書類の授受は、Yにとって特定他人であるA、B、C間で前記のような経緯でなされたものにすぎない。Bにおいては、①～④の各書類をCに示してYの代理人として本件契約を締結した以上、YはCに対しBに本件山林売渡の代理権を与えた旨を表示したものというべきであって、X1・X2側においてBに本件交換契約につき代理権があると信じ、かく信ずべき事由があるならば、民法109条、110条によって本件交換契約につきその責めに任ずべきものであるとし、基本代理権が109条に該当し、110条が権限踰越の表見代理を構成すれば重畳適用を認める（最判昭45・7・28民集24巻7号1203頁、百選Ⅰ〔7版〕66頁）。

Case11　表見代理の重畳適用②

　X銀行は、Aに対して計5500円を貸し付けた。いずれの借用証書にも、連帯保証人としてAの甥であるYの記名捺印がなされていたが、これはYの実印をAが冒用してなしたものである。この実印は、Yの母親によりAに預けられ、Aの元で保管されていたが、それはYが家督を相続したとき未成年で、親族間に紛争もあったので、実印を悪用されないためにしたことであって、Aに任意の使用が許されていたわけではない。にもかかわらずAは、Yから代理権を受けずに、借用証書の連帯保証人欄に、Aに代わる記名捺印をしたわけである。

　ただし、本件貸し付けの前後、AはYから代理権の授与を受けて、YのB銀行からの金員借入について、あるいはAがB銀行から借り入れた債務をYが保証することについて、Yの代理人として契約の交渉を行い、Yの実印を用いて契約締結をしたことがあり、その額は3万円にも上った。また、C銀行ほか7名に対する関係でも、Aの計5万9700円の債務について、Yが保証をしており、その際もAがYに代わってYの署名捺印をした。さらに、こうした金銭賃借または保証に必要なYの印鑑証明願の申請も、AがYの代理人として行った事実があった。Xは、AはYから本件保証契約を行う代理権を授与されていたと主張し、仮にAに代理権がないとしても、XにおいてAに保証契約締結の代理権があると信ずべき正当の理由を有しており、Yは保証責任を負うと主張して、保証債務の弁済を求めた。

　大審院は、Aが無権代理の直前にも、Yから代理権授与を受けている事実を指摘し、Xがこうした事情から、Aに銀行取引の代理権があると信じて保証契約を締結した可能性があり、またXがそう信じたことに正当理由があれば、Yは保証契約の責任を負うべきだとして、原審判決に審理不尽の違法があるとして差し戻した。かつて存在したが現在は消滅した代理権の権限を踰越した場合であっても、110条、112条が結合して適用される（大判昭19・12・22民集23巻626頁、百選Ⅰ〔7版〕68頁）。

（3）　狭義の無権代理

　いわゆる自称代理人の行為は、結果として当然には本人に帰属しない（113条）。本人の追認により有効な代理行為になりえる（116条）が逆に、本人の追認の拒絶により確定的に本人に効果が及ばないことにもなる。

　自称代理人は契約の当事者でもなく、本人に効果も帰属しないとなると、

相手方は一層不安定な立場に追い込まれてしまう。そこで法は、自称代理人である無権代理人に対し、相手方の選択により、無権代理人自身が契約当事者であるかのように契約上の義務を履行する履行責任か、履行に代わる損害賠償責任を負わせることで、相手方の保護を図っている（117条）。

相手方Cが無権代理人Bに対し責任を追及する場合の要件は、相手方が無権代理人Bとの間で何らかの契約に及んでいることと、BがCに対し顕名を行っていることを主張立証しなければならず、無権代理人が責任を免れる要件は、相手方が取消権を行使したこと、代理権の存在、あるいは本人Aによる追認を得た旨の主張立証を行うか、相手方に悪意または過失があること、Bが行為時において制限行為能力者であったことを立証しなければならないということになる（図1-9）。

Case12　無権代理人の無過失責任

X商工信用組合は、訴外A工務店に対し、4度にわたって金員の貸し付けを行ったが、Aが倒産してしまったため3度目の300万円と、最後の200万円の貸し付け分が返済されなかった。Xは、これらの貸し付けにあたり連帯保証人となっていた訴外Bに保証債務の履行を求める訴えを提起したものの、Bは連帯保証人欄への署名押印につき事実を全く知らず、連帯保証人の責任を負わないとした判決が確定、そこでXは、連帯保証契約はBの妻であるYの無権代理行為によるものだとして、Yに対し無権代理人としての責任を追及した。

117条による無権代理人の責任は、無権代理人が相手方に対し代理権がある旨を表示しまたは自己を代理人であると信じさせるような行為をした事実を責任の根拠として、相手方の保護と取引きの安全ならびに代理制度の信用保持のために、法律が特別に認めた無過失責任であり、同条2項が規定しているのは、同条1項が無権代理人に対し無過失責任という重い責任を負わせたところ、相手方において代理権のないことを知っていたときもしくはこれを知らなかったことにつき過失あるときは、同条の保護に値しないものとして、無権代理人の免責を認めたものと解されるのであって、その過失は重大

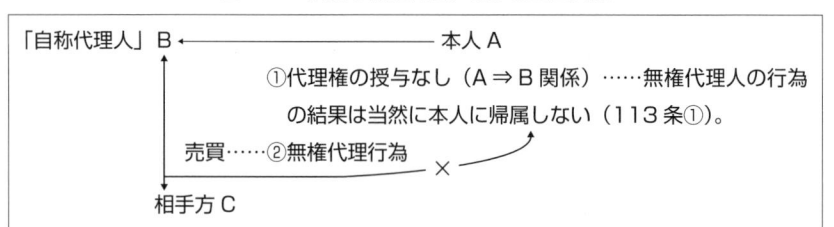

図 1-9 狭義の無権代理における三面関係

```
「自称代理人」B ←――――――― 本人 A
         ↑          ①代理権の授与なし（A ⇒ B 関係）……無権代理人の行為
         │              の結果は当然に本人に帰属しない（113 条①）。
      売買……②無権代理行為
         ↓              ×
      相手方 C
```

● C ⇒ A、C ⇒ B 関係
そこで相手方の C は……本人 A に対して、相当の期間を定めて追認するかどうかを催告（114 条前段）。本人 A が期限内に確答しなければ追認拒絶（同条後段）。本人 A が追認をしないときは、B・C 間の契約を取り消すこともできる（115 条）。
「追認」の拒絶により確定的に本人に効果が帰属しないことになるため、相手方の不安定な地位解消のため、相手方には、催告権（114 条）、取消権（115 条）が与えられている。
● B ⇒ A、B ⇒ C 関係
自称代理人 B は B で、C による履行の請求あるいは損害賠償の請求を避けるため、本人 A に対し追認を求める。これが拒絶されれば、相手方 C の選択により履行か損害賠償を負う（117 条）。
※当然に相手方 C がもし、悪意・有過失の場合は、これらの責任を負わない。なお、履行が選択されれば、B・C 間でなされた契約と同じ効果が生じ、損害賠償の場合には、C は履行に代わる損害賠償を求めるのだから、契約が有効に履行されたならば得られたであろう、履行利益の賠償である。これらの責任は、無過失責任だと解されている。

なものに限定されるべきものでない。また、無権代理人の責任の要件と表見代理の要件がともに存在する場合においても、表見代理の主張を否とは相手方の自由であると解すべきであるから、相手方は表見代理の主張をしないで、直ちに無権代理人に対して 117 条の責任を問うことができると解するのが相当である。相手方が表見代理を主張するのも、117 条における無権代理の責任を主張するのも自由であり、文字どおり過失があれば足りるとする（最判昭 62・7・7 民集 41 巻 5 号 1133 頁、百選 I〔7 版〕70 頁）。

第7節　期間の計算

1　期間の意義

　期間とは、ある時とある時の間の継続する時間の長さである。法は、時間によって期間を定めたときは、その期間は即時に起算開始となる（139条）とし、その計算方法は、法令もしくは裁判上の命令に特別の定めがある場合または法律行為に別段の定めがある場合を除いて（138条）、139条以下の規定に従うとする。

　時間によって期間を定めたときとは、たとえば雇用契約で当事者の一方が相手方に対して労働に従事することを約し、相手方がこれに対して報酬を支払う（623条）ことで成立するが、この労働に従事する時間が期間に相当する。また法令上の特別の定めによる期間とは、たとえば取得時効（第8節2）による所有権の時効取得の期間を示している。

2　期間の計算

　期間の計算には2とおりの計算方法を備えている。たとえば日、週、月または年によって期間を定めたときは、期日の初日は参入せず（初日不算入の原則・140条）、その末日の終了をもって満了とする（141条）。期日の末日が日曜日または休日にあたるときは、その翌日に満了になる（142条）。いわゆる自然的計算方法と呼ばれるものであるが、これは比較的短期の期間に用いられ、残る暦算的計算法と呼ばれるものは、週、月または年によって期間を定めたときは、その期間は暦によって計算する（143条①）とし、週、月または年によってはじめから期間を起算しないときは、その期間は、最後の週、月または年においてその起算日に応答する前日に満了し、最後の月に応答する日がないときは、その月の末日に満了するとしている（143条②）。

第8節　時　　効

1　時効の意義

　時効には2つの制度が併存する。まず1つ目は、取得時効と呼ばれるもので、20年間、所有の意思をもって、平穏に、かつ、公然と他人の物を占有した者は、その所有権を取得でき（162条①）、10年間、所有の意思をもって、平穏に、かつ、公然と他人の物を占有した者は、その占有の開始のときに、善意であり、かつ、過失がなかったときは、その所有権を取得する（162条②）のである。

　また2つ目は、消滅時効といわれるもので、債権の場合、10年間行使しないときは、その債権は消滅し（167条①）、債権または所有権以外の財産権であれば、20年間行使しないときには、これも消滅する（167条②）と規定されているが、この両者は結局、一定の事実状態が一定の期間継続すると、真実の権利の状態と一致しているか否かにかかわらず、その事実の状態を尊重して権利の状態と認めようとするものだ。継続してきた事実関係に法律効果を与え、権利の取得あるいは消滅を生じさせるというものである。

（1）　時効制度の存在理由と構造

　時効制度はなぜ必要とされるのか。これには伝統的な説明が用意されている。まず第一に、長期にわたって存続する事実状態を尊重し、当該事実状態を前提に構築された社会的関係の安定を図ること。第二に、永続した事実状態は、真実の権利関係に合致する可能性が高いことを受け、これを尊重することで、過去の事実の立証の困難を避け当事者の保護を図るということ。第三に、権利の行使、保全に熱心とはいえない、いわゆる権利の上に眠る者は保護に値しないとする姿勢で、それぞれの立場からの強力な主張である。

　とはいえ、この3つの根拠のいずれもが、独立して時効を説明するのには困難が伴う。そこで通説は、先の3つの根拠につき個々の時効制度ごとに、

強調されるべき領域と補うべき領域を手当てすることにして解釈することにしている。

（2） 時効の援用と放棄

時効制度は、永続した事実状態を権利関係として認める作用がある反面で、真実の権利関係が判明した場合、時効の利益を得る者ばかりではないことに注目し、時効制度を利用する旨の表明を援用と解し、利用しない旨の表明を放棄と位置づけている。

また時効は、それによって利益を受ける者が援用しなければならず、援用しなければ裁判することができない（145条）とする。なお、時効利益の放棄は、あらかじめすることはできない（146条）。

さて、時効の援用につき、どのような性質を有しているかであるが、時効の完成により当然に時効の効果が発生するのではなく、援用があって初めて時効の効果が認められるとするのが近時の判例で不確定効果説、停止条件説に立つといわれる。なお、従来は、時効の援用は、訴訟上の攻撃・防御方法だとする確定効果説に立っていたとされる。

では、時効による効力の発生時期はいつか。時効期間を経過し、時効の援用があって、権利の得喪が生じると時効の効力はその起算日に遡る（144条）ことになり、取得時効であれば、占有を開始した時点（起算点）ということになる。

Case13　時効の援用

Xら4名の被相続人Aは、所有する本件土地をBに売渡し、売買代金全額の支払いを受け、所有権移転請求権保全仮登記がなされた。本登記をするために必要な本件売買に対する農地法3条の知事の許可が得られないまま、Aは死亡、Bは本件売買契約上の買主たる地位をCに譲渡し、本件仮登記につき所有権移転請求権移転の付記登記がなされた。Xらは、Bに対して本件仮登記の抹消登記手続きを、Cに対して本件付記登記の抹消登記手続きおよび本件土地の明渡しを求めて本訴を提起した。

民法167条1項は「債権ハ10年間之ヲ行ワザルニ因リテ消滅ス」と規定

しているが、他方、145条および146条は、時効による権利消滅の効果は当事者の意思をも顧慮して生じさせることとしていることが明らかであるから、時効による債権消滅の効果は、時効期間の経過とともに確定的に生ずるものではなく、時効が援用されたときに初めて確定的に生ずるものと解するのが相当であり、農地の買主が売主に対して有する県に対する許可申請協力請求権の時効による消滅の効果も10年の時効期間の経過とともに確定的に生ずるものではなく、売主が右請求権についての時効を援用したときに初めて確定的に生ずるものというべきであるから、時効の援用がされるまでの間に当該農地が非農地化したときには、その時点において、この農地の売買契約は当然に効力を生じ、買主にその所有権が移転するものと解すべきであり、その後に売主が右県知事に対する許可申請協力請求権の消滅時効を援用してもその効力を生ずるに由ないものというべきである。時効の利益を受けるかどうか当事者の意思に委ねているが、Yらは原審において本件土地は少なくとも1971年8月5日以降は雑木林が繁茂し原野（非農地）となったと主張しているので、Xらが許可申請協力請求権の消滅時効を援用する前（1976年2月9日に提起した本件本訴の訴状において援用しているので、本訴提起前）に本件土地が非農地化していたかどうか審理を尽くさせる必要があるとして差し戻している（最判昭61・3・17民集40巻2号420頁、百選Ⅰ〔7版〕82頁）。

Case14　時効援用権者

　Y信用組合は、A社との間で信用組合取引きを行ってきたが、本件取引契約により生ずるA社の債務を担保するため、合計17の不動産について極度額を1億5000万円とする根抵当権を設定し、登記を経由した。YはA社に本件取引契約に基づき2億4300万円を貸し付けたが、A社は、その弁済期を過ぎてもその一部のうち入弁済をしたのみで、その後何らの支払いもしなかったので、Yは本件根抵当権の実行として競売の申立てをし、競売開始が決定され、本件不動産について差押登記がなされた。

　他方、その間の、X社は本件不動産のすべてに抵当権および根抵当権の設定または譲渡を受け、Xはその一部の不動産につき所有権移転登記を完了した。X・Yが、Yの本件貸し付け金は、その弁済期限から5年を経過したの

で時効により消滅したと主張して、本件根抵当権設定登記の抹消登記手続きを求めて訴えを提起した。

　145条所定の当事者として消滅時効を援用しうる者は、権利の消滅により直接利益を受ける者に限定されると解すべきである。後順位の抵当権者は、不動産の価格から先順位抵当権によって担保される債権額を控除した価額についてのみ優先して弁済を受ける地位を有するものである。もっとも、先順位抵当権の被担保債権が消滅すると、後順位抵当権者の抵当権の順位が上昇し、これによって被担保債権に対する配当額が増加することがありえるが、この配当額の増加に対する期待は、抵当権の順位の上昇によってもたらされる反射的な利益にすぎないというべきである。そうすると、後順位抵当権者は、先順位抵当権の被担保債権の消滅により直接利益を受ける者に該当するものではなく、先順位抵当権の被担保債権の消滅時効を援用することができないものと解するのが相当である。抵当権が設定された不動産の譲渡を受けた第三者が当該抵当権の被担保債権の消滅時効を援用することができる旨を判示した判例を指摘し、第三取得者と後順位抵当権者とを同列に論ずべきものとするが、第三取得者は、この被担保債権が消滅すれば抵当権が消滅し、これにより所有権を全うすることができる関係にあり、消滅時効を援用することができないとすると、抵当権が実行されることによって不動産の所有権を失うという不利益を受けることがありえるのに対し、後順位抵当権者が先順位抵当権者の被担保債権の消滅時効を援用することができるといった場合に受けえる利益は、説示したとおりのものにすぎず、また、消滅時効を援用することができないとしても、目的不動産の価格から抵当権の従前の順位に応じて弁済を受けるという後順位抵当権者と第三取得者とは、その置かれた地位が異なるものであるというべきだとする。先順位抵当権の消滅による順位の上昇は事実上の利益であって、後順位抵当権者は、先順位抵当権者の債権の消滅時効を援用できない（最判平11・10・21民集53巻7号1190頁、百選Ⅰ〔7版〕84頁）。

2　取得時効

（1）　意義と要件

　取得時効は、ある者が他人の物を所有の意思をもって一定期間占有継続することで、その者に所有権を与えるということは先に述べた。所有権以外の財産権は、自己のためにする意思をもって、平穏に、かつ、公然と行使する者は、20年または、行使開始時に善意であり、かつ、過失がなかったときは、10年を経過した後、その権利を取得する（163条）としている。

　所有の意思というのは、権利の質上、自分の物にするといった内心の意思に捉われることなく、所有者としての所持、所有者として占有する意思であって、自主占有ということになる。

　ところで、自主占有は、占有者は、所有の意思をもって、善意で、平穏に、かつ、公然と占有するものと推定する（186条①）。さらに、占有の前後の両時点において、占有をした証拠があるときは、その占有は、その間継続したものと推定する（同条②）としているから、これを否定する場合には、相手方が立証しなければならない。

　平穏・公然・善意・無過失というのは、占有を奪ったりせず、周りに隠すこともなく、自分の物と信じるにつき過失がないということを示すことになる。取得時効成立の要件は、所有の意思をもって、平穏に、かつ、公然と他人の物を占有した者が取得時効を主張でき、占有の開始時に善意・無過失ならば10年、善意・無過失の要件を欠けば20年となる。

　なお、取得時効の前提となるのは占有だから、占有によってその物を客観的に支配していることが明らかな場合に限られてくることになり、物以外の財産権は「自己のためにする意思」をもって現実に支配することができる所有権以外の財産権ということになる（図1-10）。

（2）　所有の意思

　自己のためにする意思の対象は債権をも含むかだが、取得時効の成立の前提は、所有権の場合、占有であり物以外の財産権も準占有が前提である。こ

図1-10 取得時効の利益

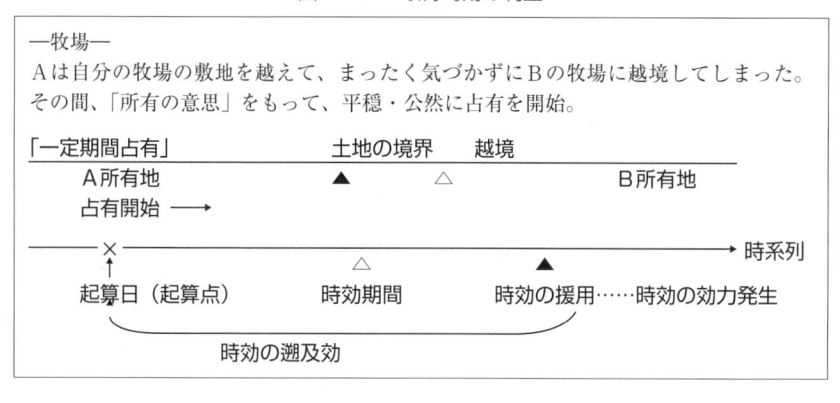

―牧場―
Aは自分の牧場の敷地を越えて、まったく気づかずにBの牧場に越境してしまった。その間、「所有の意思」をもって、平穏・公然に占有を開始。

「一定期間占有」　　　　土地の境界　　越境
　A所有地　　　　　　▲　　△　　　　　B所有地
　占有開始 →

―――――×―――――――△――――▲――――――――→ 時系列
　　↑
　起算日（起算点）　　時効期間　　　時効の援用……時効の効力発生

　　　　　　　　　時効の遡及効

れは、そのことによって客観的に財産権の支配が明らかとなり、その外観を保護したとしても、法的には混乱を招くことはないといった考え方に基づいている。

ところで、債権の場合は、その支配が客観的に明らかであるということは非常に考えにくい。債権の存在自体を客観的に明らかにすることは非常に厄介で、一つの債権に対し複数の支配を及ぼすことも可能である。すると、債権につき取得時効を認めることは、望ましくない。とはいえ、債権であっても不動産賃借権は占有が権利の不可欠の要素であり、機能面からも物権の地上権にきわめて類似している。また、土地の継続的な用役という外形的事実があり、それが賃借の意思に基づくことが客観的に表現されていれば、取得時効を認めてよいとする判例（最判昭43・10・8民集22巻2145頁）がある。

Case15　取得時効の対象物

Yは、Aから本件家屋をいわゆる分家料として贈与を受け占有してきた。ただし、所有権移転の登記をしなかった。ところで、Aは自己の債務のため本件家屋に抵当権を設定し、Xが本件家屋を競落し、代金を完済のうえその所有権取得登記を経由した。そしてXは本件家屋の所有権に基づいて、これを占有するYに対し本件家屋の明渡しを求めた。これに対しYは、本件家屋を自己の所有として平穏・公然・無過失に占有を継続し、時効により本件家

屋の所有権を取得したとし、Yの取得時効による本件家屋の所有権取得はXに対抗できる、と主張して争った。

　民法162条所定の占有者には、権利なく占有をした者のほか、所有権に基づいて占有をした者をも包含するものと解するのを相当とする（大判昭9・5・28民集13巻857頁）。所有権に基づいて不動産を占有する者についても、162条の適用があるものと解すべきである。けだし、取得時効は、当該物件を永続して占有するという事実状態を、一定の場合に、権利関係にまで高めようとする制度であるから、所有権に基づいて不動産を永く占有する者であっても、その登記を経由していない等のために所有権取得の立証が困難であったり、または所有権の取得を第三者に対抗することができない等の場合において、取得時効による権利取得を主張すると解することが制度本来の趣旨に合致するものというべきであり、162条が時効取得の対象物を他人の物としたのは、通常の場合において、自己の物について取得時効を援用することは無意味であるからにほかならないのであって、自己の物について取得時効の援用を許さない趣旨ではない。条文上の「他人の物」は、目的物が他人の所有に属することを積極的な要件とするものとは考えるべきでない（最判昭42・7・21民集21巻6号1643頁、百選Ⅰ〔7版〕90頁）ことになる。

Case16　土地賃借権の時効取得
　本件土地を含む分筆前のO土地は、元Xらの祖父Aの所有であったところ、Xらは、Aの死亡に伴い相続によりO土地の所有権を取得したBほか9名からそれぞれ3分の1の割合による共有持分の贈与を受け、その旨の共有持分移転登記を経由した。Cは、Aから分筆前のO土地の提供を受け、その一部である本件土地上に本件建物を建築し、これを所有してきたが、その後、Cの隠居に伴いDが、次いでDの死亡に伴いEが、それぞれ家督相続により本件建物の所有権を承継取得した。Fは、Eから本件建物を買い受けると同時に、その敷地である本件土地を建物所有の目的、賃料1年1600円の約定で賃借し、本件建物につき前述の売買を原因とする所有権移転登記を経由したが、その際、EはFに対し、本件土地を含む分筆前のO土地は、CがAから買い受けてその所有権を取得したものだが、なお問題があり、Fに不利益が及ぶようなことがあれば、Eにおいて責任をもつ旨を約した。

Fは本件建物に居住し、その敷地をして本件土地を使用する一方、その賃料はEの姉を通じてEに支払ってきた。Fは死亡し、YらがＦの相続によってＦの地位を承継したが、Ｆの死亡後は、Ｙが本件建物に居住し、前同様の方法で賃料の支払いを続けてきた。ＦおよびＹらは、Ｘらや本件土地の前所有者から本件土地の明渡しを求められることはなかった。ところで、Ｅは、Ｘらを相手として、分筆前にＯ土地はＣがＡから買い受けたものであり、相続によりＥがその所有権を承継取得したことを理由に共有持分移転登記手続き請求の訴えを提起したが、控訴審において、ＥはＸらに対し分筆前のＯ土地がＸらの所有であることを認めること、ＸらはＥに対し和解金50万円を支払うことを骨子として和解が成立した。Ｅから、Ｘらとの間の訴訟につき裁判上の和解が成立し、本件土地がＸらの所有になったと聞かされたので、ＹはＸらに対し賃料を送付したが、送り返されたため、賃料として各金3000円を供託した。ＸらはＹらに対し、本件土地の所有権に基づき、本件建物の収去ならびに本件土地の明渡しを求めて訴えを提起した。

　他人の土地の継続的な用益という外形的事実が存在し、かつ、その用益が賃借の意思に基づくものであることが客観的に表現されているときには、163条により、土地の賃借権を時効取得するものと解すべきことは、当裁判所の判例とするところであり（最判昭43・10・8民集22巻10号2145頁、最判昭52・9・25裁判集民事121号301頁）、他人の土地の所有者と称する者との間で締結された賃貸借契約に基づいて、賃借人が、平穏・公然に土地の継続的な用益をし、かつ、賃料の支払いを継続しているときには、前記の要件を満たすものとして、賃借人は、163条所定の時効期間の経過により、土地の所有者に対する関係において、土地の賃借権を時効取得するに至るものと解するのが相当である。そして、本件の事実関係のもとにおいては、Ｆの本件土地の継続的な用益が賃借の意思に基づくものであることが客観的に表現されているものと認めるのが相当であることから、同人は、163条所定の20年の時効期間を経たから、本件土地の所有者であるＸらに対する関係において本件土地の賃借権を時効取得したものであり、Ｙらは、Ｆの死亡に伴い、相続によりこの賃借権を承継取得したものということができるとし、土地賃借権の時効取得を認めている（最判昭62・6・5判時1260巻7頁、百選Ⅰ〔7版〕94頁）。

3　消滅時効

（1）　意義と要件

　消滅時効とは、権利を行使しない状態が一定期間継続することで、その権利消滅の効果を生じさせる時効制度である。所有権以外の財産権はすべて消滅時効の対象となっている。たとえば、売買代金の支払期日をすぎて、そのままに放置されれば、その債務は時効により消滅してしまうことになる。

　法は、債権等の消滅時効のほか、一定の時期に支払うか受け取ることのできる定期金債権の場合、1回目の弁済期から20年間、最後の弁済期から10年間行使しないときに消滅する（168条）とし、毎月末に支払うべき賃料等、定期給付債権については、5年間行使なければ消滅する（169条）とする。

　なお、3年の短期消滅時効に係るものとして、医師への診療代、2年の短期消滅時効は弁護士費用、1年間行使しないと消滅するものとして、運送費、宿泊費等を挙げている（170条・172条・174条。図1-11）。

（2）　中断・停止、請求と催告

　取得時効は、占有の継続が前提で、消滅時効は、債権の請求が前提であることは先に触れた。まずは両者の時効の中断・停止、請求と催告の場面につ

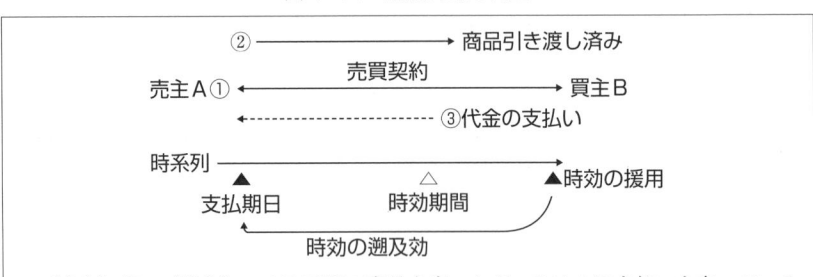

図1-11　消滅時効の利益

```
            ②─────────→商品引き渡し済み
                   売買契約
    売主A①←──────────────→買主B
               ←----------------③代金の支払い

    時系列 ─────────────────────────
              ▲         △         ▲時効の援用
            支払期日   時効期間
                  ←───時効の遡及効───
```

A（売主）がB（買主）へ100万円の商品を売ったが、BはAに支払いを怠っている。しかもAはBに対し、その後代金の支払い請求も行っていない。債権の場合、時効期間はその債権の種類により異なってくるものの、時効期間が完成し時効の援用が行われれば、時効の遡及効によって、弁済期に遡りBの債務はなくなる。

き検討してみよう。時効は、1. 請求、2. 差押え、仮差押えまたは仮処分、3. 承認によって中断する（147条）。

たとえば、時効期間が後1カ月で完成を迎えようとするとき、隣地の所有者が越境の事実を知れば土地の明渡し請求は必至であろう。すると時効は中断し、これまで進行した時効期間は効力を失う。またそこで、従来の状況に陥れば、この時点から新たな時効期間のカウントが始まり、一般的には時効中断の判決が確定すれば、その時から新たな時効期間が始まることになる。

また、時効期間の完成に向け進行する中、その期間を一定期間、猶予するものとして、時効の停止がある。夫婦間の権利（159条）、相続財産（160条）、未成年者および成年被後見人（158条）、天災等（161条）における措置で時効の停止が認められている。中断とともに時効の完成を阻止する制度である。

請求は、取得・消滅時効とも裁判上の請求（149条）ということであり、承認というのは、利益を受ける者が越境という事実を認めること、債務を承認することである。なお、債務の承認は、時効期間内に債務者が弁済期日の延期を申し出ても同様に認められることになる。

最後に催告はこの場合、6カ月以内に、裁判上の請求、支払督促の申立て、和解の申立て、民事調停法等による調停の申立て、破産手続き参加等、差押え、仮差押えまたは仮処分をしないと時効の中断の効力を生じない（153条）ということである。

Case17　時効完成後の債務の承認

木材商であるXは、Yから7万8000円を弁済期まで利息月五分の約定で借受け、公正証書を作成した。Xは手紙でYに対して本件借金を元本だけにまけてもらいたい、そうしてくれると年内に分割払いで返済できる旨を申し入れたが、公正証書に基づいてXの有体動産に対して強制執行した。これに対しXは、公正証書の無効とともに5年の消滅時効を理由に請求異議の訴えを提起した。

債務者が消滅時効が完成した後に債務の承認をする場合には、その時効の完成の時期を知っているのはむしろ、異例で知らないのが通常であるといえ

るから、債務者が商人の場合でも、消滅時効完成後に当該債務の承認をした事実から、この承認は時効が完成したことを知ってされたものであると推定することは許されない。債務者が自己の負担する債務につき時効が完成した後に、債権者に債務の承認をした以上、時効完成の事実を知らなかったときでも、爾後その債務についてその完成した消滅時効の援用をすることは許されない。けだし、時効の完成後、債務者が債務の承認をすることは、時効による債務消滅の主張と相容れない行為であり、相手方においても債務者はもはや時効の援用をしない趣旨であると考えるであろうから、その後においては債務者に時効の援用を認めないものと解するのが、信義則に照らし相当である。援用権の喪失、時効利益の喪失と呼ばれる（最判昭41・4・20民集20巻4号702頁、百選Ⅰ〔7版〕86頁）。

Case18　消滅時効の起算点
　Y経営の長崎県内の鉱山の元労働者であるXら63名は、炭鉱での労働過程でじん肺症に罹患したとして使用者Yを相手に安全配慮義務違反による債務不履行に基づく損害賠償を請求した。

　最高裁は、起算点解釈について、結論として一審と同様、「最終の行政上の決定を受けた時」としつつ、原審認定の慰謝料額が「低きに失し、著しく不相当」とし損害の算定についてもさらに審理を尽くすべきとして差し戻している。雇用者の安全配慮義務違反によりじん肺に罹患したことを理由とする損害賠償請求権の消滅時効は、最終の行政上の決定を受けた時から進行するものと解するのが相当である。債務不履行によって生じる損害賠償請求権の消滅時効は一般的に、債務の履行を請求できる時点から進行するとされるが、安全配慮義務違反による損害賠償請求権については、いつ請求可能になったのか判定が困難だが本件においては、じん肺法所定の「管理区分」についての最終の行政上の決定を受けた時点とする（最判平6・2・22民集48巻441頁、百選Ⅰ〔7版〕88頁）。また、安全配慮義務を根拠とする、こういった事件では結局、不法行為責任をも認めている。

第2章

物　権

第1節　物権総論

1　物権の意義

（1）　直接性・排他性

　日本の民法の起草者は、ドイツ民法（BGB）を参考にしたうえで世の中に存在するさまざまな財産を①物に関する財産（物権）、②人に関する財産（債権）という2つの大きな枠組みで捉えたうえで法的に整理することにした。本章では「物権」を検討対象とするが、理解を深めるには「債権」と比較することが重要であることに留意してもらいたい。まずはじめに、検討対象である物権とはいかなるものなのかを定義しておく。そもそも、物権とは物に対する直接的・排他的支配権のことである。具体例として、所有権（206条）や抵当権（369条以下）を挙げることができる。これに対して、債権とは特定人の特定人に対する一定の行為を請求しうる権利である。具体例として金銭債権を挙げることができる。以下においては、物権の特徴である直接性・排他性について債権と比較しながら概観する。

　第一に、物権は物を直接的に支配することができる（直接性）。たとえば、本の所有者は、本を自由に利用できるし、不要になれば捨ててもよい。このように物権を有する者は権利の満足を得るにあたり他人の行為は不要である。これに対して、金銭債権の権利者（債権者）が権利の満足を得るには債務者

の行為が必要となる。債務者が金銭を用意しない限り債権者が権利の満足を得ることはない。第二に、物権は物を排他的に支配することができる（排他性）。つまり、同一の物の上に同一の物権が複数成立することは許されない。このことを排他性と称する。これに対して、債権は排他性がないので事実上両立しえないものでも複数成立しうる。たとえば、芸人甲が同一時間帯に神戸のSテレビと神奈川のKテレビの双方でスタジオにて生出演する約束をすれば甲S間・甲K間にそれぞれテレビ出演契約が有効に成立し（しかし物理的に考えて、双方が実現可能なものではない）、SとKはそれぞれ甲に対してスタジオにて生出演させる債権を取得する。両者の法的効力に差異はない。

（2） 物権法定主義

物権は、民法その他の法律で定められたものに限られ、当事者が自由に創設することはできない（175条）。このような考え方を物権法定主義と称する。つまり、①民法その他の法律で定められている以外の種類の物権を創設することはできないし、②民法その他の法律で定められている物権につき、（当事者の合意等により）規定とは異なる内容にしてはならない。要するに、物権の種類と内容は法律で定めるということである。このような考え方が登場した理由としては、第一に、封建制度化における複雑な物権を廃止し、単純明快で自由な所有権を中心に考えていくことが望ましいこと、第二に、物権の種類・内容を限定し公示に適した物権であることが、公示制度（不動産登記制度）に適合し、さらに、土地取引の安全に資すること、の2点を指摘することができる。

これら2点に反しない限り、慣習法上の物権であっても法的に物権であると認められる余地がある。つまり、①封建的物権ではなく、②公示方法が存在し、③慣習法といえる程度まで内容が固定しておれば、慣習法上の物権として認めることができる。たとえば、譲渡担保権（大判昭8・4・26民集12巻767頁）、温泉権（大判昭15・9・18民集19巻162頁）、水利権（大判大6・2・6民録2輯202頁）は、例外的に慣習法上の物権として判例において肯定されたものである。

（3） 物権の種類

　民法は10種類の物権につき規定している。すなわち、占有権、所有権、入会権、地上権、永小作権、地役権、留置権、先取特権、質権、抵当権の10種類である。前述したように判例において例外的に慣習法上の物権が肯定されていたり、特別法においてこれら以外の物権につき規定されているが（例：仮登記担保法における仮登記担保等）、あくまで基本となるのは民法に規定されている10種類の物権であることはいうまでもない。

　まず、われわれにとって最もイメージしやすいのが所有権である。所有権とは、自由に物の使用・収益・処分をなしうる権利のことである（206条）。たとえば、土地の所有者は自由に土地の利用をし（使用）、他人に貸して賃料を獲得し（収益）、第三者に売却（処分）してもよい。次に、占有権とは物を現に事実上支配している状態を法的に保護するものである。事実上支配していることをもって法的保護を与えるものである。たとえば、泥棒も（盗品に対して）占有権を有しているのである。前述の所有権・占有権を除く8種類の物権のことを制限物権と称する。所有権は物を使用・収益・処分することができるが、制限物権は使用・収益・処分のうち1つまたは2つしかなしえないため制限物権と称されている。制限物権は、用益物権（4種類）と担保物権（4種類）に区別される。用益物権に含まれる物権としては、入会権、地上権、永小作権、地役権がある。担保物権に含まれる物権としては、留置権、先取特権、質権、抵当権がある（表2-1）。

（4） 物権の客体

　物権の客体は物である。物とは、有体物のことである（85条）。有体物とは、気体・液体・固体のいずれかに属するものである。

表2-1　物権の全体構造

```
物権すべて（10種類）－（所有権＋占有権）＝制限物権（8種類）
制限物権＝用益物権（4種類）＋担保物権（4種類）
用益物権＝入会権・地上権・永小作権・地役権
担保物権＝留置権・先取特権・質権・抵当権
```

次に、物権の客体であるためには原則として、特定の独立した単一の物でなければならない。つまり、物権の客体であるには、特定性・独立性・単一性の３つの要件を満たす必要がある。以下、要件ごとに概観する。①特定性に関しては、特定されなければ直接的・排他的支配をなすことが不可能になるから要求されるものである。②独立性に関しては、一物一権主義（物権の客体は独立かつ単一のものでなければならないとの原則）からの要求であり、原則として物の一部に物権を設定することはできないという結論が導かれる。このような原則を認める理由としては、第一に、物の一部に独立の物権を認める社会的必要性・実益が乏しいこと、第二に、これを認めるときは、その公示が困難であることの２点を挙げることができる。これら２点に反しなければ物の一部に物権を設定することに問題はなかろう。たとえば、甲所有の土地の一部を乙が時効取得した場合にあっては、乙の所有権を認める社会的必要性・実益があり、甲乙間という当事者間であれば公示を備える必要はないから、土地の一部について乙が時効取得する（大連判大13・10・7民集3巻509頁）との結論を認めても差し支えない。もっとも、乙が第三者に対して権利主張するには分筆したうえで登記する必要がある。③単一性に関しては、②の要件と同様に一物一権主義からの要求により原則として集合物については一個の物権を設定することはできないという結論が導かれる。もっとも、社会的必要性・実益（社会経済上の必要性）および公示方法が存在すれば集合物についても例外的に一個の物権とみなすことが可能となる。たとえば、倉庫内にある食用乾燥ネギについては一個の集合物として物権の客体となる（最判昭54・2・15民集33巻51頁）。なお、ここにいう集合物とは、一定の目的のもとに集められた数個の物の集団であって、その各個の物が各独自の存在性と取引価値を失うことなく、しかも、集団自体も一個の統一的財産として特有単一の経済価値を有し、取引上一体として取り扱われているもののことである。

2　物権の一般的効力

（1）　物権的請求権

　物権の本質は、他人の行為を必要とすることなく物を直接的・排他的に支配しうる点にある。したがって、物権という権利を円滑に行使することができないような何らかの妨害がある場合にあっては、権利者自身がその妨害を取り除くことができなければならない。妨害を取り除くことができる権利のことを物権的請求権と称する。たとえば、自己所有地に無権利者が勝手に占有を続けている、悪質な業者が自己所有地に産業廃棄物を不法投棄している、自己所有建物が他人の土地のがけ崩れでつぶれてしまう危険がある場合、権利者に妨害の除去・禁止を求めること（物権的請求権）が認められるべきであろう。ただ、物権的請求権につき規定する条文は存在しない。しかしながら、理論上当然に認められるべきものと理解されている。その根拠としては、①自力救済が禁止されている民法において排他的支配を全うするために必要であること、②事実的支配状態にすぎない占有権にさえ占有訴権が認められている（197条以下）のだから、本権である物権に当然認められるべきであること、③民法202条1項「本権の訴え」の文言が物権的請求権を想定していること、の3点を挙げることができる。物権的請求権の法的特徴としては、第一に、物権と切り離して処分できないこと、第二に、物権とは別に独立して消滅時効に係らないこと（例：所有権の場合、167条2項で規定されているように所有権自体が消滅時効に係ることはないため物権的請求権も消滅時効に係ることはない）の2点を指摘しうる。物権的請求権の種類としては、一般に3種類あるとされている。物権的返還請求権、物権的妨害排除請求権、物権的妨害予防請求権の3種類である。これら3種類に関しては、ここで説明を加えるよりも、所有権のところで説明した方が分かりやすいので第2節1で後述する。

（2）　優先的効力

　物権は、物を排他的に支配することができる。したがって、物権には排他性がある。そのため、同一物の上には両立しえない複数の物権が存在するこ

とはありえない。たとえば、A土地の所有者が甲である場合、乙や丙がA土地の所有者になることは不可能である。また、両立しえない物権相互間では、時間的に先に成立した物権が優先するというのが原則である。これに対して、抵当権においては両立することが可能である。たとえば、A土地所有者甲は、債権者乙・丙のためにA土地に抵当権を設定することができる。この場合、乙と丙の抵当権は同一のものではなく成立の順序に従って1番抵当、2番抵当として順位が決まるのが原則である。ただし、順位を決定づけるのは抵当権設定登記の前後による（373条）。以上が物権相互間の優先的効力である。

　次に、特定の物に対して、物権と債権が成立するときはどのように考えていくべきであろうか。この点、物権は債権に優先するというのが原則である。たとえば、所有者甲が乙との間で自己所有のパソコンの賃貸借契約を締結した後、甲が丙にパソコンを売却した際、乙はパソコンの賃借権（債権）を丙に対して主張することができず丙は賃借権のつかない所有権を取得する。このように、所有権は賃借権に優先するため、賃借権が先に成立したものであっても賃借人は新所有者に対して賃借権を主張することができない。このことを「売買は賃貸借を破る」と表現してきた。もっとも、あらゆる場合において売買は賃貸借を破るのではなく、不動産賃借権の場合にあっては事情が異なる。不動産賃貸借において賃借人が対抗力を備えた場合には、新所有者に対して賃借権を主張することができる（605条、借地借家10条・31条）。

3　物権変動論

（1）　物権変動の意義

　物権変動とは、物権が発生・変更・消滅することの総称である。物権を有する側から見れば、物権の得喪（取得および喪失）・変更である。たとえば、木材等により新たに建物を造ることは発生であり、自己所有の時計に質権を設定すればみずからは時計を使用収益できなくなるというのは変更であり、自己所有の家を売却した場合旧所有者が所有権を失うことになるのは消滅である。このように物権が変動するのは一定の原因によるものである。原因と

しては大きく2つあるとされる。第一は、法律行為に基づく物権変動である。具体例としては、売買契約（555条）もしくは贈与契約（549条）による所有権の移転が挙げられる。第二は、法律行為に基づかない物権変動である。具体例としては、時効（162条以下）、相続（862条以下）による所有権の移転が挙げられる。実社会においては、売買契約による物権変動が最も頻繁に行われている点に留意すべきである。

　では、甲がA土地を買うべく売主に代金を支払い甲としては所有権を取得したつもりであったとしても、別に所有者（乙）が存在する場合はどうなるのであろうか。物権には排他性があり同一物の上に同一内容の物権が存在することはありえないので、甲が所有権を取得できないのが原則である。このようなことが頻繁に発生するようでは安心して取引することなどできない。取引の安全を害することになろう。そこで、取引の安全を確保するためには誰がどのような物権を有しているのかを外部から容易に認識できるように、一定の表象つまり公示方法（例：登記、登録、占有等）を通じて公示される必要がある。このような考え方に基づくのが公示の原則である。さらに進んで、表象が存在すればたとえ真実の権利が伴っていない場合であっても真実の権利があると信じた者を保護する制度を導入するに至っている。この制度を公信の原則と称する。以下においては、公示の原則と公信の原則について概観する。

　そもそも、公示の原則とは、物権の変動においては常に外界から認識しうる何らかの表象つまり公示方法（例：登記、登録、占有等）を伴うことを必要とする原則である。具体的には、不動産の物権変動にあっては登記（177条）、動産の物権変動にあっては引渡し（178条）が公示方法である。登録自動車、登録航空機にあっては、登録が物権変動の公示方法とされている（道路運送車両法5条、自動車抵当法5条、航空法3条の(3)）。次に、公信の原則とは、物権の存在を推測させる表象、つまり公示方法（例：登記、登録、占有等）を信頼した者は、たとえその表象（公示方法）が実質的な権利を伴わない空虚なものであった場合でもなおその信頼を保護されねばならないという原則である。

たとえば、公信の原則によればパソコンを占有する甲から甲が所有するパソコンと信じて購入した乙は、たとえ真の権利者がAであり甲が無権利者であったとしても乙はパソコンの所有権を取得するとの結論を導く（この場合、真の権利者Aは所有権を失う）。このような公信の原則の考え方は、ローマ法以来の「無から有は生じない」、「何人もみずから有する以上の権利を相手に移転することはできない」という大原則の例外に相当するものである。公信の原則という考え方が登場した理由としては、取引の安全の保護と迅速性の確保を挙げることができる。換言すれば、転々流通することが予定されるものであれば、真実の権利の存否を十分調査しなくとも権利の外形を信頼して取引きした者が保護されるべき必要性が高いとの考えにより公信の原則という考え方が登場したのである。公信の原則が具体化された例としては、動産物権変動においては公信の原則の適用を認め（即時取得・192条）、支払手段として重要な機能を有する手形や小切手に関してもさらに徹底した公信の原則の適用を認めている（手形法16条・77条1項1号、小切手法21条）。なお、わが日本民法においては、不動産物権変動において公信の原則を否定している点（母法であるドイツ民法とは異なる）については注意すべきである。というのは、不動産が人々の社会生活の基礎となっている場合が多いため取引の安全を保護するよりも真実の権利者を保護する必要が高いと考えたからである（もっとも、一定の要件を満たす場合に限られるが、94条2項類推適用の手法で不動産に関して無権利者を信頼した第三者の保護が図られていることは前章で学んだとおりである）。このように公示の原則および公信の原則ともに公示に対する信頼を保護するものである点は共通するところである。公示の原則にあっては物権変動の公示がなければ物権変動はないものと信頼するものである。たとえば、登記簿上A土地の所有者が甲であれば、仮に甲から乙にA土地所有権の移転がなされていたとしても甲と取引きする丙は甲がなお所有者であり、他の人には所有権は移転していないと信じて取引きするのが通常であろう。甲の有する登記への丙の信頼を保護するのが公示の原則である。これに対して、公信の原則にあっては物権変動の公示があれば物権変動があったと信頼するからその信

頼どおりの権利変動を認めるものである。たとえば、A所有のパソコンが何らかの事情により甲が占有しており乙が甲からパソコンを購入した場合、甲がパソコンの所有者であると信頼してもやむをえない事情が乙にあれば乙の信頼を保護するものである。つまり、信頼したものが実は真実に反するものであっても保護していこうとするもので真実よりも信頼を重視するものである。公示の原則によって保護される信頼は消極的な信頼であり、公信の原則によって保護される信頼は積極的な信頼であると評価することができよう。

　すでに指摘したように、物権変動は法律行為による場合、法律行為によらない場合の2種類がありうる。実際、売買契約による物権変動、贈与契約による物権変動、つまり、法律行為による物権変動がより頻繁になされるものであるため重要である。物権変動をもたらす法律行為が当事者の意思表示のほかに一定の形式を要するのか否かについては2つの対立する立場がある。一つは形式を必要としない立場で意思主義と称されている。これはフランス民法が採用する立場である。もう一つは、形式を必要とする立場で形式主義と称されている。こちらはドイツ民法が採用する立場である。以下、両者を概観する。

　そもそも、意思主義とは物権変動を生じる法律行為も一般の法律行為と同じく特に形式を必要とせず当事者の意思表示（合意）のみで成立するというものである。この立場では、売買契約がなされればそれのみで所有権は移転し、登記・引渡しは物権変動をなすための要件ではなく対抗要件にすぎない。これに対して、形式主義とは当事者の意思表示（合意）のほかに動産であれば引渡し、不動産であれば登記がなければ物権変動を目的とする法律行為としては効力を生じないとするものである。この立場では、登記・引渡しは物権変動をなすための要件である。わが日本民法においては、「物権の設定および移転は当事者の意思表示のみによって効力を生ずる」（176条）と規定されていることから意思主義を採用していることが明らかである。日本の場合、登記名義を移転しなくとも所有権そのものは相手方に移転する。たとえば、土地の売買当事者間である売主甲・買主乙の間では甲乙の意思表示のみで物

権は移転する。ただ、第三者に対して権利を主張（対抗）するためには対抗要件が必要となる。たとえば第三者である丙が土地の所有者であると主張してきた場合、乙は登記なき限りみずからの権利を丙に対して主張することはできない（177条）。

次に、法律行為によって当事者間に物権変動を生じる時期がいつなのかに関して条文上規定がないため議論がある。この点、判例・通説は原則として法律行為が成立した時期であると解している（大判大2・10・25民録19輯857頁、最判昭33・6・20民集12巻1585頁）。その根拠としては、意思主義を採用するわが民法にあっては、意思表示がなされ法律行為が成立したときに物権変動が生じたと考えるのが素直であると説かれている。もっとも、例外として、当事者間で特約があれば特約によるし、目的物が不特定物であれば特定されたときに所有権は移転すると解している。

176条に関する議論としては、前述したように①形式主義vs意思主義の議論、②物権変動の時期についての議論のほかに、③176条に規定する「意思表示」に物権的意思表示が常に必要なのかという議論がある。物権変動の独自性を認めるべきなのか否かという議論である。この点に関しては、ドイツ民法の影響を受けた議論であって、わが民法を解釈するにあっては物権変動の独自性を認める必要がないという点のみ理解しておけば十分である。176条に関しては、条文上明らかであるのは②のみ（意思主義を採用していること）であり①③は解釈に委ねられていること、①②③の議論は相互に関連するものではない点について注意してほしい。

（2）　不動産物権変動

不動産に関する物権変動は、登記をしなければ第三者に対抗することができない（177条）。ここでは、第一に、登記とはいかなるものかを簡単に説明した後に、第二に、対抗することができないとはどういうことなのかを明らかにする。なお、第三者に関する議論については（3）で論じる。

そもそも不動産物権変動は登記により公示される（177条）。ここにいう不動産とは土地およびその定着物（86条1項）である。通常は、不動産とは土

地および建物と理解して差し支えない。不動産においては土地登記簿と建物登記簿の2種類が存在する。土地は一筆ごと、建物は一個ごとに一つの用紙に記入される。一つの用紙には表題部・甲区・乙区の3つの部分に分けられる。表題部には不動産の表示に関する事項（所在地,面積等不動産を特定しうる情報）が記載され、甲区には所有権に関する事項（所有者の名義等）が記載され、乙区には所有権以外の権利に関する事項（たとえば抵当権に関する内容等）が記載される。登記しうる権利としては、所有権・地上権・永小作権・地役権・先取特権・質権・抵当権・賃借権・採石権（採石法に基づく権利）を挙げることができる（不登3条）。登記に関する事務は法務省の地方機関である法務局でなされており、また原則として誰でも法務局で登記を閲覧することができる。

　177条から明らかなように不動産物権変動にあっては登記をしなければ第三者に対抗することができない。つまり、当事者間で生じた法的効果を第三者に対して主張することができない。たとえば、A地の所有者である甲が乙との間でA地の所有権を移転する売買契約をした後に、甲丙との間で同様にA地の所有権を移転する売買契約をなし丙が登記を取得した場合どうなるのであろうか（このような事例を二重譲渡事例と称する）。乙は売買契約の当事者である甲に対してA土地の所有権をみずからのところに移転させしめることを主張することができる。しかし、乙は（当事者ではない）第三者である丙に対しては登記がない限り権利主張をなすことはできない。

　二重譲渡事例においては、甲は乙に所有権を移転しており無権利者であるにもかかわらず、なぜ甲は丙に対して所有権を移転することが可能なのかという点に関して戦前から議論がなされてきた。この点、通説的見解によれば意思表示のみによって当事者間でも第三者に対する関係でも不完全な物権変動が生じ対抗要件を取得することで初めて排他性を有する完全な効力を取得すると説かれてきた（不完全物権変動説）。要するに、登記を備えないときは完全に排他性のある権利変動までは生じておらず甲は完全な無権利者ではないため、甲は乙のみならず丙に対して所有権を移転することが可能となる。

(3) 177条「第三者」

　みずからの権利を主張するためには登記が必要となる第三者とはいかなる者を指すのであろうか。この点、民法177条に規定されている「第三者」とは、登記の欠缺を主張するにつき正当な利益を有する者のことである（大連判明41・12・15民録14輯1276頁）と解されている。また、第三者の主観的要件に関しては善意・悪意を問わない（大判大10・12・10民録27輯2103頁、なお、ここにいう善意とは知らないこと、悪意とは知っていることを意味する）が、背信的悪意者（悪意であるのみならず、一定の法律上の主張をすることが信義誠実の原則に反して許されない者のこと）を含むものではない。このように第三者につき制限的に理解されているため、みずからの権利主張をなすには必ず登記が必要であることを意味するものではない。したがって、登記がなければ対抗できない第三者、登記がなくても対抗できる第三者の2種類あることが理解できよう。前者のみが177条「第三者」に該当し、後者は177条「第三者」には該当しない。以下、2つに分けて概観する。

　まず、登記がなければ対抗できない第三者として、①物権取得者、②賃借人、③差押えまたは配当要求した債権者（大連判明41・12・15民録14輯1276頁）を挙げることができる。①物権取得者に関しては以下のような具体例を通して考えると分かりやすい。たとえば、二重譲渡事例においてA土地を所有する甲から当該土地を購入した乙は、同様に甲からA土地を購入した丙に対して登記がなければ対抗できない。また、B土地を所有する甲から所有権の移転を受けた乙はB土地の地上権者丙に対して、登記がなければ対抗できない。このように所有権vs所有権の事例はもちろんのこと、所有権vs地上権の事例であっても両立しえない物権を相争う関係（食うか食われるかの関係）にあれば、登記は必要となる。②賃借人に関しては、以下のような具体例を通して考えると分かりやすい。たとえば、A土地を所有する甲が乙に当該土地を賃貸していた。その後、甲は丙にA土地を売却したが丙は登記を取得していない場合を考えてみよう。この場合、賃借人乙は177条「第三者」に該当するため丙がみずからの権利を主張するには登記が必要となる。この場合、丙は

いまだ登記を取得していないので丙は乙に対して明渡しを求める請求をなすことは不可能である（この場合、さらに丙は乙に対して賃料請求が可能なのかとの問題があるがその際も丙に登記は必要であると考えられている。詳細は第3章参照のこと）。③差押えをした債権者に関しては、以下のような具体例を通して考えると分かりやすい。たとえば、甲は自己所有のA土地を乙に売却したが乙はいまだ登記を取得していない。その間に、甲の債権者丙は甲名義のA土地を差し押さえた場合を考えてみよう。通常、債権者は債務者の一般財産を債権の引当てにすることができるが特定の財産に関して権利主張することはできないのが原則である。しかしながら、丙は差押えをなすことによりA土地の処分は禁止されA土地を換価しうる法的立場に立つ。そのため、丙はA土地の物権変動（所有権移転）につき登記の欠缺を主張する正当な利益を有する者（＝第三者）となる。したがって、乙が登記を取得していない以上みずからの権利を丙に対して主張することはできない。配当要求した債権者についても同様に解されている。

　他方、登記がなくても対抗できる第三者として、①実質的無権利者、②転々移転した場合における前主、③背信的悪意者、④一般債権者を挙げることができる。①実質的無権利者に関しては、そもそも実質的に権利を有していない者には正当な利益等なく177条「第三者」には該当しない。したがって、真実の権利者は登記がなくとも実質的無権利者に対して権利主張をなすことができる。具体例としては、何の権原もなく他人の土地を占拠している者（不法占拠者）等が挙げられる（最判昭25・12・19民集4巻660頁）。②転々移転した場合における前主は当事者と同じ関係に立つので、登記がなくとも権利主張することができる。たとえば、土地の所有権が甲→乙→丙と転々移転した場合、丙は直接の当事者である乙に対してみずからの所有権を主張することができるのはもちろんのこと、丙は甲に対しても登記なくしてみずからの所有権を主張することができる（仮処分に関する事例であるが転々移転した場合について言及された最判昭43・11・19民集22巻2692頁参照）。③背信的悪意者に関しては、以下のように考えられている。そもそも177条「第三者」の解釈に

おいて善意・悪意は問題とされていない。というのも条文上規定がないし、正当な自由競争の範囲内であれば悪意であっても保護されるべきだからである。しかしながら、正当な自由競争の範囲を逸脱した背信的悪意者は保護する必要はない。したがって、背信的悪意者に対しては登記なくして権利主張することが可能である。たとえば、A土地所有者であった甲が同土地を乙に売却したものの乙は登記を取得していなかった、そこで乙に高値で売りつけるべく丙が甲から土地を買い受け登記を取得した場合、原則的には登記を有さない乙は丙に権利主張することはできない。しかし、このような不当な目的で土地を取得するに至った丙を保護する必要はない。そこでこのような丙を背信的悪意者と称し、背信的悪意者に対しては登記なくして権利主張できるとしたのである（最判昭43・8・2民集22巻1571頁）。④一般債権者は、債権者平等の原則により債務者の一般財産を債権の引当てにすることができるが、特定の不動産に関して直接の利害関係を有する者ではないから177条「第三者」には該当しない（大判大4・7・12民録21輯1126頁）。前述したように、差押え・配当要求等の手続きをなすことにより初めて特定の不動産に対して直接の利害関係を有することが可能になる点、注意しなければならない。

（4） 登記がなければ対抗できない物権変動

　登記がなければ対抗できない物権変動として、概ね3類型あるとされている。①法律行為による物権変動、②相続による物権変動、③取得時効による物権変動の3類型である。①に関しては法律行為である契約、たとえば売買契約により不動産の所有権が移転した場合、当該売買契約が取り消されたもしくは解除されたような場合における問題である。具体的には詐欺取消後に登場した第三者と真の権利者の優劣、強迫取消後に登場した第三者と真の権利者の優劣、解除後に登場した第三者と解除権者の優劣をどのように決するべきなのかという形で問題となり、結論的にはいずれも登記がなければみずからの権利主張ができない（詐欺につき大判昭17・9・30民集21巻911頁、解除につき大判昭14・7・7民集18巻748頁）。②に関しては遺産分割、相続放棄において問題となる。まず、相続が開始した段階で相続人は相続財産を取得するが

遺産分割を経て初めて具体的な持分が定まる。遺産分割により相続人が法定相続分とは異なる持分を取得することもごく一般的なことである。このように法定相続分とは異なる持分を取得した場合、第三者に対して権利主張するには登記がいるのであろうか。この点、遺産分割協議前であれば登記は不要であるが、遺産分割協議後にあっては登記なくして権利主張できない（最判昭46・1・26民集25巻90頁）。たとえば、相続人として甲と乙がおり（法定相続分は各々2分の1とする）、遺産分割協議前に甲が共同相続したA土地を勝手に丙に売却したとする。この場合、甲は法定相続分を超えた部分（2分の1）についても売却していることになる。そのため甲の法定相続分を超えた部分（2分の1）に関して丙は無権利者である。それゆえ、乙はみずからの法定相続分に関して（たとえ丙が登記を取得していたとしても）丙に対して登記なくして権利主張することができる。もっとも、乙が単独でA土地の所有になる旨の遺産分割協議がなされた後に甲が勝手にA土地（全部）を丙に売却した場合にあっては、乙はみずからの法定相続分を超える部分に関しては登記なき限り丙に対して権利主張することはできない。これらに対して相続放棄においては相続放棄の効果を登記なくして主張しうる（最判昭42・1・20民集21巻16頁）。

③に関しては、時効完成後に第三者が登場した場合、どのように考えていくべきかが問題となる。たとえば、甲所有のA土地を乙が占有し時効期間が満了した場合、時効完成前もしくは時効完成後に甲がA土地を丙に売却した場合、乙はみずからの権利主張を丙になすには登記が必要なのであろうか。この点、乙は甲に対して権利主張するのに登記が不要であるのはもちろんのこと、時効完成前にA土地の所有権を取得した第三者（丙）に対しても登記は不要である。もっとも時効完成後にA土地の所有権を取得した第三者（丙）に対しては登記が必要とされている（大連判大14・7・8民集4巻412頁、最判昭33・8・28民集12巻1936頁）。

このように権利関係を登記の有無により決していくという考え方は明確であるため、裁判実務においては伝統的に広範に採用されている。

（5） 動産物権変動

　動産物権変動においては、引渡しが対抗要件とされている（178条）。動産にあっては不動産登記のような公示方法を採用することが技術的に不可能であり、かつ、取引きが頻繁になされるものであるため引渡しが対抗要件とされている。引渡しには4種類ある。①現実の引渡し、②簡易の引渡し、③占有改定、④指図による占有移転の4種類である。まず、①と②③④には決定的な違いがある。②③④の場合、①と異なり物の物理的移動がなされないのである。そこで、①の現実的引渡しに対置するものとして②③④はまとめて観念的引渡しと称されている。以下、それぞれ概観する。

　①現実の引渡し（182条1項）とは、物に対する現実的・直接的支配を物理的に移転させることである。たとえば、売主甲が買主乙に対して、売買目的物である時計を交付すること、また、売買目的物が自動車であれば鍵を交付することが現実の引渡しになる。②簡易の引渡し（182条2項）とは、すでに本人もしくはその占有代理人が目的物を所持している場合、占有権譲渡の意思表示のみで占有権の移転をなしうる形態のことをいう。たとえば、甲が先輩乙から自転車を借りていたところ、その後甲が乙より当該自転車を購入した場合、甲乙間で占有権移転の合意をすれば一度甲から乙に自転車を返還したうえで改めて現実の引渡しを受ける必要はなく、乙の占有を（観念的に）甲に引き渡すことができる。甲はそのまま自転車を利用できる。また、A社がB社から自動車を借り受けたうえで従業員甲に利用させていた後、A社がB社より自動車を買い受けた場合であっても、AB間で合意があれば自動車を一度B社に返還する必要はなくそのまま利用を継続してよい。この場合の従業員甲が占有代理人に相当する。③占有改定（183条）とは、現実には物の物理的移動はなく当事者間の合意によりなされる引渡しである。たとえば、甲が自己所有物を乙に売り、引続き乙から賃借して物を占有する場合、甲が以後は乙のために占有代理人として占有する旨の意思表示をするという方法による引渡しが占有改定である。この場合、甲は所有者ではないが現実に物を占有することになる。このことからも占有改定という引渡しが観念的な引

渡しであることが理解できよう。④指図による占有改定（184条）とは、物の占有が当事者以外のところにある場合、一方当事者が当事者以外の者に対して以後は他方当事者のために占有することを命じ、他方当事者がその旨合意することによりなされる引渡し方法である。たとえば、甲が乙に預けている物を丙に売却する際、甲が乙に対して以後丙のために占有するよう命じ丙がこれを承諾すれば占有は移転する。条文ではこの点を理解しにくいが、184条に規定されている「代理人」＝乙、「本人」＝甲、「第三者」＝丙である。なお、指図による占有改定を行うのに必要なのは第三者（＝丙）の承諾のみであり、代理人（＝乙）の承諾は不要である。

　このように動産物権変動においては前述した4種類の内のいずれかの引渡しがなされておれば第三者に対抗することができる（178条）。もっとも、不動産物権変動の場合においては二重譲渡事例を中心に頻繁に177条を適用することとなったが、動産物権変動に関する178条はあまり適用されない点、注意が必要である。たとえば甲が乙に絵画を売却し占有改定による引渡しをし、その後甲が乙に売却した絵画をさらに丙に売却した場合、いわゆる二重譲渡事例に該当せず178条が適用されない。というのも、乙は占有改定による引渡しを受け対抗要件を備える一方で甲は完全な無権利者となり、丙は無権利者甲から絵画を購入したにすぎないので丙は178条「第三者」に該当しないからである。この場合、丙は無権利者から購入したことから即時取得（192条）の可否が論ぜられることになる。また、引渡しが対抗要件とならない動産も存在する。たとえば、登録を必要とする登録自動車・登録航空機や無記名社債・商品券（商519条参照）の場合、引渡しが対抗要件ではない。

（6）即時取得

　無権利者を権利者であると誤信してその者と動産の取引きをした場合、権利を取得できないのが原則である。しかしながら、動産取引は不動産取引と比較すると頻繁に取引きがなされることに鑑みれば、かような原則を貫くことは動産取引をきわめて不安定なものにする。そこで、動産取引においては占有を信頼して取引きをした者は一定の要件を満たす場合に限り例外的に保

護がなされている。一般に即時取得と称されている制度である（192条）。要件としては、①動産であること、②前主が無権利者であること、③有効な取引行為をしていること、④占有を取得すること、⑤平穏・公然・善意・無過失に占有を取得していること、の5つの要件を満たす必要がある。以下、要件ごとに概観する。

①動産であることに関しては、まず第一に即時取得が不動産に適用がないことおよび類推適用する余地もないことを示している。次に、登録自動車・登録航空機（登録を必要とするから）、無記名社債・商品券（商519条の適用を受けるから）、金銭（所有と占有が一致するとされているから）については本要件を満たさない。②前主が無権利者であることに関しては、前主が制限行為能力者もしくは無権代理人である場合、注意が必要である。というのもこの場合、即時取得を認めると制限行為能力者制度および無権代理制度を意味のないものにする危険性がある。よって、前主が無権利者であっても制限行為能力者や無権代理人である場合は本要件を満たさない。③有効な取引行為をしていることに関しては、一時預け所から他人の動産を誤って受け取った行為、他人の山林から木材を運び出した行為（大判大4・5・20民録21輯730頁）や相続による取得は本要件を満たさないことに注意する必要がある。もっとも、競売による取得に関しては本要件を満たす（最判昭42・5・30民集21巻1011頁）。④占有を取得することに関しては、占有改定により占有を取得した場合に即時取得を認めてよいのかという形で問題となる。たとえば、パソコンの所有者甲が乙に貸し乙が利用していたところ、乙が丙にパソコンを売却し占有改定による引渡しがなされパソコン自体はいまだ乙のところにある場合、丙は即時取得により保護されるべきなのであろうか。この点、判例は即時取得を認めない（最判昭32・12・27民集11巻2485頁）。その根拠としては、外観上従来の占有状態に変化がないことを指摘している。そのため、前述の例では丙は保護されないのが判例・通説の立場である。⑤平穏・公然・善意・無過失に占有を取得していることに関しては、186条1項より平穏・公然・善意で占有を取得したことは推定される。なお、善意に関しては取得時に善意であれ

ばよくその後悪意になっても問題ない。無過失に関しては、前主の占有の権利推定（188条）があることを理由に無過失であることも推定される（最判昭41・6・9民集20巻1011頁）。

なお、盗品または遺失物の場合にあっては、次のような192条の例外を認めている。盗難被害者または遺失者は盗難または遺失の時から2年に限り、その物の返還（＝回復請求）を取得者に対してなしうる（193条）。たとえば、甲所有の骨董品を乙が盗み出し丙に売却した場合、丙が192条の要件を満たす限り骨董品を即時取得することができる、しかし193条が適用され盗まれてから2年以内であれば甲は丙に対して返還請求できる。この場合、無償で返還請求しうる。もっとも、競売もしくは公の市場において、またはその物と同種の物を販売する商人から善意で買い受けていた場合は、対価を弁償しない限り返還請求を求めることはできない（194条）。

第2節　所有権・占有権

1　所　有　権

（1）　所有権の意義

所有権とは、法令の制限内で物の使用・収益・処分をなしうる権利をいう（206条）。ここにいう使用とは、物を物質的に使用することである。収益とは、目的物から果実（天然果実・法定果実）を取得することである。処分とは、物を破壊する等の事実行為、譲渡・質入等の法律行為の両方を指す。所有権は、存続期間が想定されておらず、かつ、消滅時効にかからない（167条2項、もっとも取得時効の反射的効果として所有権を失うことはある）。このことを所有権の恒久性と称する。このように、所有権にあっては所有物をどのように取り扱ってもよい。このことを所有権絶対の原則という（私的自治の原則・所有権絶対の原則・過失責任の原則は、民法の三大原則と称されている）。しかしながら、所有権を十分に尊重しつつも社会公共の利益と調整を図らねばならないことも

重要である。そのため、所有権は一定の場合、制限されることがある。たとえば、法令による制限（公益上の制限等）、土地所有権の上下の限界（飛行機が飛ぶ上空やトンネルが掘られた地下には所有権の効力は及ばない）、相隣関係（209条～238条：たとえば、袋地所有者は公道に至るため他人の土地を通行する権利を有する。通行される側からすれば所有権の制限になる）といったものが考えられる。

（2） 所有権に基づく物権的請求権

　所有権は、物の使用・収益・処分をなしうる権利であり、物を全面的に支配しうる権利であるといっても差し支えない。そのため、物の全面的な支配が脅かされる場合には、所有権を根拠に一定の法的請求が可能である。一般に物権的請求権と称されるものである。具体的には、①所有権に基づく返還請求権、②所有権に基づく妨害排除請求権、③所有権に基づく妨害予防請求権の3種類が存在する。占有訴権に対応するものである。以下、概観する。

　①所有権に基づく返還請求権とは、所有者が物の占有を奪われた場合にその物の返還を求める権利のことである。所有権が存在し、相手方が占有権原なく占有している場合になしうる。たとえば、甲所有のA土地に暴力団風の乙が掘立小屋を建設し不法占拠している場合、甲は乙に対して登記なくして所有権に基づく返還請求をなしうる。もっとも、177条のところで述べたように177条「第三者」に該当する者に対しては登記がなければ返還請求をすることはできない。②所有権に基づく妨害排除請求とは、所有者が物について占有以外の方法により支配を妨害された場合にその妨害の排除をなしうる権利のことである。所有者は相手方に対して妨害状態の除去、復旧を請求しうる。本請求は、所有権が存在し、相手方の妨害行為が存在している場合になしうる。たとえば、甲所有のA土地の隣にあるB土地（乙所有）に植えられていた樹木が強風により倒れ込んできた場合、甲は乙に対して樹木の撤去を求めることができる。③所有権に基づく妨害予防請求権とは、所有者が物について妨害のおそれがある場合にその予防を求める権利のことである。本請求は、所有権が存在し、侵害行為のおそれがある場合になしうる。たとえば、甲がB建物を所有しているところ隣地（乙所有）のがけ崩れでB建物が

表 2-2 物権的請求権と占有訴権の対比

占有権	所有権
占有保持の訴え（198条）	所有権に基づく妨害排除請求権
占有保全の訴え（199条）	所有権に基づく妨害予防請求権
占有回収の訴え（200条）	所有権に基づく返還請求権

破壊される危険がきわめて高い場合、甲は乙に対してがけ崩れを防ぐ措置を講ずることを求めることができる（例：がけ崩れを防ぐ壁の設置等。表2-2）。

(3) 共　　有

一つの物を複数人で所有することを共同所有という。共同所有には共有、合有、総有の3種類が存在する。共有とは、最も個人主義的な色彩の強い共同所有形態の一つであり、かつ、最も一般的な形態である。249条以下の規定が適用される。特徴としては、各共有者は処分の自由を有し、かつ、共有物に対して持分に応じた分割請求をなしうる（256条1項）。合有とは、持分を潜在的にしか有さない共同所有形態である。特徴としては、持分処分の自由が否定され（676条1項）、目的物の分割請求も否定されている（676条2項）。具体例としては、組合財産を挙げることができる。総有とは、持分が潜在的にも存在しない共同所有の形態である。特徴としては、持分がないため持分処分も分割請求も問題にならない。具体例としては入会権を挙げることができる。さらに、判例では権利能力なき社団の財産関係が総有であると説かれている（最判昭32・11・1民集11巻1943頁）。以下においては最も一般的な共同所有の形態である共有について説明する。

共有物の使用に関して、共有者全員が共有物全部を持分に応じて使用することができる（249条）。共有物の変更（例：物理的処分としての山林の伐採、法律的処分としての物全部の売却、売買契約の解除等）に関しては共有者全員の同意が必要となる（251条）。もっとも、自己の持分の売却は単独で可能である点は注意してもらいたい。共有物の管理（例：利用行為としての物全部の賃貸、賃貸借契約の解除等、保存行為としての共有地の地ならし等）に関しては、共有者の持分の価格の過半数により決することができる（252条本文）。なお、共有物の現

状維持を図る行為である保存行為（例：家屋の修繕）に関しては、各共有者が単独でなしうる（252条但書）。また、共有者の一人が持分の放棄をした、もしくは、相続人なくして死亡したらその持分は他の共有者に帰属する。このことから、共有においてはある所有権が他の所有権を制限し合っていることが理解できよう。

2　占　有　権

（1）　占有権の意義

　占有権とは、物に対する事実的支配そのものに与えられる権利である（180条参照）。占有者が真正な権利者であるのか否かを問わず、物を支配しているという事実的支配という状態について法的権利を認め、諸々の法的効果を与えている。たとえば、占有訴権（197条以下）・権利の推定（188条）・即時取得（192条）を指摘することができる。占有権の根底にある事実状態に法的保護を与えるという考え方は、永続した事実状態を尊重する時効（144条以下）と共通したものである。

　では、なぜ法は占有権という権利を認めたのであろうか。2つの理由を挙げることができる。第一は、社会秩序・平和を維持するためである。そもそも事実的支配状態は本権（占有を正当化する権利、例：所有権・賃借権等）により裏づけられていないものであったとしても、本権を有する者が実力で奪還することを許すべきではない（自力救済の禁止）。仮に自力救済が肯定されれば社会秩序・平和が維持されなくなろう。それゆえに、物に対する事実的支配に法的権利を認める必要がある。第二は、本権を保護するためである。そもそも物に対して事実的支配をなしている者は、本権を有していることが大半である。それゆえに、本権を保護するべく事実的支配に対して一定の法的保護を与える必要がある。前述した即時取得（192条）や権利推定（188条）は、このような考え方を具体化したものである。

　そのうえで条文を確認する。民法180条は「占有権は、自己のためにする意思をもって物を所持することによって取得する」と規定している。本条か

ら占有権を取得するには①所持、②自己のためにする意思、の２つが必要であることが分かる。本条にいう「所持」とは、物が社会観念上その人の事実的支配に属すると認められる客観的関係をいう。所持であると認められるには、物に対して物理的支配がなされている場合が多いがそうでない場合もある（例：店番をしている店員は店の商品を物理的に支配しているが所持しているとはいえない、留守中の者は一見したところ留守宅にある冷蔵庫に物理的支配が及んでいないと思われるが冷蔵庫を所持しているといえる）。次に、「自己のためにする意思」とは、所持による事実上の利益を自己に帰せしめようとする意思である。その物の所有者はもちろん盗人もこの意思を有している。所持しているものの自己のためにする意思を欠いている例としては意思無能力者の所持を指摘することができるのみである。

（２）　占有の種類

　占有にはいろいろな種類のものが存在する。特に、自己占有・代理占有、自主占有・他主占有の概念を正確に理解することが重要である。自己占有とは、占有者である本人みずから物を所持する占有のことである。代理占有と対置する概念である。本人占有ともいう。たとえば、商店において従業員は占有補助者であるため（商店の商品につき）占有は有していないが、店の主人は占有補助者を通じて商品を占有している（自己占有）。他方、代理占有とは、占有代理人の所持を通して成立する占有である（181条）。たとえば、占有代理人である賃借人の所持を通して本人たる賃貸人は占有を有する。本人たる賃貸人が有する占有が代理占有であり、占有代理人である賃借人が有する占有は自己占有である。

　自主占有とは、所有の意思をもってする占有である。所有の意思とは、所有者として占有する意思であり、必ずしも所有者である必要はない。また、所有の意思の有無は、占有を取得するに至った原因により客観的に定められ占有者の内心の意思によるものではない（最判昭45・6・18裁判集民事99号375頁）。これに対して、他主占有は、それ以外の占有を指す。両者の区別は、取得時効（162条）、占有者の責任（191条但書）等で実益がある。

自主占有と他主占有との関係につき、法は他主占有から自主占有に転換することを2つの場合において認めている（185条）。第一は、自己に占有をさせた者に対して所有の意思を表示した場合である。たとえば、賃借人が賃貸人に対して賃貸目的物につき所有の意思があることを表示すれば、賃借人の占有（他主占有）は、その時点から自主占有に転換する。第二は、他主占有者が新たな占有権原（新権原）により所有の意思をもって占有する場合である。たとえば、賃借人が賃貸目的物を買えば、購入時点から自主占有に転換する。その他、185条の解釈論として相続が新権原に該当するのか否かという問題がある。つまり、被相続人の占有が他主占有である場合に、その占有を承継した相続人の占有が相続を契機に自主占有になることがあるのかという問題である。この点、一般論として相続が新権原になることはないものの、相続財産を事実上支配することによって占有を開始し、その占有に所有の意思がある場合には、被相続人が他主占有であっても相続人は新権原により自主占有を始めたと見てよい（最判昭46・11・30民集25巻1437頁）。

(3) 占有権の承継

　占有権の承継は占有物の引渡しによってなされる（182条1項）。具体的には、特定承継（例：売買契約による）および包括承継（例：相続による）により占有権が承継される。占有権の承継に関しては、前主の占有を承継するという側面と、他面において自己固有の占有を新たに始めるという側面の両側面を有する。したがって、承継人は自己固有の占有のみを主張することも、また、自己の占有に前の占有者の占有を併せて主張することも可能である（187条1項）。前の占有者の占有を併せて主張する場合には、前の占有者の瑕疵（悪意、過失等）を承継する（187条2項）。この点は、取得時効の主張をなす際に問題となる。自己固有の占有期間のみでは取得時効の主張をできなくとも前主の占有期間を併せることにより取得時効の主張をなしえる場合もあろう。ただし、その場合、前主が悪意占有者であればその瑕疵をも承継することになるので注意が必要である。具体的にいえば、悪意占有者の瑕疵を承継すれば162条2項に基づく主張（期間10年）はできず、162条1項に基づく主張（期

間 20 年) しかできない。

(4) 占有の推定力

占有者が占有物について行使する権利は、適法に有するものと推定している (188 条)。本条は、物に対する支配を一応正しいものと認め、これを保護して秩序を維持しようとする占有制度の理想と、占有状態が多くの場合に真実の権利状態に符合する蓋然性を有することを基礎としたうえで立法されたものである。もっとも、本条の適用範囲は限定的に解釈されている。たとえば、所有者甲が占有者乙に対して所有権に基づく返還請求を行使した場合、乙が 188 条を援用しみずからの占有が正当な権原によるものであると主張することはできない (最判昭 35・3・1 民集 14 巻 327 頁)。

その他、占有者は、所有の意思をもって、善意で、平穏に、かつ、公然と占有するものと推定される (186 条 1 項)。それゆえに、占有者が取得時効の主張をする際には、所有の意思、善意、平穏、公然の要件をみずからが立証する必要はない。また、前後の両時点において占有をした証拠があるときは、占有は、その間継続したものと推定される (186 条 2 項)。たとえば、占有者が取得時効の主張を行うにあたり、前後の両時点において占有があれば継続して占有がなされたとの推定が働くということである。

(5) 占 有 訴 権

民法は占有権に基づく物権的請求権として占有訴権という制度を定めた (197 条～202 条)。このような制度が認められたのは、社会の平和・秩序の維持を図るためおよび自力救済が禁止されていることに理由を求めることができよう。占有訴権と称されるものとして 3 種類指摘することができる。

第一は、占有保持の訴え (198 条) である。占有者が占有を妨害された場合、妨害の停止 (妨害の除去・復旧) および損害の賠償を請求できる。この場合、占有者が占有侵奪 (200 条) 以外の方法で妨害されたことが必要となる。出訴期間に制限があることには注意しなければならない (201 条 1 項)。第二は、占有保全の訴え (199 条) である。占有者が占有を妨害されるおそれがある場合、妨害の予防または損害賠償の担保を求めることができる。両方を請求す

ることはできない。妨害されるおそれとは、占有者の主観ではなく客観的に存する必要がある（大判大10・1・24民録27輯221頁）。損害賠償の担保の具体例としては、損害賠償金の供託、保証人を立てること、抵当権の設定等がありうる。担保提供を求める場合、妨害のおそれを生ぜしめた者に故意・過失がなくても構わない。というのも、本条による担保請求自体は不法行為に基づく損害賠償請求権ではないからである。出訴期間に制限があることには注意しなければならない（201条2項）。第三は、占有回収の訴え（200条）である。占有者が占有を奪われたとき、物の返還および損害賠償を請求できる。占有者が占有を奪われた場合、つまり、占有者の意思に反して占有を失う場合にのみ占有回収の訴えが可能である。詐取・遺失は占有を奪われた場合には該当しない。また、訴えの相手方は占有を奪った本人もしくは包括承継人（例：相続人）または占有が奪われたものであることを知る特定承継人といった現実に物を占有する者に対してなされなければならない。もっとも、占有が奪われたものであることを知らない善意の特定承継人に対しては訴えを提起することができない（200条2項）。出訴期間には、占有を奪われたときから1年以内という制限があることに注意しなければならない（201条3項）。

　占有訴権に対置する概念として、所有権に基づく妨害排除請求、賃借権に基づく妨害排除請求といった占有を正当化する権利（本権）に基づく訴え（本権の訴え）が存在する。占有訴権と本権の訴えはどのような関係に立つのであろうか。この点、占有訴権は本権の訴えを妨げず、本権の訴えは占有訴権を妨げない（202条1項）。また、占有訴権に基づく訴訟では本権の有無等本権に関することを審理することはなく、占有訴権の要件の有無を判断するにすぎない。占有権を本権とは別個のものと捉え独自に法的保護を与えようとしたことからすれば、このように本権とは無関係に占有訴権につき判断するのは当然のことである。

第3節　用益物権

1　地上権

　用益物権とは、他人の所有する物を一定の範囲において使用・収益しうる物権のことである。いずれも土地に関するものである。具体的には、地上権・永小作権・地役権・入会権の4つを指す。地上権から順に見ていく。
　地上権とは、建物その他の工作物または竹林を所有するために、他人の土地を使用する権利である（265条）。地上権にあっては地代を支払うことが不可欠の要素ではなく無償でも構わない（266条参照）。また、土地の利用権という観点からすれば、地上権は賃借権と共通する。そして、建物所有目的の賃借権および建物所有目的の地上権はいずれも借地権である（借地借家2条）。もっとも、前者が債権発生原因の一つである契約（＝賃貸借契約）から生ずる債権法上の権利であるのに対して、後者は、物権法上の権利（用益物権の一つ）である。このような債権・物権の違いから、地上権には賃借権とは大きく異なる次のような特徴がある。自由に譲渡可能であり、登記請求権が認められ、かつ、登記すれば第三者に対して対抗力を有し、存続期間に制限がない、という特徴である。存続期間の点に関しては、期間が永久の地上権（永代地上権）も認められる（大判明36・11・16民録9輯1254頁。表2-3）。

表2-3　地上権と賃借権との比較

	譲渡性	登記請求権	第三者への対抗力	存続期間の制限
地上権	あり	あり	あり	なし
賃借権	なし	なし	登記すれば可能※	あり

※ 605条によれば、賃借権も登記をすれば第三者に対抗することが可能であるかのように規定している。しかし、賃借権登記につき賃貸人が協力しない場合、登記をなすことは不可能である。賃借権が債権法上の権利であるため、賃借人は賃貸人に対して登記請求を求めることはできない（大判大10・7・11民録27輯1378頁）。

2　その他の用益物権

(1)　永小作権

永小作権とは、他人の土地を耕作または牧畜のために利用しうる権利のことを指す（270条）。永小作権の特徴としては、①小作料の支払いを不可欠の要素とすること（270条）、②存続期間に制限があること（278条）を指摘しうる。現在、永小作権はあまり利用されずその代わりに賃借権でカバーされているのが実態である。永小作権は、きわめて例外的な存在であるというのが現状である。

(2)　地役権

地役権とは、一定の目的に従いある土地（要役地）の便益のために他人の土地（承役地）を利用する権利のことを指す（280条）。たとえば、甲地から公道に出るためには乙地を通らなければならない場合、甲地のために乙地に地役権を設定するのである（いわゆる通行地役権）。この際、甲地＝要役地、乙地＝承役地、と称する。その他、眺望を確保するために地役権が設定されることもある。地役権に関しては、一般に地役権を取得しやすい・消滅しにくい方向で解釈すればよいと理解すればよい。①要役地を離れて地役権のみを譲渡できない。地役権は要役地とともに譲渡すべきであり要役地が第三者に譲渡されれば地役権も移転する（281条）、②共有者の一人が地役権を取得すれば他の共有者も地役権を取得する（284条1項）。③地役権は時効により新たに取得（時効取得）することがありうるが、その場合は継続かつ表現のものに限り取得が認められる（283条）。ここにいう継続とは権利の内容が昼夜間断なく行われること（大判昭2・9・19民集6巻510頁）である。表現とは、権利の内容が外部に現れることをいう（大判大13・3・17民集3巻169頁）。

(3)　入会権

入会権とは、村落住民の山林原野・河川等に対する共同収益を保護するために認められた権利のことを指す（263条・294条）。村落住民は、共同して木材の伐採・採草・漁労等を行うのである。入会権には共有の性質を有するも

の（263条）とそうではないもの（294条）の2種類が存在する。近時、上関原発用地入会権訴訟において、最高裁は共有の性質を有する入会権の処分につき構成員全員の同意を要件としない慣習であっても原則として有効であるとの判断を示している（最判平24・4・14民集62巻5号909頁）。

第4節　担保物権総論

1　担保物権の意義

　担保物権とは、一定の財産について、そこから優先的に自己の債権を回収できる権利である。

　たとえば、債権者が債務者に対して貸金債権を有しているが、弁済期到来後も債務者が弁済をしないとき、債権者は、債務者に対して貸金の返還を求める訴訟を提起し、勝訴判決を得ることができる。しかし、勝訴判決を得たとしても、債権者が実力行使して債務者の財産を取り上げるようなことはできない。そのため、債権者は債務者の財産に対して強制執行を申し立て、その財産を差し押さえ、競売手続で換価された換価金から債権を回収するのが一般的である（債務者の一般財産からの債権回収）。

　この点、債務者が弁済をしない状況というのは、債務者の資金繰りや資産状態が悪化している場合が多い。そうすると、債務者の一般財産から債権を回収しようとしても、債権者は債権の全額を回収することが困難になる。また、債務者に対する債権者が複数存在するような場合には、債権者平等の原則により、債務者の一般財産からの債権回収は、他の債権者と債権額に応じて分け合うため、債権者が回収できる金額はさらに減少することになる。

　そこで、金銭債権の回収を確実に行うために、債権者としては、債務者（あるいは物上保証人等）の特定の財産から優先的に弁済を受けることができるように担保を確保しておく必要がある。担保は、債権者平等の原則が適用される場面で、その適用を回避する役割を果たすため、債権者は、担保を利用

して優先的に債権を回収することができる。

　実務において、担保は、企業が銀行から事業資金を借り入れるときや、個人が住宅ローンを組んで住居を新築するとき等に利用されている。その場合、資金を借り入れる企業の不動産や住宅ローンで新築する住居に抵当権（369条以下）等の担保物権が設定される方法等が用いられている。

　民法には、債権の担保のための制度として、①物的担保（「物」をもって特定の債権の引当てとする方法）と、②人的担保（保証人とよばれる「人」が債務者の履行を保証し、履行がされない場合は自己の一般財産をもって責任を負う方法）が規定されている。②の人的担保に関しては、保証（446条以下）や連帯債務（432条以下）等の規定が置かれているが、債権に関する部分（第3章）で扱うため、本章では①の物的担保を主に扱う。

2　担保物権の種類

(1)　法定担保物権と約定担保物権

　物的担保として、民法には留置権、先取特権、質権、抵当権の4種類の担保物権が規定されている。そして、これらの担保物権は、法定担保物権と約定担保物権に分けることができる。

　法定担保物権とは、法の立場から見て保護されるべき債権者に、契約の締結等によらなくても（当事者の意思に関係なく）、当然に付与される担保物権のことである。たとえば、企業が倒産したが従業員に給料が未払いとなっているような場合、債権者平等の原則を貫くと、従業員は、倒産した企業から未払いとなっている給料を全額回収できない可能性がある。このような場合には、労働者の給料債権の重要性から、企業財産から給料を優先的に支払う旨の規定（306条2号）が先取特権として置かれている。先取特権のほか、留置権も法定担保物権である。

　約定担保物権とは、債権者と担保権設定者（不動産や動産等の物的担保を提供する者）との間の約定（合意）に基づいて設定される担保物権のことである。たとえば、企業が事業資金を借り入れる際に、所有する自社ビルに抵当権を

設定することがある。この場合、抵当権を設定するということは、借入金を返済できないときには、自社ビルを借金の肩代わりとすることを意味している。抵当権のほか、質権も約定担保物権である。

なお、民法に規定のない非典型担保等も、約定担保物権である。

（2） 典型担保と非典型担保

民法その他の法律によって、保護の必要性の高い債権者には法定担保物権が与えられているほか、債権者と担保権設定者との合意によって約定担保物権を設定することができる。これらは、法律上、担保として規定されており、典型担保とよばれる。民法に規定されている4種類の担保物権は、典型担保である。

抵当権等の典型担保における担保権者には、債務不履行が生じた際に、原則として担保目的物を競売によって換価し、優先弁済を受けることが認められている（留置権には優先弁済的効力が認められていない点や、動産質権における簡易な実行方法が規定されている点等も考慮する必要があるが、典型担保が利用される多くの場面では、担保権者は優先弁済的効力を期待して担保権の設定を受けると考えられる）。

一方、担保権者としては、競売・換価の時間や費用の負担を減らすことができれば好都合であり、債務者には、簡易な担保手段を用いることで、資金調達を行いやすくしたいとするニーズがある。そこで、以前から典型担保以

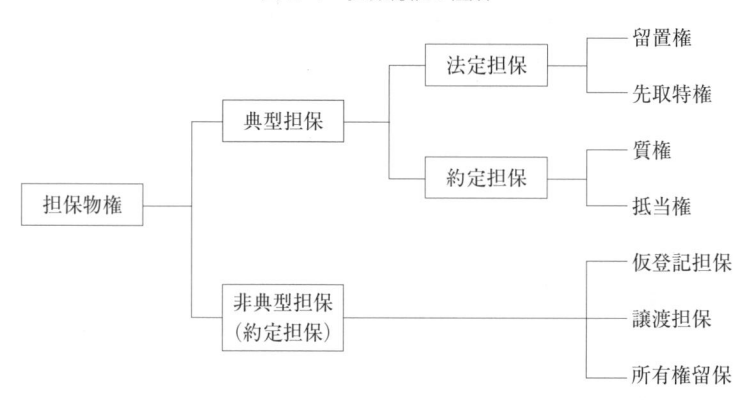

図2-1　担保物権の種類

```
                              ┌─ 法定担保 ┬─ 留置権
                              │          └─ 先取特権
              ┌─ 典型担保 ────┤
              │               └─ 約定担保 ┬─ 質権
担保物権 ─────┤                            └─ 抵当権
              │
              │                            ┌─ 仮登記担保
              └─ 非典型担保 ──────────────┼─ 譲渡担保
                 （約定担保）               └─ 所有権留保
```

外の複数の担保方法が、非典型担保として利用されてきた。

非典型担保には、仮登記担保、譲渡担保、所有権留保等があり、利用される場面も多岐にわたる。ただし、仮登記担保については、1978年に「仮登記担保契約に関する法律」が制定された。また、代理受領、振込指定、相殺予約等も、事実上は担保としての機能を果たしている（図2-1）。

非典型担保のメリットとしては、典型担保のように、当事者の権利・義務の内容が法定されているわけではないため、設定契約で当事者の権利・義務の内容を定めることができるほか、債務不履行発生時に、目的物の所有権等を担保権者に直接帰属させ、債権回収を図ることができる点等がある。

3　担保物権の効力

担保物権の効力としては次のものがあるが、担保物権の種類に応じて、与えられている効力には差異がある（表2-4）。

（1）　優先弁済的効力

優先弁済的効力とは、債務の弁済がなされないときに、担保権者が担保目的物を競売によって換価し、その代金の中から、他の債権者より優先して弁済を得ることができる効力のことである。この効力により、目的物の競売で得られた代金から、まず担保権者が配当を受けることができ、残額を他の債権者が分けることとなる（債権者平等の原則が排除される）。

担保物権の本質的な機能は、優先弁済的効力にあるとされており、先取特権・質権・抵当権には、優先弁済的効力が認められている（303条・342条・369条1項）。留置権には、優先弁済的効力は認められていないが、留置権者

表2-4　担保物権の効力

	優先弁済的効力	留置的効力	収益的効力
留置権	×	○	×
先取特権	○	×	×
質権	○	○（権利質は×）	×（不動産質は○）
抵当権	○	×	×

の競売権により、事実上の優先弁済を受けることが可能となっている（民執195条）。

（2） 留置的効力

留置的効力とは、債務の弁済がなされるまで担保権者が担保目的物を留置できる効力のことである。この効力により、債権者は担保目的物を占有し続けることができるため、債務の弁済が間接的に促されることとなる。

留置的効力は、留置権と質権に認められている（295条1項・347条）。この点、担保権者が担保目的物を占有しない形態の担保物権である非占有担保（抵当権や先取特権等）においては、そもそも、担保目的物を担保権者に引き渡す必要がないため、留置的効力は認められない。

（3） 収益的効力

収益的効力とは、担保権者が担保目的物を収益し、得られた果実を債権の弁済に充当することができる効力のことである。この効力により、担保権者はみずから担保目的物を利用できるほか、賃貸等によって収益を得ることで債権の弁済に充てることができる。

収益的効力は、原則として不動産質権にのみ認められている（356条）。なお、留置権者や質権者は、担保目的物を使用・収益できないのが原則である（298条2項・350条）。抵当権は、非占有担保であり、担保目的物を設定者が使用・収益するため、抵当権者は担保目的物を使用・収益できないのが原則である。しかし、債務不履行後の抵当不動産の果実については、抵当権の効力が及ぶほか（371条）、担保不動産収益執行（民執180条2号）の際には、担保目的物から生ずる果実が被担保債権の弁済に充てられることとなる。

4　担保物権の性質

担保物権の性質として、付従性、随伴性、不可分性、物上代位性の4つがあるとされる。ただし、これらの性質がすべての担保物権に共通する性質であるとはいえず、それぞれの性質については個別に検討する必要がある。

（1）付従性

付従性とは、担保物権の発生には被担保債権の存在が必要であり、被担保債権が消滅すれば担保物権も消滅するという性質のことである。付従性が認められるのは、担保物権は債権を担保するために設定されるのであり、債権の存在しないところには担保物権も存在しないからである。

付従性は、留置権や先取特権等の法定担保物権には認められるが、約定担保物権である質権や抵当権には認められない場合がある。たとえば、不特定の債権を担保する根抵当権においては付従性が存在しないし、抵当権においても被担保債権の発生前に抵当権の成立が認められる場面がある（将来発生することが確実な債権を担保するための抵当権設定に関して、大判昭14・5・5新聞4437巻9頁）。

（2）随伴性

随伴性とは、被担保債権が第三者に移転すると、担保物権もそれに伴って移転するという性質のことである。随伴性が認められるのは、付従性と同様に、担保物権は債権を担保するために存在するからである。

随伴性は、担保物権に一般的に認められているとされるが、確定前の根抵当権においては認められない（398条の7）。

（3）不可分性

不可分性とは、被担保債権の全部の弁済があるまで、担保物権は担保目的物全部について権利を行使できるという性質のことである。不可分性が認められるのは、被担保債権の一部弁済がなされた場合に、弁済額に応じて担保権の及ぶ範囲を限定することは現実的には困難であるし、その後に発生する可能性のある遅延損害金等を担保することが必要だからである。

民法は留置権について明文規定を置き（296条）、この規定が先取特権、質権、抵当権に準用されている（305条・350条・372条）。ただし、留置権については、代担保の提供による留置権消滅が認められているため（301条）、不可分性が徹底されているわけではない。

（4） 物上代位性

物上代位性とは、担保目的物の売却、賃貸、滅失または損傷によって担保権設定者が受けるべき金銭その他の物、あるいは担保目的物に設定した物権の対価について、担保権者が優先弁済権を及ぼすことができるという性質のことである。物上代位性が認められるのは、担保目的物が滅失すれば担保物権も消滅する（損傷の場合は目的物の価値がその分減少する）が、そうなると担保権者が不利益を受けるため、担保目的物が損害賠償請求権や保険金等に変じた場合には、これらに担保物権の効力を及ぼすことが必要だからである。

民法は先取特権について明文規定を置き（304条）、この規定が質権と抵当権に準用されている（350条・372条）。また、譲渡担保においても、債権担保を目的としている趣旨から304条が類推適用される。なお、留置権には物上代位性が認められない。

物上代位性については、明文規定のある先取特権、質権、抵当権であっても、304条に規定される売却等のすべての場面で適用できるわけではなく、その適用範囲については、それぞれの担保物権の性質を考慮して検討する必要がある（特に、抵当権の物上代位については、第6節2を参照）。

第5節　法定担保物権

1　留置権

（1）　留置権の意義

留置権とは、他人の物の占有者がその物に関して生じた債権を有する場合に、その債権の弁済を受けるまでその物を留置できる権利である（295条1項本文）。

たとえば、時計の修理を時計店に依頼した時計の所有者は、所有権に基づく時計の返還請求権を有している。では、修理代金を支払っていない段階で、時計の所有者が時計店に時計の引渡しを求めれば、時計店は時計を返還しな

ければならないのだろうか。この請求が認められるとすると、時計店は修理代金を回収できないリスクを負うことになる。そこで、時計店は修理代金が支払われるまでは、修理をした時計の引渡しを拒否し、時計を手許に留めておくことが認められている。

　留置権は、法定の要件を満たせば当然に生ずる法定担保物権であり、当事者間の公平を図るために認められている。そして、留置権者は、留置物の返還を求めようとする債務者を間接に強制して債務の弁済を促すことができる。

　民法には、留置権と同様に当事者間の公平を図るために、類似の機能を果たすものとして、双務契約における相手方が履行をなすまで自己の債務の履行を拒むことのできる同時履行の抗弁権が規定されている（533条）。しかし、留置権では、物と債権との牽連性が要求されているが、同時履行の抗弁権は、双務契約から生ずる対価的な債務間で生じる点で違いがある。また、留置権では物の引渡しを拒否できるが、同時履行の抗弁権の対象となる債務は物の引渡しに限定されない点等でも相違がある。

　なお、商法には代理商や商人間に成立する商事留置権等に関する規定が置かれている（商31条・521条等）。

（2）　留置権の成立要件

　留置権の成立要件は、①他人の物を占有していること、②その物に関して生じた債権を有していること、③債権が弁済期にあること、④占有が不法行為によって始まったものではないこと、の4つである。

　①の要件では、「他人」、「物」、「占有」の意義が問題となるが、「他人」は債務者のほか、第三者でもよい。また、「物」は、動産でも不動産でもよい。留置権者の「占有」は、成立要件であると同時に存続要件でもある（302条）。なお、不動産上の留置権は占有が対抗要件であり、登記は対抗要件とはならない（不登3条）。

　②の要件では、「関して」の意義が問題となる。留置権で担保される債権は、その物に関して生じる必要があり、これを債権と物との牽連性という。牽連性が認められる類型には、債権が物自体から生じた場合（賃借人が賃借物に支

出した必要費の償還請求権や事務管理に基づく費用償還請求権等）と、債権が物の引渡請求権と同一の法律関係（生活関係）から生じた場合（時計の修理代金債権と時計引渡請求権の関係、借地上の建物買取請求権行使による建物代金債権に基づく敷地の留置等）がある。ただし、借家人が造作買取請求権に基づいて借家を留置することは認められない（大判昭6・1・17民集10巻6頁）。

③の要件について、弁済期到来前には留置権が成立しない旨の規定がある（295条1項但書）。この要件がなければ、弁済期前の履行を強制することになってしまうからである。そのため、裁判所が債務者のために相当の期限を許与した場合には、留置権は成立しない（196条2項但書・608条2項但書）。

④の要件について、占有が不法行為によって開始した場合には、留置権が成立しない旨の規定がある（295条2項）。不法行為による占有の開始とは、無権原で占有を開始したことをいうが、そのような占有者は保護する必要がないからである。

（3）　留置権の効力

留置権者には、①目的物を留置する権利、②果実収取権、③費用償還請求権等が認められている。

①の目的物を留置する権利として、留置権者は債権の弁済を受けるまでは目的物を留置できる。そして、留置権には不可分性があるため、債権全額の弁済を受けるまで目的物の全部を留置できる（296条）。

留置権者には、目的物を換価して優先弁済を受ける権利はないが、事実上の優先弁済権がある。不動産の場合は、目的物が競売されても留置権は消滅せず（民執59条4項・188条）、動産の場合は留置権を主張して引渡しを拒めば競売手続きは進行しない（民執124条・190条・192条）。そのため、他の債権者は留置権の被担保債権を弁済し、留置権を消滅させなければ競売手続きができず、留置権者には事実上の優先弁済権が認められている。

②の果実収取権として、留置権者には留置物から生じる果実を収取し、他の債権者に優先して債権の弁済に充当することが認められている（297条1項）。この場合、果実は、まず債権の利息に充当し、余りがあれば元本に充

当される（同条2項）。

③の費用償還請求権として、留置権者が必要費を支出したときは、その費用の償還請求ができる（299条1項）。また、有益費を支出したときは、価格の増加が現存する場合に限り、所有者の選択に従って、支出金額または増加額の償還請求をすることが認められている（同条2項）。

留置権者の義務としては、留置物に対する善管注意義務がある（298条1項）。また、留置権者は、債務者の承諾がなければ、留置物を使用・賃貸・担保提供できない（同条2項）。ただし、留置物の保存に必要な場合は使用できる（同条同項但書）。

（4） 留置権の消滅

留置権は、目的物の滅失や放棄等の物権の一般的消滅事由のほか、被担保債権の消滅等の担保物権の一般的消滅事由によっても消滅する。

留置権に特有の消滅事由としては、①留置権の消滅請求（298条3項）、②債権の消滅時効（300条）、③代担保の提供（301条）、④占有の喪失（302条本文）等がある。

①に関連して、留置物が第三者に売却されたときは、その第三者が消滅請求権を有する（最判昭40・7・15民集19巻5号1275頁）。そして、この請求権は形成権であるため、消滅請求の意思表示によって留置権は消滅する。②の消滅事由は、債権額に比べて過大な留置物が留置されているような場合に実益があるとされている。また、③の代担保は、物的担保でも人的担保でも認められる。④に関しては、占有を奪われても占有回収の訴えが認められた場合（203条但書）や、留置権者が間接占有を続ける場合（302条但書）には留置権は消滅しない。

2 先取特権

（1） 先取特権の意義

先取特権は、法律に定める一定の債権を有する者が、債務者の財産から他の債権者に優先して弁済を受けることができる権利である（303条）。先取特

権は、特に保護の必要性が高い特定の債権を有する債権者にだけ認められている。

先取特権も、留置権と同様に法定担保物権であるが、先取特権が認められる理由は、当事者間の公平確保のためであったり、社会政策的な配慮によるもの、当事者間の意思の推測によるもの等、個別の先取特権によって異なる。先取特権が認められることで、保護の必要性の高い債権を有する者は、他の債権者よりも優先して弁済を受けるための抵当権等の担保物権を有していない場合でも、特別に保護される（債権者平等の原則の排除）。

（2） 先取特権の種類

先取特権は、債務者の総財産を目的とする一般の先取特権（306条）と、債務者の特定の財産を目的とする特別の先取特権とに大別される。そして、特別の先取特権は、特定動産を目的とする動産の先取特権（311条）と、特定不動産を目的とする不動産の先取特権（325条）に分類される（図2-2）。

一般の先取特権には、①共益費用の先取特権（306条1号・307条）、②雇用関係の先取特権（306条2号・308条）、③葬式費用の先取特権（306条3号・309条）、④日用品供給の先取特権（306条4号・310条）の4種類がある。306条の「総財産」には、動産や不動産だけではなく、債権等のすべての財産が含まれる。各先取特権が認められている理由は、①は公平性の見地から、②③④は社会

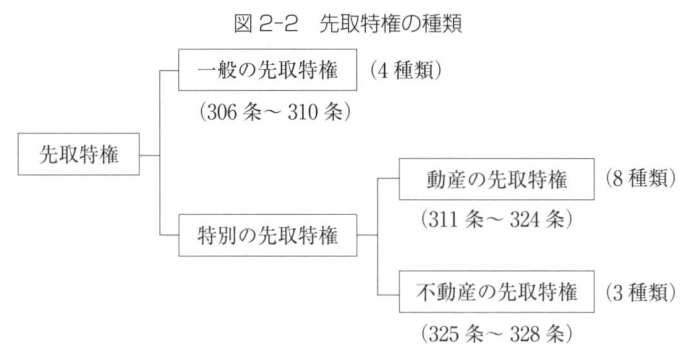

図2-2　先取特権の種類

```
                ┌─ 一般の先取特権      （4種類）
                │   （306条〜310条）
     先取特権 ──┤
                │                   ┌─ 動産の先取特権   （8種類）
                │                   │   （311条〜324条）
                └─ 特別の先取特権 ──┤
                                    └─ 不動産の先取特権 （3種類）
                                        （325条〜328条）
```

※これらのほか、国税徴収法や建物区分所有法等に規定される特別法上の先取特権もある。

政策的配慮によるものである。

動産の先取特権には、①不動産賃貸の先取特権（311条1号・312条〜316条）、②旅館宿泊の先取特権（311条2号・317条）、③運輸の先取特権（311条3号・318条）、④動産保存の先取特権（311条4号・320条）、⑤動産売買の先取特権（311条5号・321条）、⑥種苗肥料供給の先取特権（311条6号・322条）、⑦農業労務の先取特権（311条7号・323条）、⑧工業労務の先取特権（311条8号・324条）の8種類がある。各先取特権が認められている理由は、①〜③は当事者の意思の推測、④⑤は公平の確保のため、⑥は公平の確保と農業経営の促進、⑦⑧は社会政策的配慮によるとされる。

不動産の先取特権には、①不動産保存の先取特権（325条1号・326条）、②不動産工事の先取特権（325条2号・327条）、③不動産売買の先取特権（325条3号・328条）の3種類がある。不動産の先取特権の効力を保存するためには登記が必要であり、他の先取特権とは異なる。各先取特権が認められている理由は、①③は公平の確保、②は公平の確保と当事者の意思の推測にあるとされる。

（3） 先取特権の順位

先取特権にはさまざまな種類があるが、債務者の同一財産上に複数の先取特権が競合して成立する場合や、他の担保物権と競合する場合、優先順位はどうなるかが問題となる。そこで、①先取特権相互間の競合と、②他の担保物権との競合に分けて検討する。

1）　先取特権相互間の競合　　一般先取特権が競合する場合は、民法306条に規定された順序による（329条1項）。一般の先取特権と特別の先取特権が競合する場合には、特別の先取特権が優先する（同条2項本文）。ただし、共益費用の先取特権は、その利益を受けたすべての債権者に対して優先する（同条同項但書）。

動産の先取特権が競合する場合、第一順位に不動産賃貸・旅館宿泊・運輸の先取特権が、第二順位に動産保存の先取特権が（数人の保存者があるときは後の保存者が優先する）、第三順位に動産売買・種苗肥料供給・農業労務・工業労

務の先取特権が規定されている（330条1項）。ただし、第一順位の先取特権者が債権取得時に第二順位または第三順位の先取特権者があることを知っていたときは優先権を行使することができない（同条2項前段）。第一順位の先取特権者のために物を保存した者に対しても優先権を行使できない（同条2項後段）。

不動産の先取特権が競合する場合の優先権の順位は、325条に掲げる順序に従う（331条1項）。同一の不動産について売買が順次された場合には、売主相互間における不動産売買の先取特権の優先権の順位は、売買の前後による（同条2項）。

なお、同一順位の先取特権相互間では、各先取特権者が債権額の割合に応じて弁済を受ける（332条）。

2) **他の担保物権との競合**　留置権との関係では、留置権には優先弁済権がないため、理論上、競合が生じることはない。しかし、留置権者は弁済があるまでは目的物の引渡しを拒絶できるため、事実上は留置権者が優先する。

動産質と競合する場合、動産質は民法330条1項の第一順位の動産の先取特権と同順位になる（334条）。不動産質と競合する場合、不動産質には抵当権の規定が準用され、先取特権と抵当権の競合の場合と同様となる（361条）。

抵当権と競合する場合、不動産保存および不動産工事の先取特権は、337条・338条1項の登記が具備されていれば抵当権に優先する（339条）。不動産売買の先取特権は、明文規定がないため、登記の前後によって優劣を決する。そして、一般の先取特権との関係では、両者に登記がなければ一般の先取特権が優先し（336条本文）、抵当権にだけ登記があれば抵当権が優先する（同条但書）。

（4）　先取特権の効力

先取特権には優先弁済的効力があるため、先取特権者は、他の債権者に先立って債務者の財産から弁済を受けることができる（303条）。また、不動産の先取特権者は、担保不動産収益執行も選択できる（民執180条2号）。

優先弁済を受ける方法としては、まず、先取特権者が自身で債務者の目的財産を競売してその売却代金から優先弁済を受ける方法がある（不動産については民執188条を、動産については民執192条を、債権等の財産権については民執193条を参照）。他の債権者が強制執行や担保権の実行をした場合には、先取特権者は、目的物の売却代金から優先弁済を受けることができる（民執51条1項・133条等）。

　先取特権には物上代位性があるため、先取特権者は、目的物の売却、賃貸、滅失または損傷によって、債務者が受けるべき金銭その他の物に対しても、先取特権を行使できる（304条1項本文）。

　ただし、先取特権者は、その払渡しまたは引渡しの前に差押えをしなければならない（304条1項但書）。ここで、差押えが必要とされる理由は、第三債務者が二重弁済をする危険を防止する点にある。

　なお、先取特権は、債務者がその目的である動産を第三取得者に引き渡した後は、その動産について行使できない（333条）。この「第三取得者」には賃借人や受寄者は含まれないが、譲渡担保権者は含まれ、「引き渡し」には占有改定も含まれる（最判昭62・11・10民集41巻8号1559頁）。

（5）　先取特権の消滅

　先取特権は、滅失や放棄等の物権に共通の消滅原因によって消滅する。不動産の先取特権は、抵当権の規定の準用（341条）により、代価弁済（378条）や抵当権消滅請求（379条以下）によっても消滅し、動産の先取特権は第三取得者への引渡し（333条）によっても消滅する。

第6節　約定担保物権

1　質　　権

（1）　質権の意義

　質権とは、債権者が債務者または第三者からその債権の担保として受け取

った物を占有し、債務が弁済されない場合にはその物の換価代金から他の債権者に先立って優先弁済を受けることのできる権利である（342条）。

質権は、留置権や先取特権のような法定担保物権と異なり、当事者間の設定契約によって生ずる約定担保物権である。質権者は、債務が弁済されるまでは目的物を留置できるので、質権には、債務の弁済を間接的に強制できる留置的効力が認められる（347条）。また、債務が弁済されないときには目的物を競売で換価し、売却代金から優先弁済を受ける優先弁済的効力もある。

質権の対象として、動産・不動産・権利の3種類が規定されている。ただし、禁制品等の譲渡ができない物を対象とすることはできない（343条）。競売手続で換価するときに、目的物が譲渡できない物であれば、債権者が優先弁済を受けることができないからである。

また、質権設定契約は目的物の引渡しによって効力が生ずる要物契約である（344条）。民法344条で要求される引渡しには、現実の引渡し（182条1項）、簡易の引渡し（182条2項）、指図による占有移転（184条）は含まれるが、占有改定（183条）は含まれない。なお、質権者は、質権設定者に、自己に代わって質物を占有させることができない（345条）。

質権では、質権者が質物を占有するため、後順位担保権者が出現しにくい。そのため、被担保債権の範囲は抵当権の場合（375条）に比べて広く、質権は、元本、利息、違約金、質権の実行費用、質物の保存の費用および債務の不履行または質物の隠れた瑕疵によって生じた損害の賠償を担保する（346条本文）。なお、質物から生ずる果実には、質権の効力が及ぶ（350条・297条）ほか、物上代位も認められる（350条・304条）が、質権者は目的物について善管注意義務を負い（350条・298条1項）、無断で質物の使用・賃貸等をすることができない（350条・298条2項）。

質権には、原質権者の責任において、転質することが認められている（348条前段。図2-3）。転質とは、原質権者が質物として設定者から受け取った目的物を、自己の債務の担保のために転質権者に質入れすることである。転質には、設定者の同意を得て行う承諾転質と、同意を得ずに行う責任転質が

図 2-3　転質の仕組み

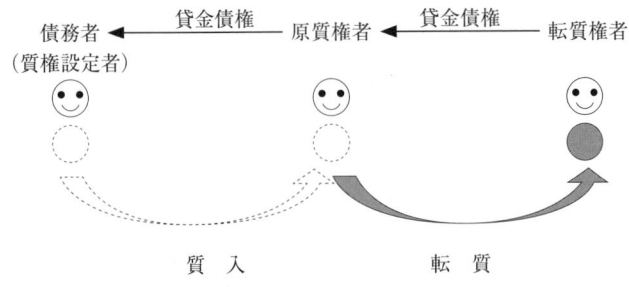

質　入　　　　　　転　質

ある。承諾転質の場合は、原質権と別個の新たな質権が設定されると考えられるため、原質権が消滅しても転質権は消滅しない。しかし、責任転質の場合、原質権者は、原質権を転質権者に無断で消滅させることはできないうえ、転質権の実行には、原質権と転質権の両方の被担保債権が弁済期に達していることが要求される。また、責任転質の場合、原質権者は、転質をしたことによって生じた損失については、不可抗力によるものであっても、その責任を負う（348条後段）。

　質権においては、質権者が弁済として質物の所有権を取得することをあらかじめ約束しておくような、いわゆる流質契約が禁止されている（349条）。これは、立場の強い債権者が、債務者の窮状につけこんで、債務者にとって不利な契約を強制させることを防止するためである。ただし、弁済期後は、このような状況が想定されないため、流質契約も認められる（349条の反対解釈）。なお、商行為による場合や質屋営業における場合には、流質が認められている（商515条、質屋19条等）。

（2）動 産 質

　動産質では、目的物として引き渡された動産の上に質権が成立するが、継続した占有が対抗要件となる（352条）。動産質は、比較的少額の融資を担保する場合に活用されてきたが、設定時だけでなく質権者が継続して目的物を占有することが必要であるため、債務者が営業のために使用する生産手段等を目的物とする場合には利用しづらい面がある。

質物の占有が奪われたときは、動産質権者は、占有回収の訴えによってのみ、その質物を回復できる（353条）。

質権者は、質物の競売を申し立て、売却代金から優先弁済を受けることができる（342条）。手続き方法は、動産執行の手続きに準じる（民執190条～192条）。なお、同一の動産について数個の質権が設定されたときは、その質権の順位は、設定の前後による（355条）。

動産質権を実行するには、原則として競売手続を行う必要があるが、質物の価格が低い場合等は、費用負担等を考えると競売を行いにくい。そこで、質物の公正な価格が分かるような正当な理由がある場合には、簡易な換価方法が認められている（354条）。その際は、鑑定人の評価に従うこと、裁判所に請求することのほか、あらかじめ、債務者にその請求を通知すること等が必要である。

（3）不 動 産 質

不動産質も、動産の場合と同様に引渡しによって成立するが、登記が対抗要件となる（361条が抵当権の規定を準用しているため）。

不動産質では目的物の使用・収益が認められている（356条）ため、371条の規定は準用されない。一方で、不動産質権者は、管理の費用を支払い、その他不動産に関する負担を負う（357条）ほか、利息請求も認められない（358条）。ただし、担保不動産収益執行（民執180条2号）が開始されたときは、356条～358条の規定は適用されない（359条）。

不動産質の存続期間は、10年を超えることができず、設定行為でそれより長い期間を定めたときであっても、その期間は10年とされる（360条1項）。ただし、不動産質の設定は更新でき、存続期間は、更新時から10年を超えることができない（同条2項）。

不動産質権を実行する際には、動産質と同様に競売による方法（342条）のほか、担保不動産収益執行（359条、民執180条2号）も選択できる。ただし、簡易な換価方法や流質契約は認められていない。

なお、不動産を担保とする場合、不動産質では質権者が目的不動産を占有

し、管理する必要がある等の理由から、不動産質よりも抵当権が利用される場合が多い。

（4）権利質

権利質は、動産質や不動産質と異なり、原則として、当事者間の合意で成立し、譲渡するにはその証書の交付が必要な債権を目的とする場合、証書の交付が必要となる（363条）。

権利質の対象には、債権、株式、無体財産権等があり、設定者にも質権者にも便利であるため、銀行の預金担保貸付等で広く利用されている。そして、動産質や不動産質と異なり、物を占有しない点で留置的効力よりも優先弁済的効力が債権質の中心的効力となる。

対抗要件は、債権の種類によって異なる。指名債権質の場合、第三債務者への対抗要件は、質権設定についての第三債務者への通知か第三債務者の承諾であり（364条・467条1項）、第三債務者以外への対抗要件は質権設定の通知か第三債務者の承諾が確定日付ある証書によってなされることである（364条・467条2項）。指図債権の場合、証券への質入裏書が対抗要件となる（365条）。

債権質権者は、民事執行法に定める執行手続に従って回収を図ることができる（民執193条）ほか、第三債務者から目的債権を直接取り立てることも認められている（366条1項）。そして、債権の目的物が金銭である場合、質権者は自己の債権額の範囲内で取り立てることができる（同条2項）。この場合、目的債権の弁済期が被担保債権の弁済期よりも先に到来すれば、債務者に期限の利益があるため質権を実行できないので、第三債務者に供託を請求でき、供託金の上に質権が存続する（同条3項）。目的物が金銭でないときは、弁済として受けた物の上に質権が存続する（同条4項）。

2 抵 当 権

（1）抵当権の意義

抵当権は、設定者が抵当権者に占有を移転せずに債務の担保に供した不動

産につき、他の債権者に先立って弁済を受けることができる担保物権であり（369条1項）、質権と同様に約定担保物権である。

　抵当権では、質権と異なり、担保目的物を設定者が占有し、債権者は交換価値を把握するにすぎない。つまり、設定者は担保目的物を使用・収益し、債務の弁済を行うことができるため、企業が融資を受ける場合や個人の住宅ローン等で広く利用されている。このように、抵当権者が目的物を占有しないため、留置的効力は認められていないが、優先弁済権は先取特権や質権と同様に認められている。また、不可分性・物上代位性・付従性・随伴性が認められている。ただし、付従性は緩和されており、抵当権設定が金銭消費貸借契約の成立より先に行われても有効であり（大判昭6・2・27新聞3246巻13頁）、将来発生する債権のための抵当権設定も認められている（大判昭7・6・1新聞3445巻16頁）。

　抵当権の諸原則としては、①公示の原則（抵当権の存在は公示によって明らかにされなければならないという原則）、②特定の原則（目的となる不動産は特定の物でなければならないという原則）、③順位確定の原則（抵当権の順位は登記の前後によって決せられるという原則）、④順位上昇の原則（先順位抵当権が消滅した場合には、次順位以下の抵当権がそれぞれ上昇する原則）がある。

（2）　抵当権の設定

　抵当権は、抵当権者（被担保債権の債権者）と設定者（債務者または物上保証人）が抵当権設定契約を締結することで成立する（369条1項）。物上保証人は、被担保債権の弁済義務は負担しないが、担保に提供した不動産をもって責任を負担し、自身が債務を弁済したときや抵当権が実行されたときには、債務者に対する求償権を行使できる（372条・351条・500条）。

　抵当権の目的物になりえるのは、不動産・地上権・永小作権であり（369条）、一筆の土地の一部も目的物となる。

　抵当権の対象となる被担保債権には限定がなく、金銭債権のほか、債務不履行による損害賠償請求権も対象となる（不登83条1項1号）。ただし、被担保債権が公序良俗違反等で無効の場合には、抵当権も無効となる。

抵当権の対抗要件は登記であり（177条）、不動産取引の安全確保のためにも、登記制度はきわめて重要である。そして、同一不動産に複数の抵当権を設定することは可能であるが、抵当権相互間の優劣は登記の前後による（373条）。なお、抵当権が消滅すれば、通常は抵当権の抹消登記がなされるが、抹消前に再び別の債権を被担保債権としてその登記を流用できるかの問題がある。この点、設定者が流用の合意をした場合には流用は認められるが、流用時よりも前に第三者（たとえば第二順位の抵当権者）が登場した場合には、第三者の順位上昇への期待等を保護するために認められない。ただし、流用後に第三者が登場した場合には、流用を認めても第三者が不測の損害を受けることはないため、流用が認められる（大判昭11・1・14民集15巻89頁）。

（3）抵当権の効力の及ぶ範囲

抵当権は、抵当地の上に存する建物を除き、その目的である不動産に付加して一体となっている物に及ぶ（370条本文）。370条本文で「建物を除き」とされているのは、土地と建物は別個の不動産であるため、土地に抵当権を設定しても建物にはその効力が及ばず、建物に抵当権を設定しても土地には効力が及ばないためである。

また、付合物（242条）は付加一体物に含まれるので、付合した時期を問わず抵当権の効力が及ぶほか、従物（87条1項）にも抵当権の効力が及ぶ。果実については、被担保債権について不履行があるまでは効力が及ばないが、不履行後に生じた果実には効力が及ぶ（371条）。なお、借地上建物に抵当権を設定した場合の借地権のような従たる権利にも、抵当権の効力は及ぶ。

元本は、抵当権の被担保債権の範囲に含まれるが、将来発生する債権も特定が可能であれば抵当権の対象となる。利息は、登記しないと被担保債権に含まれないが、登記をしていたとしても、抵当権が優先できる範囲は満期後最後の2年分に限定される（375条1項本文）。

抵当不動産が滅失・損傷し、所有者が金銭等（保険金や損害賠償金等）を受け取る場合、抵当権者はこれらの代償物から優先弁済を受けることができる（372条が物上代位に関する304条を準用している）。代償物には、賃料や火災保険

図2-4 物上代位の例

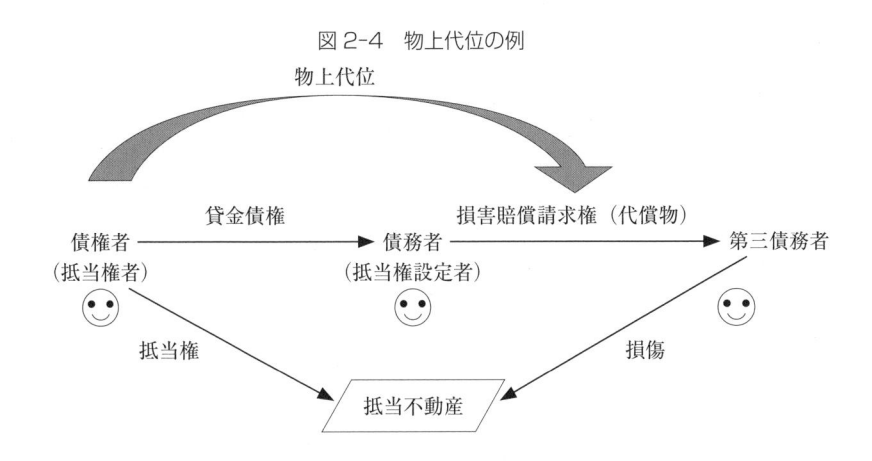

金請求権、損害賠償請求権等が含まれるが、転貸賃料債権への物上代位は認められていない。なお、抵当権者が物上代位権を行使するためには、代償物の払渡しまたは引渡し前に差押えをしなければならない（372条・304条1項但書。図2-4）。

（4） 抵当権の効力

抵当権者には債権者平等の原則が適用されず、目的不動産から他の債権者に優先して弁済を受けることができる（369条1項）。

抵当権が侵害される場合には、抵当権者は侵害行為の差止めを求めることができる。この点、目的不動産の不法占拠も侵害行為となる。そして、目的不動産の侵害で担保不足が生じた場合、侵害者に対する損害賠償請求ができる。

抵当権者が、抵当権そのものを担保として提供し、さらに抵当権を設定することを転抵当という（376条1項）。転抵当の対抗要件は登記であり（同条2項）、主債務者、保証人、設定者、これらの者の承継人に対抗するためには、原抵当権設定者に通知するか、承諾を得る必要がある（377条1項）。

抵当権者は、抵当権を譲渡できるほか、放棄する（優先弁済の利益を放棄し、同順位で優先弁済枠を分け合うこととなる）こともできる（376条1項）。また、抵当権の順位を譲渡する（抵当権者間の順位を入れ替える）ことも、順位を放棄す

る（後順位抵当権者に利益を放棄し、同順位で債権額に応じて優先弁済を受ける）こともできる（376条1項）。

さらに、抵当権者は、影響を受ける抵当権者の合意と利害関係人の承諾を得て、抵当権の順位の変更を行うことができる（374条1項）。この場合、登記が効力発生要件である（同条2項）。

抵当権者が優先弁済権を行使する場合、不動産競売、不動産収益執行、任意処分、抵当直流等の方法がある。優先弁済の順位は、抵当権相互間では登記の前後により（373条）、同順位の抵当権の間では債権額に応じて配当を受ける。

不動産競売とは、競売による不動産担保権の実行である（民執180条1号）。不動産収益執行とは、不動産から生ずる収益を得て被担保債権の弁済に充てる不動産担保権の実行である（同条2号）。任意処分とは、当事者間の協議により、競売によらずに目的不動産を任意に売却する方法で、競売による場合よりも高い価額で売却できる場合がある。抵当直流とは、抵当権者自身が目的不動産を取得する方法である。

（5） 抵当権と利用権の関係

抵当権設定以後に設定者が目的不動産を賃貸した場合、抵当権が実行されれば賃借権の効力は失われる（民執59条2項）。しかし、このような賃借人は、競売における買受人の買受時から6カ月間は、建物の明渡しを猶予される（395条）。なお、賃借権に優先するすべての抵当権者が、その賃借権に対抗力を与えることに同意した場合には、その賃借権は抵当権者に対抗できる（387条1項）。

土地およびその上に存する建物が同一の所有者に属する場合において、その土地または建物について抵当権が設定され、その実行により所有者を異にするに至ったときは、その建物について、地上権が設定されたものとみなされる（388条）。これを法定地上権という。

法定地上権の成立要件は、①抵当権設定時に土地上に建物が存在していること、②土地と建物が同一人の所有であること、③土地または建物のいずれ

か一方に抵当権が設定されていること、④抵当権が実行されて土地所有者と建物所有者が別人になったこと、である。①の要件について、抵当権設定時に建物が存在していれば、後で建物が滅失して再築された場合でも、新建物が旧建物と同一性を維持していれば法定地上権は成立する。ただし、共同抵当建物の再築の場合は原則として法定地上権は成立しない。②の要件について、設定時に土地と建物が同一人の所有であれば、実行時には所有者が異なる場合であっても、法定地上権は成立する。

法定地上権は、建物を利用するのに必要な範囲で成立し、地代は当事者間の協議が調わなければ、当事者の請求によって裁判所が定める（388条後段）。

なお、土地に抵当権が設定された後に抵当地に建物が築造されたときは、法定地上権は成立しないが、抵当権者は土地とともにその建物を競売することができる（389条1項本文）。

（6）　抵当権の消滅

抵当権は、物権に共通する消滅原因や担保物権に共通する消滅原因によって消滅するほか、時効、代価弁済、抵当権消滅請求、競売によって消滅する。

抵当権は、20年間行使しないときは、時効によって消滅する（167条2項）。なお、第三者が抵当権の目的不動産を時効取得した場合も、時効取得が原始取得であるため、抵当権は消滅する（397条）。ただし、債務者および設定者に対しては、被担保債権と同時でなければ時効消滅しない（396条）。

また、抵当不動産の所有権または地上権を買い受けた第三者が、抵当権者の請求に応じてその抵当権者に代価を弁済したときは、抵当権は、その第三者のために消滅する（378条）。

抵当不動産の所有権を取得した第三者は、383条に定められている方法により、抵当権者に抵当権消滅請求ができる（379条。具体的な手続きについては383条を参照）。ただし、主たる債務者、保証人、これらの承継人は、抵当権消滅請求ができず（380条）、停止条件付第三取得者も、その停止条件の成否が未定である間は、抵当権消滅請求ができない（381条）。なお、抵当権者が抵当権消滅請求を拒否する方法として、抵当権消滅請求の2カ月以内に抵当

権を実行して競売の申立てを行う方法がある（384条1号）。その場合、債務者および抵当不動産の譲渡人にその旨の通知をする必要がある（385条）。

抵当権の実行により、目的不動産の競売がなされると、消除主義によって抵当権は消滅する（民執188条・59条1項）。

（7） 共同抵当

共同抵当とは、同一の被担保債権の担保として、複数の不動産上に設定された抵当権のことをいう（392条。図2-5）。

共同抵当を利用することで、抵当権者としては、一つの不動産では担保価値が不十分な場合であっても、複数の不動産を担保とすることで債権回収の確実性を高めることができるほか、土地とその土地上に建つ建物を共同抵当とすることで一体的に扱うことが可能となる等のメリットがある。

そして、被担保債権の弁済がなされないと共同抵当権が実行されることになるが、実行する際には、同時に全部の抵当権を実行すること（同時配当）も、一部の抵当権を先に実行すること（異時配当）も認められている。

同時配当の場合には、各不動産の価額に応じて、その債権の負担を按分す

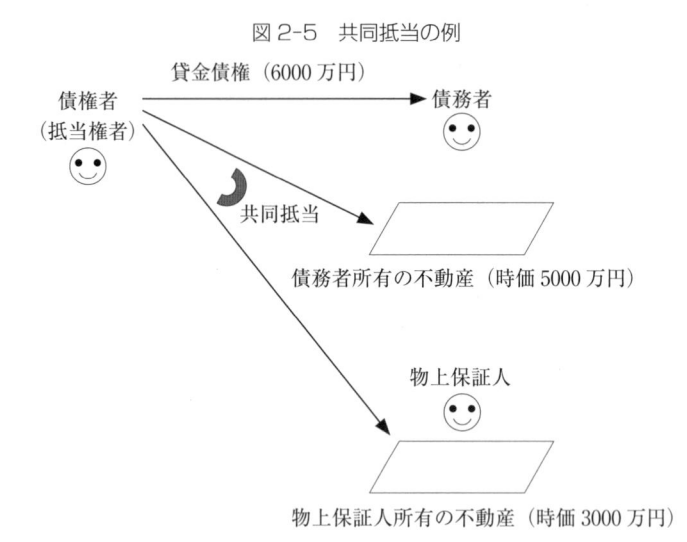

図2-5 共同抵当の例

る（392条1項）。そして、異時配当の場合には、その代価から債権の全部の弁済を受けることができる（同条2項前段）。しかし、後順位抵当権者にとっては、同時配当であれば配当を受けることができるときでも、異時配当の場合には配当を受けることができなくなることがあり、不利益を被ることになる。そこで、異時配当の場合、次順位の抵当権者は、抵当権者が民法392条1項の規定に従って他の不動産の代価から弁済を受けるべき金額を限度として、その抵当権者に代位して抵当権を行使できる（同条2項後段）。なお、「次順位の抵当権者」には、第三位以下の後順位抵当権者も含まれる。また、共同抵当権者に代位して抵当権を行使しようとする者は、その抵当権の登記にその代位を付記できる（393条、不登4条2項・91条）。そして、この付記登記をしなければ、代位後に登場する第三者には対抗できない。

　共同抵当の実行に際して、抵当不動産の一部が物上保証人に属する場合には、法定代位の問題等が生じる。物上保証人が、被担保債権を弁済した場合、物上保証人は求償権を取得するため、抵当権者が有していた権利を代位行使できる（500条・501条）。物上保証人の代位と債務者所有不動産の後順位抵当権者がする代位が衝突する場合、物上保証人が優先する（最判昭44・7・3民集23巻8号1297頁）。一方で、物上保証人の代位と物上保証人所有不動産の後順位抵当権者がする代位が衝突する場合、後順位抵当権者が優先する（最判昭53・7・4民集32巻5号785頁）。

（8）根抵当権

　抵当権は付従性を有するため、被担保債権が弁済されると消滅する。しかし、事業者間の取引や銀行取引等のように、継続的に債権の発生・消滅が繰り返される場合、抵当権を用いようとすると設定登記と抹消登記が繰り返されることとなり、多くの手間と費用が必要となる。

　そこで、継続的に発生する不特定の債権を一括して担保するための制度として、根抵当権が以前から多く利用されていたため、民法にも明文規定が置かれることとなった。根抵当権とは、一定の範囲に属する不特定の債権を、定めた極度額の限度で担保する抵当権のことである（398条の2第1項）。

根抵当権と抵当権の大きな違いは、根抵当権では極度額という限度額の範囲で債権を担保するため、確定前には個別の債権との付従性や随伴性がない点にある。そのため、確定前は、弁済によって債権が消滅しても、債権が譲渡されても、根抵当権への影響はない。ただし、確定が生じると、被担保債権が特定される。

　根抵当権で担保される債権は、一定の範囲に限定される必要があり、包括根抵当は禁止されている。そして、極度額の範囲内であれば、元本や利息等のすべてについて優先弁済を受けることができる（398条の3第1項）。根抵当権の設定登記を行う際には、被担保債権の範囲のほか、極度額を登記する必要があり（不登88条2項1号）、元本確定期日を定めたときも登記が必要である（398条の6第1項、不登88条2項3号）。なお、元本確定期日を定める場合は、約定日または変更日から5年以内でなければならない（398条の6第3項）。根抵当権の極度額の変更は、利害関係人の承諾を得て行うことができ（398条の5）、被担保債権の範囲、債務者、元本確定期日も変更できる（398条の4第2項・398条の6第2項）。

　根抵当権の確定は、期日を定めた場合はその到来により、定めがない場合は確定請求（398条の19）か確定事由（398条の20）の発生によって生じる。根抵当権が確定すれば、設定者は極度額減額請求（398条の21）をすることができ、物上保証人や第三取得者は現存する債務の額が極度額を超えるときは、極度額に相当する金額を払うか供託すれば、根抵当権の消滅請求ができる（398条の22）。

　複数の不動産を目的物とする根抵当権を設定することも認められる（398条の18）が、392条と393条の規定は、設定と同時にその旨の登記をしなければ、適用されない（398条の16）。

（9）　特別法上の抵当権

　特別法上の抵当権として、立木を対象とする立木抵当権のほか、工場財団や鉄道財団を対象とする抵当権、株式会社の総財産を一括して担保目的物とする企業抵当権などがある。

また、船舶、農業動産、自動車、航空機、建設機械等の動産を対象とする抵当制度や、抵当権と被担保債権を証券にして流通させる抵当証券制度もある。

なお、「動産及び債権の譲渡の対抗要件に関する民法の特例等に関する法律」を用いて、動産や債権を事実上の担保とする手法も利用されている。

第7節　非典型担保

社会生活や企業間取引においては、民法に規定されている典型担保のほかに、さまざまな担保が利用されている。民法に規定がない担保は非典型担保と呼ばれており、代表的なものを本節で扱う（図2-6）。

1　仮登記担保

（1）　仮登記担保の意義

仮登記担保とは、金銭債権を担保するため、債務不履行があるときは債権者に債務者または第三者に属する所有権その他の権利の移転等をすることを目的としてされた代物弁済の予約、停止条件付代物弁済契約その他の契約で、その権利について仮登記または仮登録できるものを目的とする担保方法である。

たとえば、不動産を担保目的物とする場合、抵当権を利用すれば、実行時

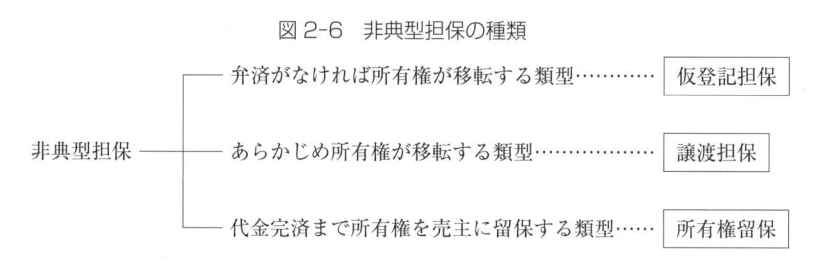

図2-6　非典型担保の種類

非典型担保 ─┬─ 弁済がなければ所有権が移転する類型………… 仮登記担保
　　　　　　├─ あらかじめ所有権が移転する類型……………… 譲渡担保
　　　　　　└─ 代金完済まで所有権を売主に留保する類型…… 所有権留保

※非典型担保には、これらのほかに、売渡担保、代理受領、振込指定等もある。

に競売手続き等を行う必要があるが、仮登記担保を用いれば費用や時間を節約できる。しかし、被担保債権額を大幅に上回る仮登記担保を利用することで、債権者が暴利を得る事例が多発したため、「仮登記担保契約に関する法律」が制定され、債権者が不当な利益を得ることはできなくなっている。

（2） 仮登記担保権の設定

仮登記担保は、債権者と設定者との間で仮登記担保契約を設定することで成立する（仮登記担保1条）。

（3） 仮登記担保権の効力

債務の弁済がなされず、仮登記担保契約所定の要件が満たされたときは、仮登記担保権者は、競売手続によらずに目的物の所有権を取得できる（私的実行が認められる）。

ただし、債権者が債務者または物上保証人に対して、債権額等を明らかにして清算金の見積額を通知し、通知到達から2カ月が経過しなければ、所有権の取得はできない（仮登記担保2条）。また、目的物の価額が債権額を超過する場合には担保権者は清算義務を負う（同法3条）。

（4） 仮登記担保権の消滅

仮登記担保権は、通常の担保物権と同様に、被担保債権の消滅や目的物の滅失等によって消滅する。

2　譲渡担保

（1） 譲渡担保の意義

譲渡担保とは、債権を担保するため設定者の有する所有権その他の財産権を債権者に譲渡し、債権が弁済された場合には再び設定者に所有権を戻すが、不履行の場合にはその権利が債権者に確定的に帰属するという担保方法であり、明文規定はないが以前から利用されてきた担保方法である。

譲渡担保を利用すれば、債権者は抵当権等を利用する場合のように法定手続による実行をせずに私的実行ができ、債務者は目的物の占有を移転せずに利用・収益できる点でメリットがある。

譲渡担保権の設定は、債権者と設定者との間の設定契約による。対抗要件を具備する方法は、不動産の譲渡担保の場合は登記（177条）、動産の譲渡担保の場合は引渡し（192条）、債権の譲渡担保の場合は債権譲渡の通知または承諾（467条）によるほか、動産や債権を目的とする場合にはいわゆる動産・債権譲渡特例法に定められた登記が用いられることもある。

譲渡担保の設定者は、債務を弁済することで目的物を受け戻すことができる。

譲渡担保権を実行する場合、仮登記担保の場合と同様に、目的物の価値が債権額を超えるときには、債権者が清算義務を負う（最判昭46・3・25民集25巻2号208頁）。

（2） 不動産の譲渡担保

不動産の譲渡担保において、弁済期に債務者が弁済しない場合に、譲渡担保目的物が譲渡担保権者から第三者に処分されれば、設定者は清算金があればその支払いを求めることができるが、目的物を受け戻すことはできなくなる（最判平6・2・22民集48巻2号414頁）。

（3） 動産の譲渡担保

動産を譲渡担保の目的物にする場合、一個の動産の価値は高くなくても、複数の集合物であれば担保としての価値が高まるため、集合動産も譲渡担保の対象とすることができる。また、特定の倉庫内の商品を一括して担保とするような場合、流動する集合動産を目的物として譲渡担保が利用されることもある。

（4） 債権の譲渡担保

債権を譲渡担保の目的物とする場合、動産の場合と同様に、小口の債権をまとめた集合債権の譲渡担保が利用される場合がある。また、将来発生する債権についても、債権が特定されていれば、譲渡担保の目的物にすることができる。

3　所有権留保

（1）　所有権留保の意義

所有権留保とは、売買契約の売主が、代金債権を担保するため、代金の完済を受けるまで目的物の所有権を留保し、代金が完済されれば目的物の所有権を買主に移転する方法である。

所有権留保を利用することで、売主は代金が支払われなければ売買した物件を取り戻すことができ、買主は代金を完済していなくても目的物を占有・利用できる。実務においては、自動車の割賦販売等で利用されている。

（2）　所有権留保の成立

所有権留保は、売買契約において、売買物件の所有権移転時期を買主の代金完済時とする特約を付すことで行われる。

（3）　所有権留保の効力

買主が代金を支払わないときは、売主は売買契約を解除し、目的物の返還を請求できる。

買主が、代金完済前に目的物を第三者に譲渡した場合、買主には所有権がないため、原則として第三者には所有権は移転しない。ただし、第三者が善意取得すれば、売主は所有権を失う（192条）。

第3章

債　権

第1節　債権総論

1　債権の目的

（1）　債権の意義

　債権とは、人（債権者）が他人（債務者）に対して「一定の行為」を要求する権利をいい、この「一定の行為」は、「債権の目的」であり、「債務の履行」または「給付」と表現される。たとえば、100円のジュースの「売買契約（555条）」の場合であれば、売主（債権者）は買主（債務者）に対して100円の代金支払い（債務の履行）を要求する「債権」を有し、一方で、買主（債権者）は売主（債務者）に対してジュースの引渡し（債務の履行）を要求する「債権」を有する（図3-1）。

　法律に関する文章を読む場合に注意しなければならないことは、たとえば条文に「債権者」という文言が出てきた場合、図の売買契約の例でいえば、その条文の「債権者」とは、代金支払いを要求する「債権者」としての「売主」という意味で使用されているのか、それとも、ジュース引渡しを要求する「債権者」としての「買主」という意味で使用されているのかを判断しなければならないということである。たとえば、民法415条の適用の例として、買主（債務者）が支払わない（履行しない）場合に損害賠償請求できるのは「売主（債権者）」となり、反対に、売主（債務者）が引き渡さない場合に損害

図 3-1　債権者と債務者

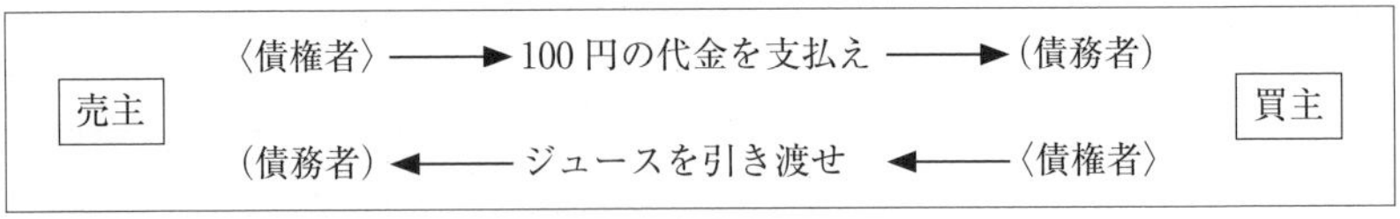

```
         〈債権者〉 ――― 100円の代金を支払え ――→ （債務者）
売主                                                          買主
         （債務者）←――― ジュースを引き渡せ ――― 〈債権者〉
```

賠償請求できるのは「買主（債権者）」となる。

　以上のように、債権は、特定の「人」に一定の行為を請求できるところに特徴があり、「相対権」・「対人権」であるといわれる。一方、物権は、「物」に対する直接的かつ排他的支配権であるところに特徴があり、「絶対権」・「対世権」であるといわれる。債権と物権との対比について、他人の物を売る「他人物売買」を例に説明する。たとえば、売主Aと買主Bとの間で、真の所有者Cが所有し登記も有する住宅（Cという他人の所有物）を売買する「他人物売買」契約が、Cに無断で成立したとする。このとき、物権である所有権は「絶対権」・「対世権」であるから、所有権を有する所有者Cは、売主Aに対しても、買主Bに対しても、誰に対しても自己の物権（所有権）を主張して、引渡しを拒否することができる。一方、債権である住宅引渡し請求権は「相対権」・「対人権」であるから、買主Bは、契約の相手方である「特定の人（売主A）」にしか主張できず、特定の人以外には主張できない。すなわち、買主Bは、所有者Cに対して「住宅を引き渡せ」と請求できない。また、債権には排他性がないため、売主Aが「新たな買主D」との間で同じ住宅を販売する二重売買契約を締結したとしても、買主Dは売主Aに対して債権（住宅引渡し請求権）を有する。売主Aは、買主Bにも買主Dにも住宅を引き渡すことはできないが、買主Bおよび買主Dの両者の債権はいずれも成立しているため、買主Bおよび買主Dの両者に対して損害賠償や契約解除等の契約上の責任（561条の担保責任または415条・543条の債務不履行責任）を負担する可能性が出てくる（図3-2）。

　なお、物権と債権との優劣の関係において、債権に対して、「物権の優先的効力」があり、「売買は賃貸借を破る」という原則があるとされる。たと

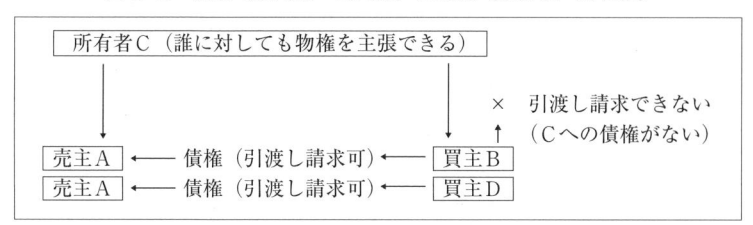

図 3-2　債権（相対権・対人権）と物権（絶対権・対世権）

```
┌─────────────────────────────────────────────────────┐
│  所有者C（誰に対しても物権を主張できる）            │
│    │         │                                      │
│    ↓         ↓                  × 引渡し請求できない│
│  売主A ← 債権（引渡し請求可）← 買主B   （Cへの債権がない）│
│  売主A ← 債権（引渡し請求可）← 買主D                │
└─────────────────────────────────────────────────────┘
```

えば、賃貸人Aが賃借人Bに土地を貸していた場合、この賃貸人Aが売主Aとして買主Cにこの土地を売ってしまい、この土地の所有権（物権）が買主Cに移転してしまうと、「売買は賃貸借を破る」という原則が適用されるとすれば、新たな所有者（買主C）は物権（所有権）を主張して「賃借人Bは土地を所有者（買主C）に返還せよ（200条）」と請求できてしまうこととなり、すでに存在していた債権が消滅し（賃貸借を破り）、賃借人Bが土地から追い出されるという問題が生じてしまうこととなる（1909年の建物保護法〔建物保護ニ関スル法律〕制定以前は「立ち退きまたは賃料増額に応じる」という問題があった）。現在は、特定の不動産の賃借権は「借地借家法」によって保護され、借地借家法の要件を満たせば（借地借家10条1項・同31条1項）、「売買は賃貸借を破る」という原則が適用されず、特例として債権（賃借権）を主張できる（図3-3）。

　以上、「債権の発生原因の一つ」である契約の具体例を挙げて債権について説明してきたが、民法の債権各論は、「債権の発生原因」を大きく4つ（契約・事務管理・不当利得・不法行為）に分けており、それぞれについては、債権各論の解説において説明することとする。

　なお、債権の目的（債務者の行為）は、第一に、不明確であってはならず、確定していなければならない（確定可能性）、第二に、崩壊して存在しない建物を引き渡す等という不可能な内容であってはならず、可能でなければならない（実現可能性）、第三に、犯罪行為等不法な行為を内容としてはならず、適法でなければならない（適法性）。以上の要件が満たされれば、「債権は、金銭に見積もることができないものであっても、その目的とすることができる」（399条）。

図 3-3　債権と物権との関係（原則と例外）

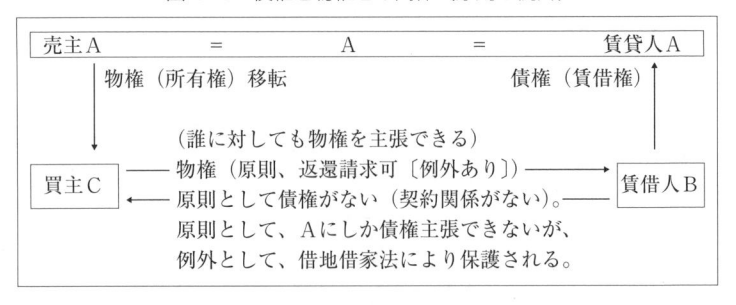

```
売主A        =         A         =        賃貸人A
    物権（所有権）移転              債権（賃借権）
         ↓                                  ↑
              （誰に対しても物権を主張できる）
  買主C  ── 物権（原則、返還請求可〔例外あり〕）── 賃借人B
        ← 原則として債権がない（契約関係がない）。
          原則として、Aにしか債権主張できないが、
          例外として、借地借家法により保護される。
```

（2）　特定物債権と種類債権

　特定物債権とは、特定物（不動産や美術品等）の引渡しを請求する債権をいう。特定物とは、その物の個性に着目した対象物をいう。たとえば、建物は、まったく同じ形の建物が存在しても、その場所に存在する建物は一つしかないため、特定物である。「債権の目的が特定物の引渡しであるときは、債務者は、その引渡しをするまで、善良な管理者の注意をもって、その物を保存しなければならない」（400条）。

　種類債権とは、種類物（一定銘柄のビール1ダース等）の一定数量の引渡しを請求する債権をいう。種類物とは、その物に個性がなく、同種・同等の物が多数ある物をいい、不特定物ともいう。たとえば、引き渡そうと準備したビールを壊したとしても、同種の壊れていないビールを引き渡せばよいのであり、このように特定の物に限定されない「一定銘柄のビール1ダース」は種類物である。

　種類債権において、「米100kg」だけが指定されており、品質等が指定されていない場合において、「法律行為の性質または当事者の意思によってその品質を定めることができないときは、債務者は、中等の品質を有する物を給付しなければならない」（401条1項）。また、この場合において、「債務者が物の給付をするのに必要な行為を完了し、または債権者の同意を得てその給付すべき物を指定したときは、以後その物を債権の目的物とする」（401条2項）。種類物が特定されれば、目的物は、この特定の種類物に限定されるこ

（3） 金銭債権

　金銭債権とは、金銭の支払いを請求する債権をいう。たとえば、100円のジュースの売買契約における「100円を支払えという債権」は金銭債権である。「債権の目的物が金銭であるときは、債務者は、その選択に従い、各種の通貨で弁済をすることができる。ただし、特定の種類の通貨の給付を債権の目的としたときは、この限りでない」(402条1項)。なお、「外国の通貨で債権額を指定したときは、債務者は、履行地における為替相場により、日本の通貨で弁済をすることができる」(403条)。

　利息債権とは、利息（元本の法定果実）の支払いを請求する債権をいう。「利息を生ずべき債権について別段の意思表示がないときは、その利率は、年5分とする」(404条)。たとえば、元本100万円の金銭の貸借契約（金銭消費貸借契約）において、「利息を支払う特約」をしたが、「利率を定める意思表示」をしなかった場合、原則として利率は「年5分（年利5％）」となる。

　なお、「利息の支払いが一年分以上延滞した場合において、債権者が催告をしても、債務者がその利息を支払わないときは、債権者は、これを元本に組み入れることができる」(405条)。たとえば、延滞した利息（5万円）が元本（100万円）に組み入れられれば、その後、新たな元本（100＋5＝105万円）に利息が生じることとなり、「元本に組み入れられた利息」から生じた利息は「重利」と呼ばれる。

（4） 選択債権

　選択債権とは、債権の目的が数個の給付の中から選択によって定まる債権をいう。たとえば、「米100kg」を給付するか、または「1万円の金銭」を給付するかのいずれかが選択によって定まる債権を選択債権といい、選択者が契約で定められていないときは、その選択権は「債務者」が有する（406条）。

　なお、選択権が相手方に対する意思表示によって行使されると（407条1項）、その意思表示は、相手方の承諾を得なければ、撤回することができない（407条2項）。また、「債権が弁済期にある場合において、相手方から相当

の期間を定めて催告をしても、選択権を有する当事者がその期間内に選択をしないときは、その選択権は、相手方に移転する」(408条)。その他、第三者の選択権 (409条)、不能による選択債権の特定 (410条) に関する規定があるほか、選択の効力については、「選択は、債権の発生の時にさかのぼってその効力を生ずる。ただし、第三者の権利を害することはできない」(411条) と規定されている。

2　債権の効力

(1)　債務不履行

債権者は、債務者に対して「債務の履行」を要求する権利を有する。「債務を履行する」とは、「債権の目的」である一定の行為をすることをいう。なお、「債務の履行」には、「与える債務 (たとえば米の引渡し)」と「なす債務 (たとえばピアノの演奏)」とがある。さらに、「なす債務」には、「作為債務」と「不作為債務 (たとえば夜間に騒音を出さない)」とがある。

「債務を履行しない」または「債務が履行されない」ことを「広義の債務不履行」といい、さらに、法律上の一定の要件を満たすと「狭義の債務不履行」として、債務者は個別の規定の定める義務を負うこととなる。一般的に、「狭義の債務不履行」を「債務不履行」と表現し、この狭義の債務不履行は、①「履行遅滞」、②「履行不能」、③「不完全履行」の3つの類型に分類されて説明されている (三分類説。図3-4)。

3つの債務不履行に共通する要件として、「債務者の帰責事由 (責めに帰すべき事由) があること」という要件がある。これは、債務者が「帰責事由がないこと (債務者自身に故意や過失がないこと、または、不可抗力によること) を免責のために証明しなければならない立証責任」を負うということである (最

図3-4　債務不履行

三分類説……債務不履行　→　①「履行遅滞」(412条、415条前段)
　　　　　　　　　　　　　②「履行不能」(415条後段)
　　　　　　　　　　　　　③「不完全履行」(415条の解釈)

判昭34・9・17民集13巻11号1412頁）。

　履行遅滞とは、債務者の帰責事由により、履行が可能ではあるが、履行期に債務者が債務を履行しないことをいう（415条前段の解釈）。「履行期」の要件と「消滅時効の起算点（権利を行使することができる時〔166条1項〕）」の要件とでは、一致しない場合が多いので注意を要する。履行期の要件について、確定期限（たとえば本年12月31日という支払い期日）があるときは、債務者は、その期限の到来した時から遅滞の責任を負う（412条1項）。不確定期限（たとえばある人が死亡した時）があるときは、債務者は、その期限の到来したことを知った時（死亡したことを知った時）から遅滞の責任を負う（412条2項）。期限を定めなかったときは、債務者は、履行の請求を受けた時から遅滞の責任を負う（412条3項）。ただし、不法行為に基づく損害賠償債務は、債権者による履行の請求がなくとも、損害の発生と同時に遅滞となると解されている（最判昭37・9・4民集16巻9号1834頁）。

　履行不能とは、債務者の帰責事由により、契約成立時には履行できる可能性があったが、債務者が債務を履行することができなくなったことをいう（415条後段）。なお、契約成立後に建物が焼失したことによる不能は、事実上の不能と呼ばれ、また、一つの不動産を2人の買主に二重売買することによって一方の買主への引渡しができなくなったことによる不能は、法律上の不能と呼ばれる。

　不完全履行とは、債務者の帰責事由により、「債務の本旨に従った履行」がなされず、債務者が債務の不完全な履行をしたことをいう（415条の解釈）。たとえば、契約条件を満たさない欠陥自動車を給付した場合や、米を給付したが10kg不足していた場合等は、不完全履行がなされたこととなる。

　広義の債務不履行があった場合、債権者は、「債務の本旨に従った履行」を求める完全履行請求権を根拠として、完全な債務の履行をせよと請求する追完請求権を行使できる可能性があり（415条・541条等）、また、裁判所の強制力を利用した強制履行請求権を行使できる可能性もある（414条）。さらに、損害賠償を請求できる可能性もある（415条）。契約の場合であれば、契約を

解除し（540条以下）、かつ、損害賠償を請求できる可能性もある（545条3項）。その他、債務不履行を未然に防ぐため、債権者代位権（423条）、詐害行為取消権（424条以下）等の権利を第三者に行使して、債務者の財産の減少を防ぐことができる可能性がある。以上のような債権の効力について、以下において説明する。

（2）　履行の強制

　債務が履行されない場合に、裁判所に請求して、国家機関の強制力によって強制的に債務の履行を実現する履行の強制は、①「直接強制」、②「代替執行」、③「間接強制」の3つの強制執行の方法によって実現される。債権者は、自力救済が禁止されているため、国家機関による強制執行に関しては、裁判所に請求をしなければならない。自力救済とは、国家の判断によらず私的に、たとえば米100kgを引き渡さない債務者から米100kgを奪い取るまたは盗み取ることによって、債務の履行を実現する行為をいい、このような私的な行為が認められると社会秩序が乱されるおそれがあることから、自力救済は禁止されている。

　なお、履行不能または不完全履行における不能な債務は、強制執行も不可能である。また、自然債務の強制執行も、裁判所に請求することはできない。自然債務とは、たとえば時効が成立したので借金100万円の債務は消滅したが、借りたお金は返すのが礼儀と債務者が判断し、消滅した債務を任意に履行した場合のように、債務者が任意に債務を履行すれば有効な弁済となるが、裁判所によって履行を強制することができない債務をいう。

　直接強制とは、債務者が任意に履行しない場合に、裁判所に請求することができる強制履行をいい（414条1項）、与える債務（金銭またはある物の引渡し債務）につき執行官を通して債権の内容をそのまま実現することをいう。たとえば、金銭債権の場合、債権者は、「債務名義（確定判決・公正証書等、強制執行を認める書面）」等を取得することによって強制執行を請求すると、債務者の一般財産（責任財産）が差し押さえられて競売され、競売の売却代金から債権の満足を受けることとなる。以上の例は金銭債権の例であり、金銭債

権の場合の差押えの対象は、「一般財産（債務者のあらゆる財産）」であり、「責任財産」とも呼ばれる。なお、なす債務は、たとえばピアノの演奏のように債務者本人の意思による演奏行為がなければ強制しても実現できないため、直接強制ができない（414条1項但書）。

代替執行とは、なす債務の内、第三者によって代替可能な債務について、給付内容を実現する権限を債権者に与え、実現に要した費用を債権者が債務者に請求する強制履行方法をいう（414条2項本文）。たとえば、名誉毀損の場合に、債務者に代わって新聞紙上に謝罪広告を掲載する債務を実現する例が、代替執行の例である（大決昭10・12・16民集14巻2044頁）。民法条文において、「債務の性質が強制履行を許さない場合において、その債務が作為を目的とするときは、債権者は、債務者の費用で第三者にこれをさせることを裁判所に請求することができる。ただし、法律行為を目的とする債務については、裁判をもって債務者の意思表示に代えることができる」（414条2項）と述べられている。また、「不作為を目的とする債務については、債務者の費用で、債務者がした行為の結果を除去し、又は将来のため適当な処分をすることを裁判所に請求することができる」（414条3項）と定められており、たとえば、設置してはいけない妨害物を代替執行によって除去して、費用を請求することができる。

間接強制とは、裁判所が債務者に対して、履行しないのであれば一定額の金銭を債権者に対して支払え、と命じることによって債務者に心理的圧迫を与えて債務を実現させようとする強制履行方法をいう（民執172条1項）。2003年の民事執行法の改正によって、債権者の申立てによって間接強制ができることとなったが（民執173条1項）、債権者の人格を侵害する間接強制であってはならない（大決昭5・9・30民集9巻926頁）。

なお、強制履行がなされた場合でも、債権者に損害があれば、損害賠償も請求することができる（414条4項）。

（3）　債務不履行による損害賠償

債務不履行による損害賠償について、「債務者がその債務の本旨に従った

履行をしないときは、債権者は、これによって生じた損害の賠償を請求することができる。債務者の責めに帰すべき事由によって履行をすることができなくなったときも、同様とする」(415条)と規定され、そして、「債務の不履行に対する損害賠償の請求は、これによって通常生ずべき損害の賠償をさせることをその目的とする」(416条1項)と規定されている。以上の条文から、債務不履行による損害賠償の要件の一つとして、債務者の帰責事由(責めに帰すべき事由)があることが挙げられている。なお、賠償すべき損害の範囲は、「通常生ずべき損害」と規定されており、相当因果関係説は、債務不履行と相当因果関係にある損害に限ると説明しているが、この相当因果関係説を批判する有力な学説(第一段階として、事実的因果関係に基づく債務不履行責任を判断する事実認定作業を行い、第二段階として、債権者の保護範囲を確定する規範的価値判断作業を行う保護範囲説)が主張されている。

ただし、「通常生ずべき損害」の範囲に入らない「特別の事情によって生じた損害」について、例外規定が定められており、「特別の事情によって生じた損害であっても、当事者がその事情を予見し、又は予見することができたときは、債権者は、その賠償を請求することができる」(416条2項)と述べられている。「通常生ずべき損害」は、「通常損害」と呼ばれ、「特別の事情によって生じた損害」は、「特別損害」と呼ばれる。特別の事情の例としては、たとえば「債権者の特異体質」があり、通常の人が食べても軽い発熱程度の症状が現れる腐敗食物について、その債権者が、特異体質のため、その腐敗食物を食べたことによって死亡した場合の損害は、特別損害ということになる。特別損害があったからといって簡単に損害賠償を認めてしまうと、債務者は予測できない多大な損害賠償を負うこととなり、過度の責任を負うこととなるため、特別損害が損害賠償の範囲に含まれる要件は、当事者が予見可能だった場合に限られている。ここで、解釈上問題となっている「当事者とは誰か」および「予見可能性の判断時点はいつか」について、判例・通説(不履行時説)は、債務者による債務不履行時における予見可能性があることと解している(大判大7・8・27民録24輯1658頁)。この判例・通説の考え方は、

これから債務不履行をしようという時点において特別の事情を予見できたのであるから、特別損害を賠償させても酷ではないという考え方である。

　損害の種類には、財産的損害と非財産的損害とがある。財産的損害とは、財産上の損害であり、生命、身体、名誉等の人格的利益のほか、金銭的利益の損害がある。非財産的損害とは、精神上の損害をいい、この精神的損害の賠償は慰謝料と呼ばれる。そのほか、損害の種類には、積極的損害と消極的損害とがある。積極的損害とは、すでに存在していた利益の滅失や減少をいい、たとえば壊れた物の修理費や病気になった身体の治療費は積極的損害である。消極的損害とは、得られたはずの利益が得られなかったその損失（逸失利益）をいい、入手して転売していれば得られたはずの転売利益や病気によって休業しなければ得られたはずの収入は消極的損害である。

　賠償の種類には、遅延賠償と塡補賠償とがある。債務の履行が遅滞している場合には、履行遅滞に基づく遅延賠償の請求が認められる。履行不能の場合において、目的物引渡しが不能となれば、目的物引渡しに代わる損害の賠償である塡補賠償が認められる。そのほか、賠償の種類には、履行利益と信頼利益とがある。履行利益の賠償とは、履行があれば得られたはずの利益を回復するための賠償をいい、たとえば得られたはずの転売利益の賠償は履行利益の賠償である。信頼利益の賠償とは、損失の生じた債権者を契約前の状態に回復させるための賠償をいい、たとえば出費する必要のなかった書類作成費用の賠償は信頼利益の賠償である。

　損害賠償の方法は、原則として金銭によることとされており、「損害賠償は、別段の意思表示がないときは、金銭をもってその額を定める」(417条)。

　債務者だけでなく、債権者にも損害を生じさせた責任がある場合があり、債務者および債権者の両者に責任がある場合の損害賠償額算定方法について、「債務の不履行に関して債権者に過失があったときは、裁判所は、これを考慮して、損害賠償の責任及びその額を定める」(418条)と規定されている。すなわち、債権者の過失との過失相殺が行われて、損害賠償額の減額が行われることとなる。

金銭債務は特殊な債務であり、損害賠償の場面において、例外が多い。たとえば、代金が支払われない場合、金銭が支払われなかったことによる損害については画一的な算定基準が定められており、「金銭の給付を目的とする債務の不履行については、その損害賠償の額は、法定利率によって定める。ただし、約定利率が法定利率を超えるときは、約定利率による」(419条1項)と規定されている。すなわち、損害賠償額が、画一的に法定利率（年5％〔404条〕、年6％〔商514条〕）と決められてしまっているのである。したがって、金銭の債務不履行の場合、「債権者は、損害の証明をすることを要しない」(419条2項)ということになる。金銭以外の給付の場合、債権者は損害を立証しなければ損害賠償請求することができないが、この場合と比較すると、金銭債権の場合は立証責任が軽減されているため、債権者は損害賠償を受けやすくなると考えられる。さらに、金銭の債務不履行について、例外的に、「債務者は、不可抗力をもって抗弁とすることができない」(419条3項)と規定されている。たとえば、地震という不可抗力で物の給付ができないために債務者に帰責事由がないと判断されると、損害賠償の要件が成立せず、損害賠償請求ができない。しかし、金銭債務の場合は例外的に、「不可抗力のため代金支払いできない」という主張ができず、履行遅滞による損害賠償責任を負うこととなる。

　賠償金額算定のトラブルを回避するため、当事者が事前に賠償金額を特約で定めておくことがある。この特約は尊重されており、「当事者は、債務の不履行について損害賠償の額を予定することができる。この場合において、裁判所は、その額を増減することができない」(420条1項)、「賠償額の予定は、履行の請求又は解除権の行使を妨げない」(420条2項)、「違約金は、賠償額の予定と推定する」(420条3項)と規定されている。

（4）　債権者代位権

　債権者代位権とは、債務者が自己の権利を放置しているため、その権利が行使されれば債務者の財産は維持または増加されるが、放置されたままでは債務者が債務不履行になる可能性がある場合に、一定の要件に従って債権者

が債務者に代わって債務者の権利を行使できる権利をいい、「債権者は、自己の債権を保全するため、債務者に属する権利を行使することができる」（423条1項本文）と規定されている。たとえば、債務者Aが債権者Bに2000万円の債務を返済できなくなったが、しかし、無資力の債務者Aが第三者Cに1000万円を貸しているにもかかわらず、（CはAの親友なので）第三者Cに支払いを請求せずにそのまま無資力になろうとしている場合、債権者Bが債務者Aに代わって第三者Cに1000万円を請求できる権利を債権者代位権という（図3-5）。

債権者代位権を行使できる要件として、第一に、被保全債権が存在していること、第二に、被保全債権を保全する必要があること、第三に、被保全債権の弁済期が到来していること、第四に、債務者が代位の対象となる債務者の権利を行使していないこと、第五に、代位の対象となる債務者の権利が債務者の一身専属権でないこと、以上の5つの要件があり、以下において説明する。

第一に、被保全債権が存在していることが要件とされる。将来発生する可能性はあっても具体的内容が形成されていない不確定な権利では、被保全債権にはならない（最判昭55・7・11民集34巻4号628頁）。

第二に、被保全債権を保全する必要があることが要件とされる（423条1項

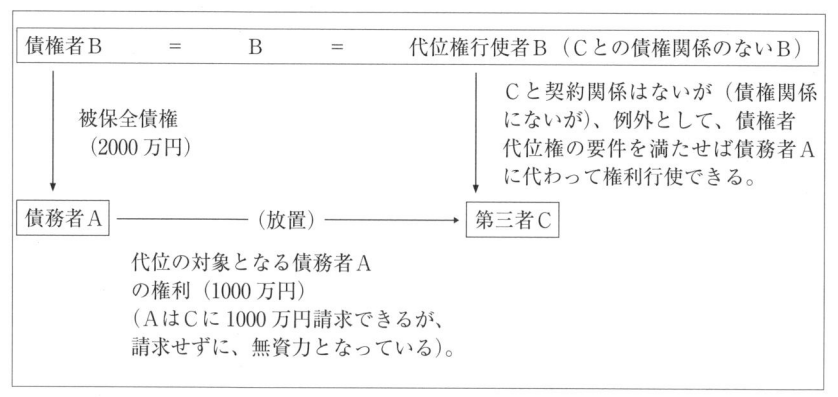

図3-5　債権者代位権

債権者B	＝	B	＝	代位権行使者B（Cとの債権関係のないB）
↓ 被保全債権 (2000万円)				Cと契約関係はないが（債権関係にないが）、例外として、債権者代位権の要件を満たせば債務者Aに代わって権利行使できる。
債務者A ──（放置）──→ 第三者C				
代位の対象となる債務者Aの権利（1000万円） (AはCに1000万円請求できるが、請求せずに、無資力となっている)。				

147

本文)。保全する必要がある場合とは、原則として債務者が無資力である場合をいう。したがって、債務者が無資力ではなく十分な一般財産が存在するのであれば、債権者代位権を行使する必要性はなく、強制執行すればよいということになる。

　第三に、被保全債権の弁済期が到来していることが要件とされる。ただし、第一の例外として、弁済期前であっても、裁判上の代位は認められる（423条2項本文）。第二の例外として、弁済期前であっても、保存行為（未登記の権利の登記、時効中断等）は認められる（423条2項但書）。

　第四に、債務者が代位の対象となる債務者の権利を行使していないことが要件とされる。債務者がすでに行使している権利に関しては、債権者は、債務者と重複して代位権行使することも、債務者を排除して代位権行使することもできない（最判昭28・12・14民集7巻12号1386頁）。

　第五に、代位の対象となる債務者の権利が債務者の一身専属権でないことが要件とされる（423条1項但書）。代位行使の対象とならない一身専属権とは、「行使上の一身専属権（権利者以外の者が行使することが許されない権利）」である。たとえば、親族法上の純粋に身分的な権利は、行使上の一身専属権であり、代位行使できない。

　なお、債権者は、債務者の代理人としてではなく、自己の名で代位権を行使することとなる。そして、債権者は、第三者に対して、直接自己に（債権者に）引き渡すように請求することができると解されている（最判昭29・9・24民集8巻9号1658頁）。そのほか、債権者代位権の特徴として、詐害行為取消権とは異なり、裁判外でも行使することができる。

　以上に説明してきた債権者代位権の制度は、金銭債権を被保全債権とする制度として機能している。しかし、「特定債権（金銭債権以外の債権）」を被保全債権とする事例にも活用が認められる場合があり、「債権者代位権の転用」と呼ばれている。たとえば、不動産が第三者C→債務者A→債権者Bと転売されたが、まだ登記名義人が第三者Cであり、債務者Aが放置して移転登記に協力しない場合がある。第三者Cに対して登記請求権を有しているのは債

図3-6 債権者代位権の転用

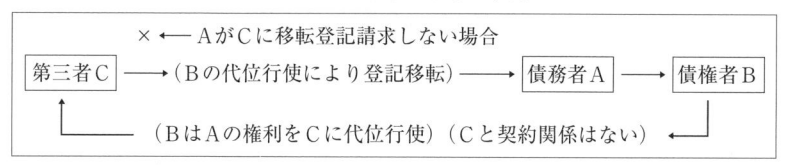

```
        × ←── AがCに移転登記請求しない場合
┌─────┐                                    ┌─────┐   ┌─────┐
│第三者C│ ──→（Bの代位行使により登記移転）──→│債務者A│──→│債権者B│
└─────┘                                    └─────┘   └─────┘
   ↑       （BはAの権利をCに代位行使）（Cと契約関係はない）      │
   └──────────────────────────────────────────────────────┘
```

務者Aであり、第三者Cと債権者Bとの間に契約関係はなく、債権者Bは、債権者代位権の転用により、第三者C→債務者A→債権者Bという移転登記を実現することとなる。すなわち、債権者Bは、債務者Aに対する登記請求権に基づいて、債務者Aの第三者Cに対する移転登記請求権を代位行使することとなる。なお、債権者代位権の転用は、責任財産の保全ではなく特定債権の保全を目的としているため、無資力要件は不要と解されている（大判明43・7・6民録16輯537頁。図3-6）。

（5） 詐害行為取消権

詐害行為取消権とは、債務者が債権者を害する法律行為（詐害行為）を行ったため、その詐害行為を取り消せば債務者の財産は維持または増加されるが、その詐害行為を取り消さずに実現させてしまうと債務者が債務不履行になる可能性がある場合に、一定の要件に従って債権者が債務者のした詐害行為の取消しを裁判所に請求できる権利をいい、「債権者は、債務者が債権者を害することを知ってした法律行為の取消しを裁判所に請求することができる。ただし、その行為によって利益を受けた者又は転得者がその行為又は転得の時において債権者を害すべき事実を知らなかったときは、この限りでない」（424条1項）と規定されている。たとえば、債務者Aがまだ債権者Bに2000万円の債務を返済していないが、しかし、債務者Aが唯一の財産である1000万円の不動産を「受益者C（第三者C）」に贈与してしまうと債権者Bへの返済がまったくできなくなってしまうことを知っているにもかかわらず、（CはAの親友なので）受益者Cに贈与して無資力になった場合、債権者Bが債務者Aのした詐害行為（1000万円の不動産の受益者Cへの贈与）の取消しを裁判所に請求できる権利を詐害行為取消権という（図3-7）。

図3-7　詐害行為取消権

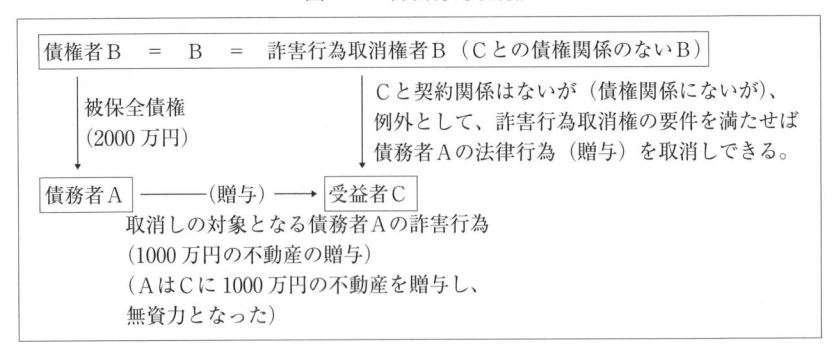

```
債権者B ＝ B ＝ 詐害行為取消権者B（Cとの債権関係のないB）
   │                Cと契約関係はないが（債権関係にないが）、
 被保全債権          例外として、詐害行為取消権の要件を満たせば
 （2000万円）        債務者Aの法律行為（贈与）を取消しできる。
   │
 債務者A ───（贈与）───▶ 受益者C
         取消しの対象となる債務者Aの詐害行為
         （1000万円の不動産の贈与）
         （AはCに1000万円の不動産を贈与し、
          無資力となった）
```

　詐害行為取消権を行使できる要件として、第一に、詐害行為以前に被保全債権が存在していること、第二に、詐害行為があること、第三に、詐害の意思があること、第四に、詐害行為が「財産権を目的としない法律行為」ではないこと、第五に、裁判所に詐害行為の取消しを請求すること、第六に、権利行使期間内に行使すること、以上の6つの要件があり、以下において説明する。

　第一に、詐害行為以前に被保全債権が存在していることが要件とされる。不動産所有権の譲渡の場合は、その譲渡行為の時点において被保全債権がまだ成立していないのであれば、その不動産所有権の譲渡は詐害行為とならない（最判昭55・1・24民集34巻1号110頁）。たとえば、債務者Aが唯一の財産である1000万円の不動産を受益者Cに贈与したとしても、その贈与の時点においてまだ債権者Bの債務者Aに対する債権（被保全債権）が成立していないのであれば、被保全債権成立後に登記移転したとしてもその贈与は詐害行為とならない。

　第二に、詐害行為があることが要件とされる。債権保全のために認められる詐害行為取消権は、債務者が無資力となる詐害行為であること（またはすでに無資力であること）が要件とされる。債務者が財産を減少して債権者の債権回収を困難とする行為が詐害行為であり、たとえば、贈与、債務の免除、他の一部の債権者のみへの弁済も詐害行為となる可能性がある。

第3章 債　　権

　第三に、詐害の意思があることが要件とされる。債務者は、債権者を害することを知っているという悪意（詐害の意思）があることが要件とされ（424条1項本文）、また、受益者・転得者も、債権者を害すべき事実を知っているという悪意があることが要件とされる（424条1項但書）。

　第四に、詐害行為が「財産権を目的としない法律行為」ではないことが要件とされる（424条2項）。たとえば、債務者Aの婚姻や離婚（財産権を目的としない法律行為）を詐害行為として取り消すことはできない。

　第五に、裁判所に詐害行為の取消しを請求することが要件とされる（424条1項本文）。債権者は、受益者・転得者を被告として詐害行為の取消しを裁判所に請求することとなる。なお、債務者は複数の債権者から多額の借金をしていることがあるため、その複数の債権者の内の1名が詐害行為を取り消した場合の効力については、詐害行為の取消しは「すべての債権者の利益のためにその効力を生ずる」（425条）と規定されている。たとえば、不動産譲渡が詐害行為として取り消された場合、債権者がその不動産の引渡し債権を有していたとしても、債権者への直接引渡しは認められず、債務者に登記が戻されることになる（最判昭53・10・5民集32巻7号1332頁）。ただし、不動産ではなく、動産または金銭の場合は、取消債権者への直接の引渡し請求が認められており（大判大10・6・18民録27輯1168頁、最判昭39・1・23民集18巻1号76頁）、金銭の場合は、債権者は、債務者へのこの金銭の返還債務と自己の債権とを相殺（505条）して「事実上の優先弁済」を受けることができる。

　第六に、権利行使期間内に行使することが要件とされる。詐害行為取消権は、「債権者が取消しの原因を知った時から2年間行使しないときは、時効によって消滅する。行為の時から20年を経過したときも、同様とする」（426条）と規定されている。

3　多数当事者の債権および債務

（1）　分割債権と分割債務

　分割債権および分割債務の原則とは、一個の債権または債務を数人が共有

している場合、共有者の権利・義務が均等に配分されるという原則であり、「数人の債権者又は債務者がある場合において、別段の意思表示がないときは、各債権者又は各債務者は、それぞれ等しい割合で権利を有し、又は義務を負う」(427条)とする原則である。たとえば、3人で3000万円の住宅を販売した場合、3000万円の債権を3等分すると1人あたりの債権は1000万円となり、1人が請求して支払いを受けることができる金額は1000万円ということになる。すなわち、3人のうちで1人だけが3000万円すべてを手に入れてしまうことは認められないという原則である。

(2) 不可分債権と不可分債務

不可分債権または不可分債務とは、分割できない債権または債務をいい、たとえば、通常「自動車を3分の1に分割して、3分の1だけ引き渡せ」という請求はできず、このように分割請求ができない債権を不可分債権という。

不可分債権については、「債権の目的がその性質上又は当事者の意思表示によって不可分である場合において、数人の債権者があるときは、各債権者はすべての債権者のために履行を請求し、債務者はすべての債権者のために各債権者に対して履行をすることができる」(428条)とする規定があり、たとえば、A・B・Cの3人が300万円で1台の自動車を購入する場合、AもBもCも（各債権者は）債務者（売主）に対して自動車を引き渡せと請求してその自動車を受け取ることができる。ただし、たとえば、Aと売主との間だけで更改または免除があった場合（たとえばAがAの取り分である3分の1の持分の引渡しを売主に免除した場合）、BおよびCは自動車の引渡しを受けたうえで、「その一人の不可分債権者がその権利を失わなければ分与される利益を債務者に償還しなければならない」(429条)、すなわち、売主に3分の1の持ち分を与えるか、または、3分の1の利益である100万円を償還しなければならない。以上の更改・免除の例外のほか、「不可分債権者の一人の行為又は一人について生じた事由は、他の不可分債権者に対してその効力を生じない」(429条2項)。

不可分債務とは、たとえば、A・B・Cの3人が共同して売主となって、

買主に300万円で1台の自動車を販売して、その1台の自動車を引き渡す債務をいう。このように、「自動車を3分の1に分割して、A・B・Cそれぞれが、3分の1ずつ引き渡す」という履行ができない債務を不可分債務という。不可分債務については、「不可分債権者の一人について生じた事由等の効力の規定（429条）」および「連帯債務の規定（ただし、434条から440条までの規定を除く〔すなわち、連帯債務者の一人に対する履行の請求［434条］・更改［435条］・相殺［436条］・債務の免除［437条］・混同［438条］・時効の完成［439条］の絶対的効力の規定を除く〕）」が準用される（430条）。すなわち、不可分債務については、原則として不可分債務者の一人に生じた事由が他の不可分債務者に対してその効力を生じることはないが（ただし、連帯債務と同様に、全部の弁済は全部の債務を消滅させるが）、それ以外は連帯債務と同様である。

（3）　連帯債務

「数人が連帯債務を負担するときは、債権者は、その連帯債務者の一人に対し、又は同時に若しくは順次にすべての連帯債務者に対し、全部又は一部の履行を請求することができる」（432条）。連帯債務とは、複数の債務者が、同一内容の給付について、各自が独立して全部の給付をなすべき債務を負担し、いずれかの債務者によって全部が給付されることによって、他の債務者の債務も全部消滅する債務をいう。たとえば、A・B・Cの3人が3000万円の住宅を購入して連帯債務者となった場合、売主（債権者）は、A・B・C全員にそれぞれ3000万円全額を請求することができ、資金に余裕のあるAが3000万円全額を支払えば、売主は代金の回収が終了することとなる。このように、仮にB・Cに支払い能力がなくとも、Aが3000万円全額を支払えば、売主は代金の回収が可能となるため、連帯債務は債権者にとって都合のよい債務であり、一方、債務者にとっても取引きを成立させやすい債務であるといえる。さらに、「連帯債務者の全員又はそのうちの数人が破産手続開始の決定を受けたときは、債権者は、その債権の全額について各破産財団の配当に加入することができる」（441条）。なお、「連帯債務者の一人が弁済をし、その他自己の財産をもって共同の免責を得たときは、その連帯債務者

は、他の連帯債務者に対し、各自の負担部分について求償権を有する」（442条）。たとえば、Aが3000万円全額を支払った場合、A・B・Cの3人の負担部分をそれぞれ1000万円と定めていたのであれば、AはB・Cにそれぞれ1000万円ずつ求償することができる。ただし、連帯債務者が他の連帯債務者に求償権を行使するためには、弁済等の前および後に他の債務者に通知をしなければならず、この通知を怠った場合は、他の連帯債務者の有する対抗事由や善意の弁済によって、求償権が制限されることとなる（443条）。

連帯債務の場合、原則として、「連帯債務者の一人について生じた事由は、他の連帯債務者に対してその効力を生じない」（相対的効力の原則・440条）としているが、しかし、例外（絶対的効力）も多く規定されており、連帯債務者の一人に対する履行の請求（434条）・更改（435条）・相殺（436条）・債務の免除（437条）・混同（438条）・時効の完成（439条）の絶対的効力の規定について以下に説明する。

「連帯債務者の一人に対する履行の請求は、他の連帯債務者に対しても、その効力を生ずる」（434条）。たとえば、債権者が連帯債務者Aに請求して消滅時効が中断されれば、他の連帯債務者B・Cにも請求の効力が生じて消滅時効が中断することとなり、債権者にとって有利な結果となる。

「連帯債務者の一人と債権者との間に更改があったときは、債権は、すべての連帯債務者の利益のために消滅する」（435条）。たとえば、債権者と連帯債務者Aとの間で「連帯債務を消滅させて連帯債務者Aが別の物を引き渡す債務に変更する」とする更改契約が成立すると、連帯債務は消滅し、連帯債務者Aは他の連帯債務者B・Cに負担部分を求償することとなる。

「連帯債務者の一人が債権者に対して債権を有する場合において、その連帯債務者が相殺を援用したときは、債権は、すべての連帯債務者の利益のために消滅する」（436条1項）。たとえば、3000万円の連帯債務者Aが別の取引きで債権者に対して5000万円の代金債権を有した場合、連帯債務者Aがこの代金債権と3000万円の連帯債務とで相殺をすると、連帯債務は消滅し、連帯債務者Aは他の連帯債務者B・Cに負担部分を求償することとなる。な

お、「債権を有する連帯債務者が相殺を援用しない間は、その連帯債務者の負担部分についてのみ他の連帯債務者が相殺を援用することができる」(436条2項)。

「連帯債務者の一人に対してした債務の免除は、その連帯債務者の負担部分についてのみ、他の連帯債務者の利益のためにも、その効力を生ずる」(437条)。たとえば、A・B・Cの3人の負担部分がそれぞれ1000万円（総額3000万円）の場合、債権者が連帯債務者Aの債務を免除すると、免除された負担部分1000万円が消滅して、B・Cの2人で残りの2000万円の連帯債務を負うこととなる。

「連帯債務者の一人と債権者との間に混同があったときは、その連帯債務者は、弁済をしたものとみなす」(438条)。たとえば、債権者と連帯債務者Aとが親子で、債権者が死亡して、その子（連帯債務者A）が債権を相続した場合、債権者と連帯債務者Aとの混同により弁済をしたものとみなされ、連帯債務は消滅し、連帯債務者Aは他の連帯債務者B・Cに負担部分を求償することとなる（大判昭11・8・7民集15巻1661頁）。

「連帯債務者の一人のために時効が完成したときは、その連帯債務者の負担部分については、他の連帯債務者も、その義務を免れる」(439条)。

(4) 保証債務

「保証人は、主たる債務者がその債務を履行しないときに、その履行をする責任を負う」(446条1項)。たとえば、主たる債務者Aが債権者B（銀行B）から1000万円の融資を受ける場合、債権者B（銀行B）は、主たる債務者Aが事業に失敗する等して1000万円を返済できなくなり債権回収ができなくなることを防止するため、「保証人（C）は、主たる債務者（A）がその債務を履行しないときに（1000万円を返済しないときに）、その履行をする責任を負う（保証人Cが代わりに1000万円を返済する）」という保証契約を保証人Cと締結することを融資の条件とすることがある。この例の場合、保証契約は、債権者B（銀行B）と保証人Cとの間で締結されることとなり、したがって、保証人Cの1000万円の履行義務は、債権者B（銀行B）との保証契約がその根

拠となる。すなわち、保証契約は、主たる債務者Aを契約当事者とせず、債権者B（銀行B）と保証人Cとの間だけで成立することとなる。

保証契約の要件として、「保証契約は、書面でしなければ、その効力を生じない」(446条2項)。「保証契約がその内容を記録した電磁的記録（電子的方式、磁気的方式その他人の知覚によっては認識することができない方式で作られる記録であって、電子計算機による情報処理の用に供されるものをいう。）によってされたときは、その保証契約は、書面によってされたものとみなして、前項の規定を適用する」(446条3項)。また、「債務者が保証人を立てる義務を負う場合には、その保証人は、次に掲げる要件を具備する者でなければならない」(450条1項本文)として、「行為能力者であること」および「弁済をする資力を有すること」(450条1項1号・2号)が要件とされている（図3-8）。

保証債務の性質として、付従性、随伴性および補充性という性質があり、以下に説明する。

付従性とは、保証債務が主たる債務に付従する性質を有することをいう。すなわち、主たる債務が成立しなければ、保証債務も成立せず、また、主たる債務が消滅すれば、保証債務も消滅するという性質がある。「保証債務は、主たる債務に関する利息、違約金、損害賠償その他その債務に従たるすべてのものを包含する」(447条1項)。「保証人の負担が債務の目的又は態様において主たる債務より重いときは、これを主たる債務の限度に減縮する」(448条)。ただし、「行為能力の制限によって取り消すことができる債務を保証した者は、保証契約の時においてその取消しの原因を知っていたときは、主たる債務の不履行の場合又はその債務の取消しの場合においてこれと同一の目

図3-8　保証債務

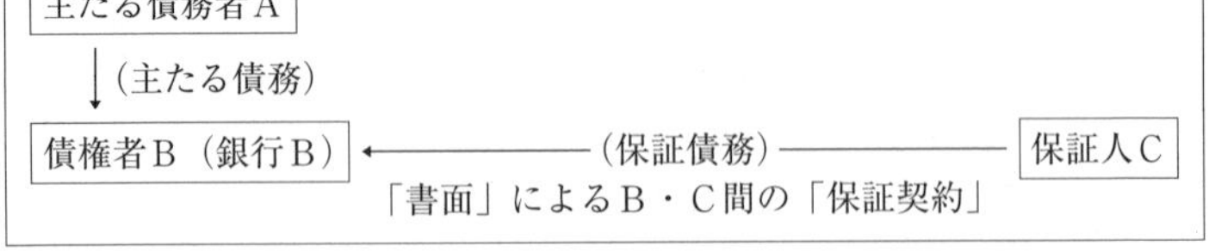

```
┌─────────────┐
│ 主たる債務者A │
└─────────────┘
     │（主たる債務）
     ↓
┌─────────────────┐                              ┌─────────┐
│ 債権者B（銀行B） │ ←────（保証債務）──────── │ 保証人C │
└─────────────────┘                              └─────────┘
              「書面」によるB・C間の「保証契約」
```

的を有する独立の債務を負担したものと推定する」(449条)。

　随伴性とは、主たる債務者に対する「主たる債権」が債権者から第三者に債権譲渡された場合、保証人に対する「保証債権」も第三者に移転する性質を有することをいう（大判明39・3・3民録12輯435頁）。たとえば、債権者Bが第三者Dに債権譲渡して、第三者Dが新たな債権者Dになった場合、原則として（主たる債務者について債権譲渡の対抗要件が具備されれば）、保証債権も債権者Bから新たな債権者Dに移転することとなる。

　補充性とは、保証債務は主たる債務者がその履行をしないときに初めて履行すればよいという性質を有することをいう。この補充性により、保証人は、債権者によって履行請求された場合、「催告の抗弁権」および「検索の抗弁権」を行使することが認められている。催告の抗弁権については、「債権者が保証人に債務の履行を請求したときは、保証人は、まず主たる債務者に催告をすべき旨を請求することができる。ただし、主たる債務者が破産手続開始の決定を受けたとき、又はその行方が知れないときは、この限りでない」(452条)と規定されており、次条において、検索の抗弁権について、「債権者が前条の規定に従い主たる債務者に催告をした後であっても、保証人が主たる債務者に弁済をする資力があり、かつ、執行が容易であることを証明したときは、債権者は、まず主たる債務者の財産について執行をしなければならない」(453条)と規定されている。

　なお、「連帯保証」という保証契約内容にすることも認められている。連帯保証とは、「保証人は、主たる債務者と連帯して債務を負担する」とする保証契約内容をいう。連帯保証契約においては、保証人と主たる債務者とが連帯するため、補充性という性質がなくなり、したがって、「連帯保証人」は、「催告の抗弁権」も「検索の抗弁権」も行使することが認められないこととなる(454条)。この結果として、連帯保証の場合、債権者は、主たる債務者に履行請求する前に、連帯保証人に直接履行請求することが可能となるため、債権回収の早期実現の可能性が高まる。

　以上のほか、連帯保証の場合、通常の保証との相違点として、絶対的効力

の規定の準用がある (458条)。原則として、保証人について生じた事由は、主たる債務を消滅させる行為 (弁済、代物弁済、供託、相殺等) 以外は、主たる債権者に影響を及ぼさない。この原則の例外として、連帯保証には絶対的効力の規定が準用されるのであるが、実質的に準用が重要な問題となるのは、連帯保証人の一人に対する履行の請求 (434条) が主たる債務に影響を及ぼすこと (たとえば、連帯保証人に履行の請求をすると、主たる債務の消滅時効も中断してしまうこと) のみであると解されており、それ以外の絶対的効力の規定は、保証の当然の効果と同様の規定、または、準用されることのない規定 (負担部分を前提とした規定) であると解されている。

本来、債務を履行すべき者は主たる債務者であるから、保証人が弁済等をしたときは、保証人は主たる債務者に対して求償権を有することとなる。ただし、保証人が、①主たる債務者の委託を受けて保証をした場合 (459条〜461条)、②主たる債務者の委託を受けないで保証をしたが、主たる債務者の意思には反していない場合 (462条1項)、③主たる債務者の委託を受けないで保証をしており、しかも、主たる債務者の意思に反した場合 (462条2項)、以上の3つの場合で、扱いは異なることとなる。求償の範囲の相違については、①主たる債務者の委託を受けて保証をした場合、「求償は、弁済その他免責があった日以後の法定利息及び避けることができなかった費用その他の損害の賠償を包含する」(459条2項による442条2項の準用)、②「主たる債務者の委託を受けないで保証をした者が弁済をし、その他自己の財産をもって主たる債務者にその債務を免れさせたときは、主たる債務者は、その当時利益を受けた限度において償還をしなければならない」(462条1項)、③「主たる債務者の意思に反して保証をした者は、主たる債務者が現に利益を受けている限度においてのみ求償権を有する。この場合において、主たる債務者が求償の日以前に相殺の原因を有していたことを主張するときは、保証人は、債権者に対し、その相殺によって消滅すべきであった債務の履行を請求することができる」(462条2項)。

4　債権譲渡と債務引受

（1）　債権譲渡

「債権は、譲り渡すことができる」（466条1項本文）という原則があり、「債権譲渡自由の原則」と呼ばれる。債権譲渡とは、債権者（譲渡人または旧債権者とも呼ぶこととする）が、債権の同一性を保ったままその債権を第三者（譲受人または新債権者とも呼ぶこととする）に移転させることをいう。たとえば、旧債権者B（売主B）が、債務者A（買主A）に1000万円の不動産を販売し、支払日を半年後とする1000万円の債権を有している場合において、急に今月900万円の資金が必要になったときに、この1000万円の債権を譲受人C（新債権者C）に950万円で譲渡することがある。このとき、譲渡人B（旧債権者B）には、半年待たずとも950万円を入手できるという利点があり、一方、譲受人C（新債権者C）には、50万円（1000万円－950万円）の利益が生じる。

以上のような譲渡を債権譲渡というが、たとえば、「特定の人（債権者）の家庭教師をさせる債権」等、他の人に債権者を変えられない債権、すなわち、その性質上譲渡のできない債権もある（466条1項但書）。また、特約で債権譲渡を禁止しておくことも可能ではあるが、「その意思表示は、善意の第三者に対抗することができない」（466条2項）。

債権譲渡の問題として、債権の二重譲渡の問題があり、そのため、特に指名債権の対抗要件が重要となる。「指名債権」とは、「債権者が特定された債権」をいい、たとえば「売主Bの買主Aに対する1000万円の代金債権」は「指名債権」である。「指名債権の債権譲渡の対抗要件」として、「指名債権の譲渡は、譲渡人が債務者に通知をし、又は債務者が承諾をしなければ、債務者その他の第三者に対抗することができない」（467条1項）と規定されており、さらに、この指名債権譲渡の「通知又は承諾は、確定日付のある証書によってしなければ、債務者以外の第三者に対抗することができない」（467条2項）と規定されている。「確定日付のある証書」とは、民法施行法5条1項に定める証書をいい、よく利用される証書として「内容証明郵便」がある。

図3-9 債権譲渡

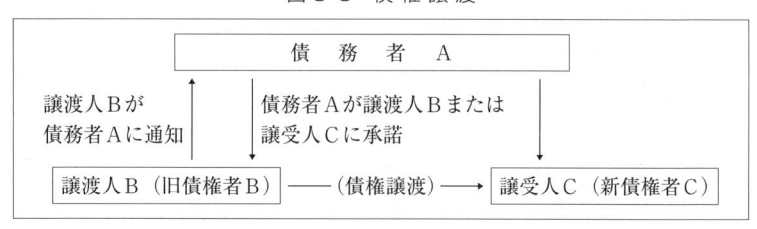

```
                    ┌─────────────────────┐
                    │   債　務　者　A     │
                    └─────────────────────┘
           ↑              ↑
  譲渡人Bが          債務者Aが譲渡人Bまたは
  債務者Aに通知      譲受人Cに承諾
  ┌─────────────────┐               ┌─────────────────────┐
  │ 譲渡人B（旧債権者B）│──（債権譲渡）→│ 譲受人C（新債権者C） │
  └─────────────────┘               └─────────────────────┘
```

したがって、たとえば、内容証明郵便によって、譲渡人B（旧債権者B）が債務者A（買主A）に通知をするか、または、債務者A（買主A）が譲渡人B（旧債権者B）または譲受人C（新債権者C）に承諾をすれば、仮に譲渡人B（旧債権者B）が第三者Dに二重譲渡をしてこの第三者Dが「債権を譲り受けた」と主張したとしても、この第三者D（対抗要件を有していない第三者D）に対抗することができる。また、さらなる問題として、この第三者Dも内容証明郵便（確定日付のある証書）を送付している場合が問題となるが、判例および学説（到達時説）は、確定日付のある通知が債務者に「到達した日時」または確定日付のある債務者の「承諾の日時」の先後によって決すべきと解している（最判昭49・3・7民集28巻2号174頁。図3-9）。

（2）債務引受

債務引受とは、債務者（原債務者）が負う債務の同一性を保ったまま、その債務を引受人（新債務者）が引き受けることをいう。そして、債務引受には、大きく2種類あり、①「免責的債務引受（原債務者が債務を免れる債務引受）」と②「併存的（重畳的）債務引受（原債務者も新債務者と併存する債務引受）」とがあるとされる。なお、債務を移転せず、第三者に債務を履行させる「履行引受」も、本来の意味の債務引受ではないが、広く債務引受に含められることもある。

「免責的債務引受」とは、旧債務者（原債務者）が負う債務の同一性を保ったまま、その債務を引受人（新債務者）が引き受け、旧債務者（原債務者）が債務を免れて債権関係から離脱することをいう。「旧債務者が離脱して、新債務者が債務を履行する」ということは、債権者にとっては、「新債務者に

債務履行能力があるのか」等という問題が重大な関心事となる。たとえば、無資力になりそうな人物に1000万円の支払い義務が移転されては困ることになる。成立要件としては、「債権者と引受人（新債務者）との同意（承諾）」が必要ということになる（大判大14・12・15民集4巻710頁）。したがって、旧債務者と引受人（新債務者）とで合意しただけでは成立せず、債権者の同意（承諾）も必要となる。

「併存的（重畳的）債務引受」とは、債務者（原債務者）が負う債務の同一性を保ったまま、その債務を引受人（新債務者）が引き受け、かつ、債務者（原債務者）もそのまま併存して債務を負うため、複数の債務者が共同して債務を負担する関係が生じることをいう（最判昭41・12・20民集20巻10号2139頁）。この併存的（重畳的）債務引受の場合、新債務者が追加され、原債務者も債務者として残るため、債権者にとって、「原債務者が離脱するというリスク」は生じない。成立要件としては、債権者と引受人（新債務者）との合意によって成立すると解されており、そして、原債務者と引受人（新債務者）との契約による場合は、第三者のためにする契約（537条）になると解されている。すなわち、併存的（重畳的）債務引受が原債務者と引受人（新債務者）との契約による場合は、第三者（債権者）の権利は、その第三者（債権者）が債務者に対して契約の利益を享受する意思を表示（受益の意思表示）したときに発生する（537条2項）。

5　債権の消滅

（1）弁　　　済

弁済とは、債務の本旨に従った履行をなすことをいう（415条の解釈）。

弁済者は、通常は債務者であるが、「債務の弁済は、第三者もすることができる。ただし、その債務の性質がこれを許さないとき、又は当事者が反対の意思を表示したときは、この限りでない」（474条1項）。また、「利害関係を有しない第三者は、債務者の意思に反して弁済をすることができない」（474条2項）。

弁済受領者とは、弁済受領権限を有する者をいい、原則として債権者である。問題となるのは、弁済受領権限を有しない者への弁済の有効性であり、まず、「債権の準占有者（債権の受領権限がないのに、受領権限があるかのような外観を有する者）」への弁済が問題となる。たとえば、銀行預金通帳と印鑑を盗んで持参した泥棒が、債権の準占有者の例であるとされる。「債権の準占有者に対してした弁済は、その弁済をした者が善意であり、かつ、過失がなかったときに限り、その効力を有する」（478条）。また、「受取証書の持参人は、弁済を受領する権限があるものとみなす。ただし、弁済をした者がその権限がないことを知っていたとき、又は過失によって知らなかったときは、この限りでない」（480条）。以上の例外のほか、弁済を受領する権限を有しない者に対してした弁済は、原則として無効であるが、「債権者がこれによって利益を受けた限度においてのみ、その効力を有する」（479条）。

弁済方法に関する規定として、「債権の目的が特定物の引渡しであるときは、弁済をする者は、その引渡しをすべき時の現状でその物を引き渡さなければならない」（483条）、「弁済をすべき場所について別段の意思表示がないときは、特定物の引渡しは債権発生の時にその物が存在した場所において、その他の弁済は債権者の現在の住所において、それぞれしなければならない」（484条）、「弁済の費用について別段の意思表示がないときは、その費用は、債務者の負担とする。ただし、債権者が住所の移転その他の行為によって弁済の費用を増加させたときは、その増加額は、債権者の負担とする」（485条）等の規定がある。

「弁済の提供」がなされた場合、債権者の受領等の債権者による協力がなければ、債務は消滅しない。弁済の提供がなされたにもかかわらず、債権者が受領を拒否することによって一方的に債務不履行責任を追及することを防ぐため、「弁済の提供」があっただけで一定の効力を生じさせることとしている。弁済の提供の効果として、「債務者は、弁済の提供の時から、債務の不履行によって生ずべき一切の責任を免れる」（492条）。そして、この弁済の提供は、原則として「現実の提供」でなければならないとされる（493条本

文)。現実の提供とは、たとえば、代金支払いの場合、債権者が受領できるように、代金を持参して債権者に現実に差し出すことをいい、したがって、債権者が受領を拒否しても、この現実の提供がなされたことによって、債務不履行責任が生じないこととなる。ただし、原則は「現実の提供」であるが、次の場合は「口頭の提供」による弁済の提供が認められている。すなわち、「債権者があらかじめその受領を拒み、又は債務の履行について債権者の行為を要するときは、弁済の準備をしたことを通知してその受領の催告をすれば足りる」(493条但書)。

(2) 代物弁済

　代物弁済について、「債務者が、債権者の承諾を得て、その負担した給付に代えて他の給付をしたときは、その給付は、弁済と同一の効力を有する」(482条)と規定されている。たとえば、1000万円の借金返済に代えて、特定の不動産を現実に給付することを代物弁済という。実際には、1000万円の融資の条件として、特定の不動産の「代物弁済の予約」が行われることがある。しかし、たとえば、1000万円の借金の代物弁済としてその5倍の価値の5000万円の不動産を給付するというような、暴利行為（90条の公序良俗違反）に相当する不当な債権回収を防ぐため、1978年の仮登記担保法（仮登記担保契約に関する法律）等により一定の規制がなされている。

(3) 供　　託

　供託とは、弁済者が弁済の目的物を債権者のために供託所に寄託することによって債務を免れる制度をいう。弁済供託の要件として、①債権者の受領拒絶、②債権者の受領不能、③弁済者が過失なく債権者を確知することができないとき、以上の3つの要件が規定されている(494条)。たとえば、弁済の提供がなされても、債権者が受領拒絶すると、債務不履行の責任は免れるが(492条)、しかし、弁済の提供だけでは債務は消滅しない。そこで、債務者は、供託することによって、債務を消滅させることができる。なお、「供託は、債務の履行地の供託所にしなければならない」(495条1項)。また、「供託をした者は、遅滞なく、債権者に供託の通知をしなければならない」(495

図3-10 相　　殺

```
┌─────────────────────────────────────────────────────────────────┐
│ 不動産業者A ──────→（相殺の意思表示）──────→ 自動車販売業者B │
│         （弁済期が到来した）        （弁済期未到来の）           │
│         「自働債権」                「受働債権」                  │
│         不動産代金債権              自動車代金債権                │
│         1000万円                    300万円                      │
└─────────────────────────────────────────────────────────────────┘
```

条3項)。

（4）相　　殺

　相殺について、「二人が互いに同種の目的を有する債務を負担する場合において、双方の債務が弁済期にあるときは、各債務者は、その対当額について相殺によってその債務を免れることができる」(505条本文)と規定されている。たとえば、不動産業者Aが自動車販売業者Bに1000万円の不動産を販売し、2月2日を支払日（弁済期）としたとする。一方、自動車販売業者Bは不動産業者Aに300万円の自動車を販売し、3月3日を支払日（弁済期）としたとする。実務上、支払日が同じであれば、お互いの支払いを別々にせずに（二度手間をせずに）、300万円を相殺して、差額の700万円を自動車販売業者Bが不動産業者Aに支払う合意がなされることが多い。このように、「どちらも金銭の支払い」という「同種の目的」であり、「双方の債務が弁済期」であれば、「各債務者」は「一方的な意思表示（単独行為）」によって「対当額」の「300万円」について相殺することができる(505条本文)。なお、相殺する意思表示をした側の債権を「自働債権」といい、相殺される債権を「受働債権」という。ところで、不動産業者Aが2月2日に1000万円の支払いを受ける際に、この不動産代金債権を自働債権として、相殺をすることができる。すなわち、自動車代金300万円の支払日は未到来で、3月3日を待って支払えばよいのであるが、この期限の利益を放棄して(136条2項)、2月2日に支払ってもよいのである。このように、受働債権は弁済期未到来であっても（自己の債務はまだ支払わなくてよい時期であっても）、自働債権の弁済期が到来していれば、相殺をすることができる（図3-10）。

(5) 更　　改

　更改とは、当事者が債務の要素を変更することによって、新債務を成立させ、旧債務を消滅させる契約をいう (513条1項)。たとえば、1000万円の代金債務を消滅させて、特定の不動産の引渡し債務に目的 (内容) を変更して、この新債務を成立させる契約を更改という。更改には、目的変更のほか、債務者の交替と債権者の交替とがあり、「債務者の交替による更改は、債権者と更改後に債務者となる者との契約によってすることができる。ただし、更改前の債務者の意思に反するときは、この限りでない」(514条)、また、「債権者の交替による更改は、確定日付のある証書によってしなければ、第三者に対抗することができない」(515条) と規定されている。

(6) 免　　除

　免除とは、一方的な意思表示によって債権を無償で消滅させる債権者の行為であり、「債権者が債務者に対して債務を免除する意思を表示したときは、その債権は、消滅する」(519条)。

(7) 混　　同

　混同について、「債権及び債務が同一人に帰属したときは、その債権は、消滅する。ただし、その債権が第三者の権利の目的であるときは、この限りでない」(520条) と規定されている。たとえば、債権者が親で債務者が子の場合、親の死亡により子が親の債権を相続して、債権および債務が子 (同一人) に帰属することを混同という。ただし、子に対する債権の上に、すでに親の債権者 (第三者) が債権質権を有していたようなときは、その債権は消滅しない。

第2節　契約総論

1　契約の成立

（1）　契約の意義

　契約とは、原則として意思表示の合致（合意・約束）によって成立する法律行為をいう。たとえば、スーパーで買主がこの100円のジュースを買いますといい、売主が売りますということによって売買契約（555条）という契約が成立し、当事者双方に「権利および義務」が発生する。上の売買契約の例でいえば、買主による申込みの意思表示と売主による承諾の意思表示とが合致することによって、買主には100円を支払う義務（債務）とジュースを引き渡せという権利（債権）とが発生し、一方で、売主には100円を支払えという権利（債権）とジュースを引き渡す義務（債務）とが発生する。

　人が他人を信頼して契約をした場合、その契約から発生する法律上の権利は、法律に従って国家によって保護されることになる。たとえば、民法は、契約を守らない債務者に対して（たとえば1億円の住宅売買代金を受け取ったのに住宅を引き渡さない売主に対して）、契約を守るように（住宅引渡し債務を履行するように）強制したり、または、契約の解除を認めたり、さらに、契約が守られずに損害が発生した場合は、損害を賠償するように命じる等して、契約を守った人を保護することがある。このように、契約から発生した債権という財産は、以上のような方法で国家によって保護されている。契約は「債権（相手方に対する請求権）の発生原因の一つ」であるため（契約以外にも不法行為等の「債権の発生原因」があるため）、契約は民法の中で債権規定の一部として位置づけられており、その位置づけについては、次のように説明することができる。

　民法の債権規定（第3編「債権」）は、大きく2つ（債権総論と債権各論）に分けられる。民法第3編「債権」の第1章「総則」は、債権総論と呼ばれている。債権総論では、すべての債権に関係する規定が述べられている。債権と

は何か（債権に関する一般的な意味・内容）を理解するためには、債権総論の規定を理解しておかなければならない。一方、民法第3編「債権」の第2章「契約」・第3章「事務管理」・第4章「不当利得」・第5章「不法行為」は、債権各論と呼ばれている。債権各論では、債権を発生させる原因を個別に分類し、それぞれに特有な内容（要件・効果）を（債権全体に関係する債権総論とは別個に）規定している。債権はどのような場合に発生するのか（債権の発生原因とその要件・効果）を理解するためには、債権各論の中にある個別の規定（たとえば売買契約に関する規定）を理解しなければならない。このように、債権各論では、債権が発生する原因を大きく4つ（契約・事務管理・不当利得・不法行為の4つ）に分けている。つまり、事務管理・不当利得・不法行為の3つにおいては、契約以外の原因で（たとえば交通事故という不法行為が原因で）債権が発生することとなる。

　債権各論の解説として、民法上の規定順序に従い、債権の発生原因の一つ目である契約から順番に解説する。なお、契約にはさまざまな種類（贈与契約や売買契約等）が存在するため、民法第3編「債権」の第2章「契約」もまた、第1節「総則」（本書では契約総論と呼ぶ）と第2節「贈与」・第3節「売買」・第4節「交換」・第5節「消費貸借」・第6節「使用貸借」・第7節「賃貸借」・第8節「雇用」・第9節「請負」・第10節「委任」・第11節「寄託」・第12節「組合」・第13節「終身定期金」・第14節「和解」（本書では契約各論と呼ぶ）とに分けられている。契約総論においてはすべての契約に関係する規定について述べられており、そして、契約各論においては民法が規定する個々の契約類型について述べられている。

　最初に、契約に関する解説として、契約に関する原則および契約の種類について解説する。

　契約に関する原則として、契約自由の原則がある。契約自由の原則は、民法が前提とする重要な原則であり、この自由には、契約締結の自由（締結する自由・締結しない自由）・契約内容決定の自由・契約相手方選択の自由・契約方式の自由の4つの自由があるとされる。しかし、自由放任のままでは、強

者（たとえば大企業）が自己に有利な契約内容を弱者（たとえば零細企業や消費者）に強要する可能性があり、自由を制限する必要性も主張され、自由を制限する立法も進められている。以上のほか、信義誠実の原則（1条2項）によっても不誠実な自由が制限されており、信義誠実の原則もまた契約に関する重要な原則として機能している。たとえば、マンションの売買契約を締結する前の準備段階で、購入することを前提として売主に設備工事を行わせて費用をかけさせた後で購入予定者が契約締結を拒否した場合、この購入予定者は信頼をさせた相手方に対して（契約は成立していなくとも）契約準備段階における信義則上の注意義務違反を理由とする損害賠償責任があるとされる（最判昭59・9・18判時1137号51頁）。つまり、契約を締結しない自由は無制限（無条件）には認められず、信義誠実の原則に反した責任を負わせる結果となっている（相手方には自分を信頼させて多額の準備費用を負担させておきながら、その後契約成立に失敗した場合、締結しない自由を主張することによる契約不成立は認められるとしても、契約を締結していないのだから自分には契約準備段階の費用負担義務がないと主張することは、信義則上認められない）。

次に、契約の種類について解説する。

第一に、典型契約と非典型契約という分類がある。民法は13種類の典型契約（贈与・売買・交換・消費貸借・使用貸借・賃貸借・雇用・請負・委任・寄託・組合・終身定期金・和解）を規定しており、これらは有名契約とも呼ばれる。これら以外の契約は、非典型契約または無名契約と呼ばれる。

第二に、要物契約と諾成契約という分類がある。契約が成立する時点に関する重要な分類で、合意（約束）をしたうえで物を受け取ることによって成立する契約は、要物契約と呼ばれる。一方、合意だけで成立する契約は、諾成契約と呼ばれる。典型契約の中では、消費貸借・使用貸借・寄託が要物契約であり、それ以外の典型契約は諾成契約である。たとえば、消費貸借契約は、返還する約束をした時点では契約は成立しておらず、「金銭その他の物を受け取ることによって、その効力を生ずる」（587条）。

第三に、要式契約と不要式契約という分類がある。契約成立条件に関する

重要な分類で、契約成立に一定の方式（書面の作成等）を条件とする契約は要式契約と呼ばれ（たとえば保証契約は446条2項により成立条件として保証契約書面の作成が要求されている要式契約である）、一方、方式を契約成立条件としない契約は不要式契約と呼ばれる。契約自由の原則（契約方式自由）により、契約は原則として不要式契約とされる。したがって、一般的に、契約内容を明確にするために（または証拠として残すために）各当事者によって独自に契約書面が作成されることが多いが、契約書は作成されなくとも不要式契約は成立する。たとえば、売買契約は、不要式契約でありかつ諾成契約であるから、（契約書はなくとも）原則として（特約や特別法の要件がない契約内容であれば）合意だけで成立する。

　第四に、有償契約と無償契約という分類がある。双方が対価的意味を有する経済的出捐をする契約（たとえば、売主が販売商品の損失をするから買主は代金の損失をするという、双方に財産上の損失がある契約）は、有償契約と呼ばれる（たとえば売買・交換・賃貸借・雇用・請負・組合・和解等）。一方、どちらか一方に対価的意味を有する経済的出捐がない契約は、無償契約と呼ばれる（たとえば贈与・使用貸借等）。なお、消費貸借・委任・寄託・終身定期金は、利息・報酬を支払う場合は有償契約となり、利息も報酬もなしの場合は無償契約となる。

　第五に、双務契約と片務契約という分類がある。双方が対価的意味を有する債務を負担する契約（たとえば、売主が販売商品を引き渡すから買主は代金を支払うという、双方に債務がある契約）は、双務契約と呼ばれる。一方、どちらか一方に対価的意味を有する債務がない契約（たとえば、贈与・消費貸借のように一方に債務がない契約、または使用貸借のように使用させる義務と返還義務とが対価関係にない契約）は、片務契約と呼ばれる。なお、双務契約はすべて有償契約であるが、しかし、有償契約でありながら双務契約でない契約もある（たとえば、有償の利息付消費貸借は、借主にしか義務がないため、片務契約である）。

（2）申込みと承諾

　契約とは、原則として意思表示の合致（合意・約束）によって成立する法律行為をいい、売買契約の例でいえば、買主による申込みの意思表示と売主に

よる承諾の意思表示とが合致することによって成立する。意思表示が合致するためには、法的に有効な申込みに対して、その申込みに一致する法的に有効な承諾が行われなければならない。申込みとは、契約を成立させる意思表示であるから、たとえば、まだ確定的に契約を成立させる意思のない求人広告や商品の陳列等は、申込みの誘引と呼ばれ、申込みの誘引をした人は（買主等からの）申込みを待つこととなる（その申込みに承諾することで契約が成立する）。そのほか、承諾は申込みと一致しなければ契約が成立しないため、条件付承諾や変更を加えた承諾は、「その申込みの拒絶とともに新たな申込みをしたものとみなす」（528条）。

　隔地者（遠く離れている人）に意思表示しようとする場合、たとえば、手紙に申込み（または承諾）の内容を記述し（表白）、その手紙を郵送し（発信）、発信された手紙（通知）が相手方に配達され（到達）、到達された申込みの意思（または承諾の意思）を相手方が理解する（了知）というように、表白・発信・到達・了知の間に時間差が生じる。原則として、申込みは相手方に到達した時に効力が発生し（到達主義・97条1項）、一方、承諾の通知は発信した時に効力が発生して契約が成立する（発信主義・526条1項）。ただし、これらの原則に対して例外規定も存在するので（521条2項・525条等）、注意が必要である。

　申込みの撤回に関しては、承諾の期間が定めてなければ、相手方が考慮して返答するまでの相当な期間は申込みを撤回することができない（524条）。承諾の期間が定めてあれば、その期間内に申込みを撤回することはできない（521条1項）。

(3) 契約の成立時期

　原則として、「隔地者間の契約は、承諾の通知を発した時に成立する」（発信主義・526条1項）。ただし、「申込者の意思表示又は取引上の慣習により承諾の通知を必要としない場合には、契約は、承諾の意思表示と認めるべき事実があった時に成立する」（526条2項）。

　承諾期間内に承諾しなければならない条件があるときは、期間内に申込者に承諾の通知が到達しなければ申込みの効力がなくなるため（521条2項）、

到達を要件として発信時に契約が成立する。ただし、実際には、通常であれば期間内に到達するはずの余裕をもって郵送したにもかかわらず、期限を過ぎて到達することもある。このとき、承諾者は当然期間内に到達して契約成立することを期待しているため、延着した場合には、次のような要件が規定されている。すなわち、申込者が契約不成立を主張したいときは、(通常であれば期間内に到達していたはずの) 承諾通知が延着したことを遅滞なく通知しなければならない (522条1項)。申込者が承諾者へのこの延着通知を怠ったときは (遅滞なく通知しなかったときは)、承諾者による承諾通知は期間内に到達したものとみなされ、契約は成立する (522条2項)。

2　契約の効力

（1）　同時履行の抗弁権

たとえば、自転車屋Aが注文者Bから自転車の修理を請け負い、2日後に修理を完成させて自転車を引き渡し、この引渡しと同時に修理代金を支払う契約をした場合、2日後の引渡し日になって注文者Bが「今すぐ引渡しと同時には (契約どおりには) 代金は支払えないが、一週間後には代金を支払うので、先に自転車を引き渡してほしい」と請求した場合、自転車屋Aは「代金支払いと同時でなければ引き渡さない」と反論して、同時履行の抗弁権 (533条) を主張することができる。このように、民法は契約当事者の公平性を保護するため (違反した相手は代金を支払わないかもしれないのに、誠実な一方当事者だけに履行を強要するのは不公平であるため)、契約特有の効力として、同時履行の抗弁権を定めている。その要件および効果は、以下のとおりである。

　同時履行の抗弁権の要件は、第一に、同一の双務契約から相対立する債務が生じていること、第二に、双方の債務が履行期にあること、第三に、相手方が債務の履行を提供せずに請求していることである。前記具体例は、自転車屋Aと注文者Bとの間の請負契約という双務契約の例であり、この3つの要件を満たしている。

　同時履行の抗弁権の効果として、債務の履行を拒絶しても履行遅滞の責任

が生じないという効果がある。したがって、契約解除や損害賠償請求といった債務不履行責任は追及されない。

なお、留置権（295条）と同時履行の抗弁権とは類似しており、両方とも行使可能な場合はどちらを行使してもよいというのが通説である。ただし、留置権は物の引渡しに関する物権であり、同時履行の抗弁権は双務契約に限定される債権の一種であるから、要件・効果が異なる場合もある。たとえば、前記具体例において、注文者Ｂが友人（第三者）Ｃに自転車屋Ａが修理した自転車を譲渡して第三者Ｃが自転車の所有権を取得した場合、自転車屋Ａは、第三者Ｃに対して留置権は主張できるが（物権である留置権は誰に対しても主張できるが）、一方、（契約関係のない）第三者Ｃに対して同時履行の抗弁権は主張できない（債権は特定の相手方にしか主張できない）。

（2） 危険負担

たとえば、2月10日に住宅の売買契約が、売主（住宅引渡し債務者Ａ）と買主（住宅引渡し債権者Ｂ）との間で成立し、2月20日に引渡し・登記する予定を契約内容としていたところ、その契約成立後でありかつ引渡し前の2月11日にその住宅が隣家火災の延焼により（債務者Ａにも債権者Ｂにも責任がない理由で）滅失した場合、住宅引渡し債務が消滅したのに代金支払債務は消滅しないのかという問題がある。以上の問題は、双務契約の一方の債務の消滅という危険を契約当事者のどちらが負担するのか（たとえば、住宅引渡し債務が消滅したから代金受取債権も消滅するという形で住宅引渡し債務者Ａが危険を負担するのか、それとも、住宅を引き渡せという債権は消滅したが代金支払債務は消滅しないという形で住宅引渡し債権者Ｂが危険を負担するのか）という契約特有の効力の問題として民法に規定されており、危険負担と呼ばれる。民法では原則（536条1項）と例外（534条1項）とが規定されており、以下においてそれぞれを解説する。

まず、危険負担の規定を解説する前に、前記具体例において、2月9日（契約成立前）にその住宅が滅失していた場合とを比較する。債権の目的は可能でなければならないという要件があるため、存在しない住宅を引渡す等という実現不可能な契約は成立しないという原則がある（原始的不能）。したがっ

第3章 債　権

図3-11　危険負担

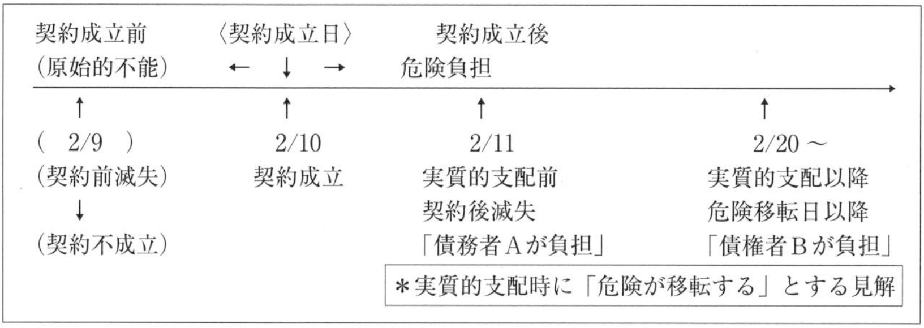

契約成立前 （原始的不能）	〈契約成立日〉 ← ↓ →	契約成立後 危険負担	
↑	↑	↑	↑
（ 2/9 ） （契約前滅失） ↓ （契約不成立）	2/10 契約成立	2/11 実質的支配前 契約後滅失 「債務者Aが負担」	2/20 〜 実質的支配以降 危険移転日以降 「債権者Bが負担」
		＊実質的支配時に「危険が移転する」とする見解	

て、2月9日（契約成立前）にその住宅が滅失していた場合は契約は成立せず、買主Bに代金支払い義務も生じないこととなる。次に、契約成立後の危険負担の規定について解説し、比較を行う。民法には、特定物（具体例の場合、住宅）に関する物権の設定または移転（具体例の場合、住宅の所有権という物権の売主Aから買主Bへの移転）を双務契約の目的とした場合において、その物が債務者（具体例の場合、住宅引渡し債務者Aである売主）の責めに帰することができない事由によって滅失し、または損傷したときは、その滅失または損傷は、債権者の負担に帰する（具体例の場合、住宅引渡し債権者Bである買主が危険を負担する、すなわち、代金を支払う）、という規定がある（534条1項）が、この危険の移転時期に関して、実質的支配（引渡し・登記）が（債務者Aから債権者Bに）移転したときに危険も移転するという見解も有力である。すなわち、実質的支配（引渡し・登記）と危険とが移転するのは2月20日であり、住宅が滅失した2月11日には、まだ危険が住宅引渡し債務者Aにあるから、買主Bには支払い義務がない（債務者Aが危険を負担する）と解釈する見解も有力である。契約成立前後のたった1日が買主にとって実質的に何も変化していない場合、原始的不能の場合と比較しても負担が大きすぎるため、以上のような解釈が提案されている。実務では、「建物引渡し後に危険が移転する」とする特約を定めることによって、危険の移転時期を明確に合意しておくことが多い。実質的支配がないのに契約が成立しただけで危険を負担するのは、現実的とは思われていないためである（図3-11）。

以上、「特定物に関する物権の設定または移転を双務契約の目的とした場合」が民法の危険負担の例外であり、債権者主義（債権者が危険負担する考え方）と呼ばれる。したがって、原則は、債務者主義（債務者が危険負担する考え方）と呼ばれる。たとえば、住宅の賃貸借の場合、賃貸人（住宅を引き渡して使用収益させる債務者A）が賃貸している住宅が隣家火災の延焼により滅失した場合、賃借人（住宅を引き渡して使用収益させる債権者B）に賃貸する住宅が消滅したのだから、賃借料の支払い義務も消滅する（債務者Aが危険負担する債務者主義・536条1項）。

（3）　第三者のためにする契約

　たとえば、売買契約において、売主が買主に対して「ある特定の第三者に代金を支払うように」と要求し、買主が「第三者への支払先変更」に承諾することがある（たとえば、売主が第三者から借金をしていて、この買主から直接第三者に借金を返済したい場合がある）。このように、契約によって「契約当事者ではない第三者」に「給付を請求する権利」を与えることができるが（537条1項）、第三者の権利は、その第三者が債務者に対して契約の利益を享受する意思を表示（受益の意思表示）したときに発生する（537条2項）。第三者は契約当事者ではないが、第三者の権利が発生すると、契約当事者であってもこの権利を変更または消滅させることができなくなる（538条）。

　第三者への給付を要求する契約当事者は「要約者」、第三者に給付する承諾をした債務者は「諾約者」、（「給付を請求する権利」を与えられた）契約当事者ではない第三者は「受益者」と呼ばれる。要約者と受益者の関係は「対価関係」と呼ばれ、要約者と諾約者の関係は「補償関係」と呼ばれる。

　債務者は、契約に基づく抗弁（同時履行の抗弁や解除等）を第三者（受益者）に主張することができる（539条）が、一方、第三者は契約当事者ではないので、第三者の権利には制限がある（当事者の契約を解除する権利がない等の制限がある）。

3 契約の解除

(1) 法定解除と約定解除

たとえば、自動車を100万円で売買する契約が成立した場合、契約は守らなければならず、自分勝手な都合で解除してはいけないのが原則である（売主は100万円を手に入れて何か買う予定があるかも知れず、また、買主は自動車を業務用に使用する予定があるかも知れず、このような契約後の予定があることを考えると、契約解除は相手に迷惑をかけることが多い）。ただし、契約は自由が原則であるから、契約相手に「気が変わったから解除したい」と申込み、相手も「解除しよう」と承諾することも自由であり、このような契約後に生じた合意（話し合い等）による解除は、合意解除または解除契約と呼ばれる。

しかし、（たとえば100万円の代金が支払われない等）契約に問題が生じたために当事者を契約から解放して保護する必要が生じる場合もある。民法は、約定解除権（あらかじめ契約内容を決定する段階で「このような場合は解除しよう」と事前に合意した契約内容に基づく解除権）、または法定解除権（法律に解除できる条件が定めてある場合の解除権）がある場合、その解除権を有する当事者が、（相手方の承諾等必要とせず）一方的に解除できると定めている（540条）。

法定解除権は、債務不履行（履行遅滞・履行不能・不完全履行）を要件とするとされており、以下において各類型に関して解説する。

履行遅滞の場合の法定解除権について、民法は、履行期をすぎても債務が履行されない場合（たとえば支払日に100万円の代金が支払われない場合）、その相手方は相当の期間を定めてその履行の催告をし（たとえば「一週間以内に代金100万円を支払え」と催告し）、その期間内に履行がないときは、一方的に契約解除できると定めている（541条）。仮に、催告期間が不相当に短い場合であっても、また催告期間が指定されていない場合であっても、客観的に相当な期間を経過すれば解除は有効となる（大判昭2・2・2民集6巻133頁）。ただし、たとえば、結婚式用のドレス引渡し等、緊急性があり催告する余裕がない場合等は、催告せずに直ちに解除できる場合がある（542条）。

履行不能の場合の法定解除権について、民法は、履行の全部または一部が不能となったときは、催告せず直ちに解除できると定めている（543条）。一部不能の場合は、一部のみの解除も可能であるとする見解がある。

不完全履行の場合の法定解除権は、追完可能であれば履行遅滞と同様の規定に従い、一方、追完不能であれば履行不能と同様の規定に従うとする見解がある。

（２） 解除の効果（原状回復・損害賠償義務）

たとえば、売主Aが自動車を買主Bに販売して、自動車を引き渡してから1年が経過したが買主Bが代金100万円を支払わないので契約解除をした場合、民法は、「各当事者は、その相手方を原状に復させる義務を負う」（545条1項）と定めている。解除されると契約ははじめから生じていなかったこととなり、契約は遡及的に無効になるという考え方（直接効果説）が民法（545条1項）の考え方であり、解除の効果として、未履行の債務は消滅し、履行したものについては原状回復義務が生じることとなる。原状回復とは、もし契約の履行をしていなかったら取得していなかった物・果実・使用利益等を相手方に返還することによって（金銭の場合は利息をつけて〔545条2項〕）、原状に回復させるということである。したがって、買主Bは、自動車およびその使用料相当額（1年間レンタカーを借りていたら支払っていたであろう金額）を返還することで、原状回復義務を果たしたこととなると解されている（図3-12）。

しかし、民法は、解除の効果の例外として、「第三者の権利を害することはできない」（545条1項但書）と定めている。たとえば、売主Aが買主Bに住

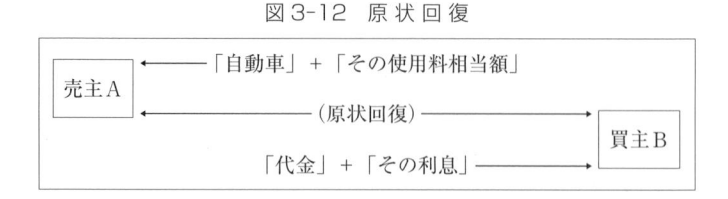

図3-12　原状回復

```
┌─────┐  ←――「自動車」＋「その使用料相当額」―――
│売主A │  ―――――――（原状回復）――――――――→ ┌─────┐
│     │                                              │買主B │
└─────┘  ―――「代金」＋「その利息」―――――→ └─────┘
```

宅を販売し、さらに買主Bが第三者Cに転売して登記した後に解除された場合に、第三者Cの権利が害されないこととなる。すなわち、原状回復の原則では所有権が売主Aに戻ることとなるが、これでは第三者が保護されないため、(第三者Cが権利保護要件としての対抗要件〔登記〕を取得していれば)第三者Cは権利を取得できることとしている(売主Aは住宅を取り戻せない)。

解除の効果として、民法は、「解除権の行使は、損害賠償の請求を妨げない」(545条3項)、すなわち、解除権を行使したからといって、損害賠償請求ができなくなるわけではないと定めている。解除の効果は原状回復であるが、損害賠償請求もできることを明記した条文であると解されている。なお、損害賠償義務と原状回復義務とは、同時履行の関係にあると解されている。

第3節　契約各論

1　贈　　与

(1)　贈与契約

贈与契約は、贈与者が自己の財産を無償で受贈者に与える意思を表示し、受贈者が受諾をすることによって、その効力を生ずる(549条)。たとえば、父Aがその子Bにプレゼントを与える行為は、贈与と呼ばれる。このプレゼントの贈与契約は、父A(贈与者)が自己の財産(プレゼント)を無償で(料金なし等、対価的関係に立たずに)子B(受贈者)に与える意思を表示し、子B(受贈者)が受諾をすることによって、その効力を生ずる(贈与契約が成立する・549条)。したがって、(たとえばガラクタを贈与されても困るため、)意思表示が合致することによって贈与契約が成立し、契約上の債権・債務が発生する。父A(贈与者)には「プレゼントを与えなければならない債務」が発生し、一方で、子B(受贈者)には「プレゼントを与えよという債権」が発生するのであるが、以下に述べる贈与契約特有の例外規定(書面がない場合の撤回条件に関する規定〔550条〕)があるので、口頭のみの合意では条件つきの成立という

ことになる。贈与の特徴に関して、たとえば、売買と比較すると、売買の場合は、商品に対する相当の代金を支払うこととなるので当事者双方が慎重に考慮することが考えられるが、一方、贈与の場合は、基本的に受贈者は何の義務もなく物を受け取れるので、贈与者の贈与が適切な財産損失であるのか、または受贈者にとって不必要な物ではないのか等の慎重な考慮を欠いてしまい、軽率な贈与による問題が生じる可能性がある。

　本来、契約が成立すると債権・債務が発生するが、例外として、「書面によらない贈与」の場合、履行が終わっていない部分について、各当事者は撤回できる（550条）。口頭のみで不明確な契約を軽率に締結する危険があるため、書面にして正確な内容を確認すること、または考え直して撤回することが可能となる。ただし、履行の終わった部分があると（たとえば、10万円の贈与のうち、5万円だけ先に贈与の履行が終了していたとすると）、その終わった部分については撤回することができない（550条但書）。

　以上のほか、売買契約との相違点として、たとえば、売買契約の売主は引き渡した品物に欠陥（瑕疵）があった場合は損害賠償責任等の担保責任（570条等）を負うが、しかし、贈与契約の贈与者は「物又は権利の瑕疵又は不存在について」（品物に欠陥〔瑕疵〕があった場合等に）原則として担保責任を負わない（551条）。ただし、「贈与者がその瑕疵又は不存在を知りながら受贈者に告げなかったときは」、例外として贈与者は担保責任を負う（551条1項但書）。贈与契約には基本的に受贈者に義務がないという特徴があり、受贈者に責任がない一方で贈与者にのみ責任が課されているという責任の量のバランスの不均衡の問題があるため、贈与者の責任が（売買や交換における対等な当事者に求められる責任よりも）条件つきで軽減されている（その他、負担付贈与では負担の限度で担保責任を負う〔551条2項〕）。

（2）　定期贈与・負担付贈与・死因贈与

　定期贈与とは、たとえば、毎月末に5万円の生活費を送金（贈与）するというように、「定期の給付」を目的とする贈与をいい、「贈与者又は受贈者の死亡によって、その効力を失う」（552条）。

負担付贈与とは、たとえば、老後の面倒を見るという条件つき（負担つき）で住宅を贈与するというように、「面倒を見る」という負担が小さく、住宅との対価関係には至らないため、売買・交換・委任等には至らず、贈与に分類される契約類型をいう。ただし、その負担付贈与契約の性質に反しない限り、双務契約に関する規定も適用される（553条）。

死因贈与とは、たとえば、贈与者が死亡したら時計を贈与するというように、死亡によって効力を発生させる贈与をいう。死因贈与契約は、遺贈に類似するが、契約であるという点で単独行為である遺贈とは相違点を有する。死因贈与契約には、「その性質に反しない限り、遺贈に関する規定を準用する」（554条）とされるが、この準用される規定とは効力に関する規定であり、遺贈の方式に関する規定は準用されないとする見解がある（最判昭32・5・21民集11巻5号732頁）。

2 売　　買

(1) 売買契約

売買契約は、当事者の一方（売主）がある財産権を相手方（買主）に移転することを約し、相手方（買主）がこれに対してその代金を支払うことを約することによって、その効力を生ずる（555条）。たとえば、スーパーで買主がこの100円のジュースを買いますといい（代金支払いを約し）、売主が売りますという（財産権移転を約す）ことによって売買契約が成立し、当事者双方に「権利および義務」が発生する。すなわち、買主による申込みの意思表示と売主による承諾の意思表示とが合致することによって、買主には100円を支払う義務（債務）とジュースを引き渡せという権利（債権）とが発生し、一方で、売主には100円を支払えという権利（債権）とジュースを引き渡す義務（債務）とが発生する。売買契約は、双務・有償・諾成契約である。

民法の定める「一方の予約」とは、将来売買契約を成立させる権利を一方当事者に与える合意をいい、「売買の一方の予約は、相手方が売買を完結する意思を表示した時から、売買の効力を生ずる」（556条）。たとえば、借主

Aが貸主Bから1000万円の融資を受ける条件として、「返済できない場合に借主Aの不動産を貸主Bに引き渡す売買契約を成立させる」、その予約完結権を貸主Bに与える合意を一方の予約という。

手付には、解約手付、証約手付、違約手付等があるが、この3種の内のいずれかとするような条件がなければ、「解約手付」と推定される。買主が売主に解約手付（たとえば100万円）を交付したときは、当事者の一方が契約の履行に着手するまでは、買主はその手付を放棄して（売主にその100万円をそのまま与えれば）、契約の解除をすることができ、一方、売主はその倍額を償還して（買主に2倍の200万円にして返還すれば）、契約の解除をすることができる（557条）。

売買契約に関する費用は、当事者双方が等しい割合で負担する（558条）。

以上のような売買の規定は、他の有償契約について準用する（559条）。

（2） 売買の効力（売主の担保責任）

売買の効力として、「売主の担保責任」がある。売主の担保責任とは、売主は、売買の目的物を対価に見合った十全な状態で給付することを担保しなければならず、目的物が契約の趣旨に合わない場合は責任を負う場合があり、このような場合の売主の責任をいう。目的物に瑕疵（何らかの欠陥のこと）がある場合に、売主の担保責任が問題となり、大きく「権利の瑕疵」（561条〜569条）と「物の瑕疵」（570条）とに分類されている。売主は、目的物に瑕疵があると、売主自身に過失がなくても責任を負い（無過失責任を負い）、その「瑕疵の内容」に応じて、かつ、買主の「善意・悪意」の場合に応じて、買主は、解除権、損害賠償請求権または代金減額請求権を（民法の規定に応じて）有することとなる。個別の内容について、以下に説明する。

売買の目的が「全部他人の権利」である場合、「売主がその売却した権利を取得して買主に移転することができないときは、買主は、契約の解除をすることができる。この場合において、契約の時においてその権利が売主に属しないことを知っていたときは、損害賠償の請求をすることができない」（561条）。たとえば、売主Aと買主Bとの間で、他人Cの所有する自動車を

販売する売買契約を締結することがあり、この売買契約は有効に成立する。このとき、売主Aは、他人Cからその目的の自動車を購入する等して、「その権利を取得して買主に移転する義務を負う」（560条）。そして、「全部他人の権利」であることにより、「移転することができないとき」は、買主は、「契約の解除権」および「損害賠償請求権」を有するが、ただし、買主が悪意のときは（契約の時においてその権利が売主に属しないことを知っていたときは）、買主は「損害賠償請求権」を有しない。このように、他人物売買は有効に成立はするが、売主Aが他人Cからその目的の自動車を購入できずに買主Bに移転することができないときは、売主Aは「買主Bに契約解除される」という「担保責任」を負うこととなる。

　売買の目的が「一部他人の権利」である場合、「売主がこれを買主に移転することができないときは、買主は、その不足する部分の割合に応じて代金の減額を請求することができる」（563条1項）。悪意の買主も、善意の買主も、代金減額請求権を有する。そして、「残存する部分のみであれば買主がこれを買い受けなかったときは、善意の買主は、契約の解除をすることができる」（563条2項）。また、「代金減額の請求又は契約の解除は、善意の買主が損害賠償の請求をすることを妨げない」（563条3項）、すなわち、善意の買主は、代金減額請求または契約解除をすると同時に、損害賠償請求もできる。なお、権利の行使期間は、善意と悪意とで異なり、「買主が善意であったときは事実を知った時から、悪意であったときは契約の時から、それぞれ1年以内に行使しなければならない」（564条）。この「1年」という期間は「除斥期間」と解されているため「時効の中断」がないが、善意の買主には「知った時から」という有利な条件があるため、起算点が遅くなり、契約時から1年経過後も権利行使が可能な場合がある。

　売買の目的が「数量不足または一部滅失」していた場合は、買主が善意のときは（買主がその不足または滅失を知らなかったときは）、「一部他人の権利」である場合の規定が準用される（565条）。すなわち、悪意の買主は、代金減額請求権を有しない。

売買の目的に次の「利用制限」があった場合、すなわち、「売買の目的物が地上権、永小作権、地役権、留置権または質権の目的である場合において、買主がこれを知らず、かつ、そのために契約をした目的を達することができないときは、買主は、契約の解除をすることができる。この場合において、契約の解除をすることができないときは、損害賠償の請求のみをすることができる」(566条1項)。さらに、この規定は、次の場合にも準用される、すなわち、「売買の目的である不動産のために存すると称した地役権が存しなかった場合及びその不動産について登記をした賃貸借があった場合について準用する」(566条2項) と規定されている。なお、権利の行使期間について、「契約の解除又は損害賠償の請求は、買主が事実を知った時から1年以内にしなければならない」(566条3項) と規定されている。

　売買の目的について、次の「担保権の行使」があった場合、すなわち、「売買の目的である不動産について存した先取特権又は抵当権の行使により買主がその所有権を失ったときは、買主は、契約の解除をすることができる」(567条1項)、そして、「買主は、損害を受けたときは、その賠償を請求することができる」(567条3項)。この「担保権の行使」があった場合の特徴として、悪意の買主も、善意の買主も、解除権および損害賠償請求権を有するという特徴がある。ただし、たとえば、購入して住んでいた住宅の抵当権が行使 (実行) されて「買主がその所有権を失った」ことが要件とされる。当然のことながら、「抵当権が設定されていた」というだけであれば、すなわち、「抵当権が行使 (実行) されていない」のであれば、買主に利用上の不利益がないまま (その後、債務者の弁済によって) 抵当権が消滅することもあるからである。

　「物の瑕疵」については、「売買の目的物に隠れた瑕疵があったときは、第566条の規定を準用する」(570条本文) と規定されており、この「物の瑕疵」に対する担保責任は「瑕疵担保責任」と呼ばれている。この「隠れた瑕疵」とは、瑕疵の存在を買主が知らず、かつ、一般的な注意では発見できない瑕疵をいうとされる。したがって、瑕疵について買主が善意・無過失であるこ

表 3-1　売主の担保責任

		解除	損害賠償	
全部他人物（移転できないとき）（561 条）	善意	○	○	
	悪意	○	×	
一部他人物（移転できないとき） （買い受けなかった△）（563 条）	善意	△	○	減額
	悪意	×	×	減額
数量不足・一部滅失（買い受けなかった△） （565 条）	善意	△	○	減額
	悪意	×	×	×
利用制限（地上権、永小作権、地役権、留置権、質権の目的等）（目的達成できないとき△）（566 条）	善意	△	○	
	悪意	×	×	
担保権の行使・実行（所有権を失ったとき） （567 条）	善意	○	○	
	悪意	○	○	
瑕疵担保責任（目的達成できないとき△） （570 条）	善意	△	○	
	悪意	×	×	

とが要件であると解されている。なお、瑕疵担保責任の規定は「566 条の規定を準用する」（570 条本文）と規定しているので、買主は、損害賠償請求権を有することとなり、また、瑕疵のために「契約をした目的を達することができないときは」、契約の解除権も有することとなる。さらに、権利の行使期間についても、「契約の解除又は損害賠償の請求は、買主が事実を知った時から 1 年以内にしなければならない」ということになる。この「知った時から 1 年」という期間は「除斥期間」と解されており、一方で、「知るまで」いつまでも行使できるわけではなく、引渡し時を起算点として 10 年の消滅時効（167 条 1 項）に係るとされている（最判平 13・11・27 民集 55 巻 6 号 1311 頁。表 3-1）。

なお、「担保責任を負わない旨の特約」をしても有効ではあるが、しかし、売主は、「知りながら告げなかった事実及び自ら第三者のために設定し又は第三者に譲り渡した権利については、その責任を免れることができない」（572 条）。

瑕疵担保責任の規定が、特定物の瑕疵（たとえば不動産の欠陥等）だけに適用

されるのか、それとも、不特定物の瑕疵（たとえばビンビールの欠陥等）にも適用されるのかという議論がある。判例には、「債権者が瑕疵の存在を認識した上でこれを履行として認容」した場合には、不特定物売買にも瑕疵担保責任が問われる可能性があると解することのできる判例があるが（最判昭36・12・15民集15巻11号2852頁）、学説の理論は複雑に展開している。瑕疵担保責任と債務不履行とを比較すると、瑕疵担保責任には「知った時から1年」（566条の準用）という短期間の期間制限があり、一方で、債務不履行には「10年の消滅時効」（167条1項）という長期間の行使期間があり、債務不履行の方が買主にとって有利となっている。ところが、瑕疵担保責任は売主に過失がなくとも無過失責任を追及することが可能であり、一方で、債務不履行は「売主（債務者）の帰責事由（責めに帰すべき事由）があること」という要件があるため、瑕疵担保責任の方が買主にとって有利となっていると解されていたが、批判的な学説もある。以上の適用の問題について、過失概念や契約責任概念の議論が高度に展開しており、学説の見解は複雑に分かれている。

(3) 買戻し

買戻しという制度について、「不動産の売主は、売買契約と同時にした買戻しの特約により、買主が支払った代金及び契約の費用を返還して、売買の解除をすることができる。この場合において、当事者が別段の意思を表示しなかったときは、不動産の果実と代金の利息とは相殺したものとみなす」（579条）と規定されている。実務上、たとえば、借主Aが貸主Bから1000万円の融資を受ける条件として、借主Aの不動産の買戻特約付売買契約が締結されることが多く、貸主Bが借主Aの困窮につけ込んで不当に高額な不動産を手に入れることのないよう、規制が必要となる。学説においては、「譲渡担保」との関係・統一について議論がなされており、見解が分かれている。判例においては、「買戻特約付売買契約の形式が採られていても、目的不動産の占有の移転を伴わない契約は、特段の事情のない限り、債権担保の目的で締結されたものと推認され、その性質は譲渡担保契約と解するのが相当である」（最判平18・2・7民集60巻2号480頁）とする見解も示されている。

買戻しに関しては、債権担保の問題に対応するための規制が多く、以下のような規定がある。

買戻しは、売買契約時の買戻しの特約によらなければならない（579条）、この特約は登記しなければ第三者に対抗できない（581条1項）、「買戻しの期間は、10年を超えることができない。特約でこれより長い期間を定めたときは、その期間は、10年とする」（580条1項）、「買戻しについて期間を定めたときは、その後にこれを伸長することができない」（580条2項）、「買戻しについて期間を定めなかったときは、5年以内に買戻しをしなければならない」（580条3項）、「登記をした賃借人の権利は、その残存期間中1年を超えない期間に限り、売主に対抗することができる。ただし、売主を害する目的で賃貸借をしたときは、この限りでない」（581条2項）、「売主は、第580条に規定する期間内に代金及び契約の費用を提供しなければ、買戻しをすることができない」（583条1項）、「買主又は転得者が不動産について費用を支出したときは、売主は、第196条の規定に従い、その償還をしなければならない。ただし、有益費については、裁判所は、売主の請求により、その償還について相当の期限を許与することができる」（583条2項）。

3 交　　換

交換と売買とは類似しており、基本的にはどちらも相手方への財産権の移転を目的としている。たとえば、友人A・B間で、AがBに自転車を移転し、BがAに時計を移転する（物々交換する）契約は、交換契約という。一方、AがBに自転車を移転し、BがAに「金銭」を移転する（代金を支払う）契約は、売買契約となる。このように、「交換は、当事者が互いに金銭の所有権以外の財産権を移転することを約することによって、その効力を生ずる」（586条1項）。

図 3-13　消費貸借契約

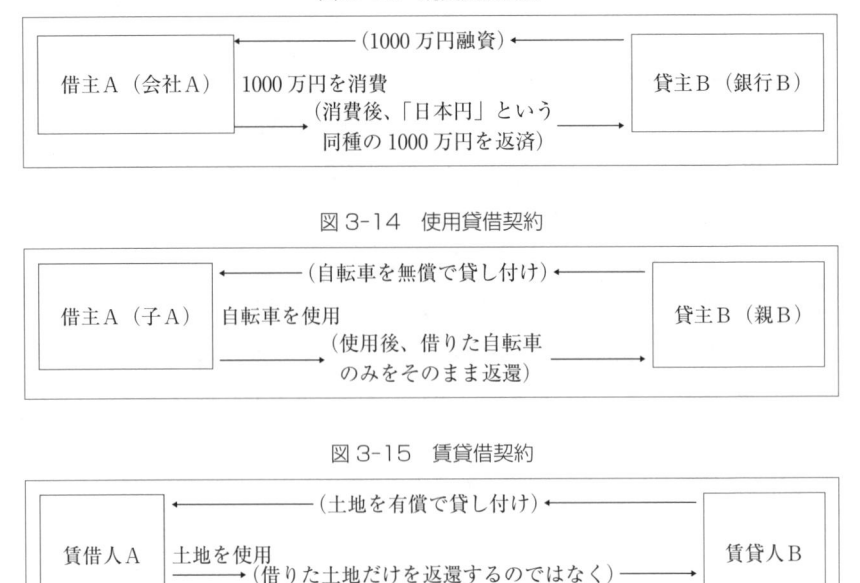

```
┌─────────────────┐ ←──────(1000万円融資)──────  ┌─────────────────┐
│ 借主A（会社A）  │   1000万円を消費               │ 貸主B（銀行B）  │
│                 │    （消費後、「日本円」という  │                 │
│                 │ ──── 同種の1000万円を返済）──→ │                 │
└─────────────────┘                                └─────────────────┘
```

図 3-14　使用貸借契約

```
┌─────────────────┐ ←──(自転車を無償で貸し付け)── ┌─────────────────┐
│ 借主A（子A）    │   自転車を使用                 │ 貸主B（親B）    │
│                 │    （使用後、借りた自転車      │                 │
│                 │ ──── のみをそのまま返還）────→ │                 │
└─────────────────┘                                └─────────────────┘
```

図 3-15　賃貸借契約

```
┌─────────────────┐ ←────(土地を有償で貸し付け)── ┌─────────────────┐
│ 賃借人A         │   土地を使用                   │ 賃貸人B         │
│                 │ ──(借りた土地だけを返還するのではなく)─→│         │
│                 │ ────(賃借料も支払う)─────────→ │                 │
└─────────────────┘                                └─────────────────┘
```

4　消費貸借

(1)　消費貸借契約

　消費貸借契約・使用貸借契約・賃貸借契約、以上3つの類似する制度があり、最初に、3つの具体例のみ例示する。

　消費貸借契約とは、たとえば、借主A（会社A）が、作業機械購入のために貸主B（銀行B）から1000万円融資を受け、その1000万円は作業機械購入のために消費されて手元からなくなり、消費後、「日本円」という同種の1000万円を返済する契約をいう（図3-13）。

　使用貸借契約とは、たとえば、借主A（子A）が貸主B（親B）からただで自転車を借りて、使用後そのまま返還するだけの契約をいう（図3-14）。

　賃貸借契約とは、たとえば、賃借人Aが賃貸人Bから有償で土地を借りて、

使用後、借りた土地を返還し、賃借料を支払う契約をいう（図3-15）。

「消費貸借は、当事者の一方が種類、品質及び数量の同じ物をもって返還をすることを約して相手方から金銭その他の物を受け取ることによって、その効力を生ずる」（587条）。たとえば、金銭消費貸借契約では、借りた1000万円は消費して手元からなくなり、「借りた1000万円紙幣」を回収してくるのではなく、同種・同量の1000万円を返済する。なお、利息も支払うときは「有償契約」となり、無利息のときは「無償契約」となる。また、消費貸借契約の成立要件は「受け取ること」であるから「要物契約」であり、原則として、借主のみが義務（返済義務）を負う「片務契約」である。

ところが、「要物契約」ではなく「諾成契約」であり、かつ、「片務契約」ではなく「双務契約」である「諾成的消費貸借」を認める学説は多い。根拠の一つとして「準消費貸借契約」があり、たとえば、売買代金等、消費貸借によらないで金銭その他の物を給付する義務を負う者がある場合において、当事者がその物（たとえばその売買代金）を消費貸借の目的とすることを「約した」ときは、消費貸借は、これによって成立したものとみなす契約を準消費貸借契約という（588条）。この準消費貸借契約では、代金を一度支払わせてから貸し付ける「要物契約」である必要はない。また、別の根拠として「消費貸借の予約」（589条）があり、「将来貸し付ける合意」すなわち「貸主の義務」の存する「双務契約」を認める見解もある。

（2） 消費貸借の効力

借主は、借りた物そのものを返還するのではなく、借りた物と「種類、品質及び数量の同じ物」を返還する義務を負う（587条）。たとえば、「お米」の消費貸借であれば、食べた「そのお米」は返還できないので、「同種・同品質・同量のお米」を返還するのである。「利息付きの消費貸借において、物に隠れた瑕疵があったときは、貸主は、瑕疵がない物をもってこれに代えなければならない。この場合においては、損害賠償の請求を妨げない」（590条1項）。「無利息の消費貸借においては、借主は、瑕疵がある物の価額を返還することができる。この場合において、貸主がその瑕疵を知りながら借主

に告げなかったときは」、590条1項の規定を準用する（590条2項）。「借主が貸主から受け取った物と種類、品質及び数量の同じ物をもって返還をすることができなくなったときは、その時における物の価額を償還しなければならない。ただし、第402条第2項に規定する場合は、この限りでない」(592条)。

（3） 消費貸借の終了

「当事者が返還の時期を定めなかったときは、貸主は、相当の期間を定めて返還の催告をすることができる」(591条1項)。「借主は、いつでも返還をすることができる」(591条2項)。

5　使用貸借

（1）　使用貸借契約

「使用貸借は、当事者の一方が無償で使用及び収益をした後に返還をすることを約して相手方からある物を受け取ることによって、その効力を生ずる」(593条)。使用貸借契約とは、たとえば、借主A（子A）が貸主B（親B）からただで自転車を借りて、使用後「その自転車」を返還する契約をいう。使用貸借契約は、「無償契約」である（この点が賃貸借契約と異なる点である）。また、成立要件は「受け取ること」であるから「要物契約」であり、原則として、借主のみが義務（返還義務）を負う「片務契約」である。

（2）　使用貸借の効力

「借主は、契約又はその目的物の性質によって定まった用法に従い、その物の使用及び収益をしなければならない」(594条1項)。「借主は、貸主の承諾を得なければ、第三者に借用物の使用又は収益をさせることができない」(594条2項)。借主が594条1項または2項の規定に違反して「使用又は収益をしたときは、貸主は、契約の解除をすることができる」(594条3項)。「借主は、借用物の通常の必要費を負担する」(595条1項)。貸主は、使用貸借の目的である物または権利の瑕疵または不存在について、その責任を負わない。ただし、使用貸借の貸主がその瑕疵または不存在を知りながら借主に告げなかったときは、この限りでない（596条による贈与の551条の準用）。「契約の本

旨に反する使用又は収益によって生じた損害の賠償及び借主が支出した費用の償還は、貸主が返還を受けた時から1年以内に請求しなければならない」(600条)。

(3) 使用貸借の終了

「借主は、契約に定めた時期に、借用物の返還をしなければならない」(597条1項)。「当事者が返還の時期を定めなかったときは、借主は、契約に定めた目的に従い使用及び収益を終わった時に、返還をしなければならない。ただし、その使用及び収益を終わる前であっても、使用及び収益をするのに足りる期間を経過したときは、貸主は、直ちに返還を請求することができる」(597条2項)。「当事者が返還の時期並びに使用及び収益の目的を定めなかったときは、貸主は、いつでも返還を請求することができる」(597条3項)。「使用貸借は、借主の死亡によって、その効力を失う」(599条)。

6 賃 貸 借

(1) 賃貸借契約

「賃貸借は、当事者の一方がある物の使用及び収益を相手方にさせることを約し、相手方がこれに対してその賃料を支払うことを約することによって、その効力を生ずる」(601条)。賃貸借契約とは、たとえば、賃借人Aが賃貸人Bから有償で土地を借りて、使用後、借りた土地を返還し、かつ、賃借料も支払う契約をいう。賃貸借契約は、当事者双方に義務があるので「双務契約」であり、「賃料を支払う」契約であるので「有償契約」であり、かつ、「約すること」によって成立するので「諾成契約」である。

「賃貸借の存続期間は、20年を超えることができない。契約でこれより長い期間を定めたときであっても、その期間は、20年とする」(604条1項)。「賃貸借の存続期間は、更新することができる。ただし、その期間は、更新の時から20年を超えることができない」(604条2項)。ただし、短期賃貸借という期間制限もあり、「処分につき行為能力の制限を受けた者又は処分の権限を有しない者が賃貸借をする場合」に、樹木の栽植または伐採を目的とする

山林の賃貸借は「10年」、これ以外の土地の賃貸借は「5年」、建物の賃貸借は「3年」、動産の賃貸借は「6カ月」を超えることができない（602条・更新制限については603条）。

（2） 賃貸借の効力

「不動産の賃貸借は、これを登記したときは、その後その不動産について物権を取得した者に対しても、その効力を生ずる」（605条）。問題は、登記をしなければ物権を取得した者（たとえば、新たな所有者）に対抗できない、となると賃借人が賃借権を失うため、賃借人を保護する必要があるということであり、この問題に対しては、「借地借家法」という特別法による対応がなされている。詳しくは、借地借家法の解説において説明する。

賃貸人および賃借人には、使用収益させる賃貸人の義務・賃料を支払う賃借人の義務（601条）のほか、以下のようなさまざまな義務が課される。「賃貸人は、賃貸物の使用及び収益に必要な修繕をする義務を負う」（606条1項）。「賃貸人が賃貸物の保存に必要な行為をしようとするときは、賃借人は、これを拒むことができない」（606条2項）。「賃貸人が賃借人の意思に反して保存行為をしようとする場合において、そのために賃借人が賃借をした目的を達することができなくなるときは、賃借人は、契約の解除をすることができる」（607条）。「賃借人は、賃借物について賃貸人の負担に属する必要費を支出したときは、賃貸人に対し、直ちにその償還を請求することができる」（608条1項）。「必要費」とは、雨漏りの修理等、維持・保存に必要な費用であるため、直ちに請求可能である。「賃借人が賃借物について有益費を支出したときは、賃貸人は、賃貸借の終了の時に、第196条第2項の規定に従い、その償還をしなければならない」（608条2項本文）。「有益費」は、どうしても今すぐ必要な費用ではないので、終了時に支払えばよく、また、「裁判所は、賃貸人の請求により、その償還について相当の期限を許与することができる」（608条2項但書）。

減額請求および契約解除について、「賃借物の一部が賃借人の過失によらないで滅失したときは、賃借人は、その滅失した部分の割合に応じて、賃料

の減額を請求することができる」(611条1項)、この場合において、「残存する部分のみでは賃借人が賃借をした目的を達することができないときは、賃借人は、契約の解除をすることができる」(611条2項) と規定されている。このほか、減収による賃料の減額請求 (609条)、減収による解除 (610条) に関する特殊な規定がある。

賃借権という「債権」も譲渡および転貸が可能ではあるが、(実質的に債務者が変更するため) 条件は厳しく、次のような制限規定が定められている。「賃借人は、賃貸人の承諾を得なければ、その賃借権を譲り渡し、又は賃借物を転貸することができない」(612条1項)。賃借人が612条1項の規定に違反して第三者に賃借物の使用又は収益をさせたときは、賃貸人は、契約の解除をすることができる (612条2項)。「賃借人が適法に賃借物を転貸したときは、転借人は、賃貸人に対して直接に義務を負う。この場合においては、賃料の前払いをもって賃貸人に対抗することができない」(613条1項)。このとき、「賃貸人が賃借人に対してその権利を行使することを妨げない」(613条2項)。

支払義務等については、「賃料は、動産、建物及び宅地については毎月末に、その他の土地については毎年末に、支払わなければならない。ただし、収穫の季節があるものについては、その季節の後に遅滞なく支払わなければならない」(614条)。「賃借物が修繕を要し、又は賃借物について権利を主張する者があるときは、賃借人は、遅滞なくその旨を賃貸人に通知しなければならない。ただし、賃貸人が既にこれを知っているときは、この限りでない」(615条)。使用貸借の規定の内、594条1項 (借主の使用収益)、597条1項 (借用物の返還時期) および598条 (収去権) の規定は、賃貸借について準用する (616条)。

(3) 賃貸借の終了

当事者が賃貸借の期間を定めなかったときは、各当事者は、いつでも解約の申入れをすることができる。この場合においては、解約の申入れの日からそれぞれ「土地の賃貸借は、1年」、「建物の賃貸借は、3カ月」、「動産及び貸席の賃貸借は、1日」が経過することによって終了する (617条1項)。「収

穫の季節がある土地の賃貸借については、その季節の後次の耕作に着手する前に、解約の申入れをしなければならない」(617条2項)。当事者が賃貸借の期間を定めた場合であっても、その一方または双方がその期間内に解約をする権利を留保したときは、617条の規定を準用する (618条)。「賃貸借の期間が満了した後賃借人が賃借物の使用又は収益を継続する場合において、賃貸人がこれを知りながら異議を述べないときは、従前の賃貸借と同一の条件で更に賃貸借をしたものと推定する。この場合において、各当事者は、第617条の規定により解約の申入れをすることができる」(619条1項)。「従前の賃貸借について当事者が担保を供していたときは、その担保は、期間の満了によって消滅する。ただし、敷金については、この限りでない」(619条2項)。

「賃貸借の解除をした場合には、その解除は、将来に向かってのみその効力を生ずる。この場合において、当事者の一方に過失があったときは、その者に対する損害賠償の請求を妨げない」(620条)。「契約の本旨に反する使用又は収益によって生じた損害の賠償及び借主が支出した費用の償還は、貸主が返還を受けた時から1年以内に請求しなければならない」(621条による600条の準用)。

(4) 借地借家法

借地借家法という特別法が必要とされる根拠について簡単に説明する。すでに説明したように、物権と債権との優劣の関係において、債権に対して、「物権の優先的効力」があり、「売買は賃貸借を破る」という原則があるとされる。たとえば、賃貸人Dが賃借人Eに土地を貸していた場合、この賃貸人Dが売主D（旧所有者D）として買主C（新所有者C）にこの土地を売ってしまい、この土地の所有権（物権）が買主C（新所有者C）に移転してしまうと、「売買は賃貸借を破る」という原則が適用されるとすれば（賃借権の「登記」がなければ）、新所有者C（買主C）は物権（所有権）を主張して「賃借人Eは土地を新所有者C（買主C）に返還せよ」(200条)と請求できてしまうこととなり、すでに存在していた債権が消滅し（賃貸借を破り）、賃借人Eが土地から追い出されるという問題が生じてしまうこととなる。

図 3-16　借地借家法

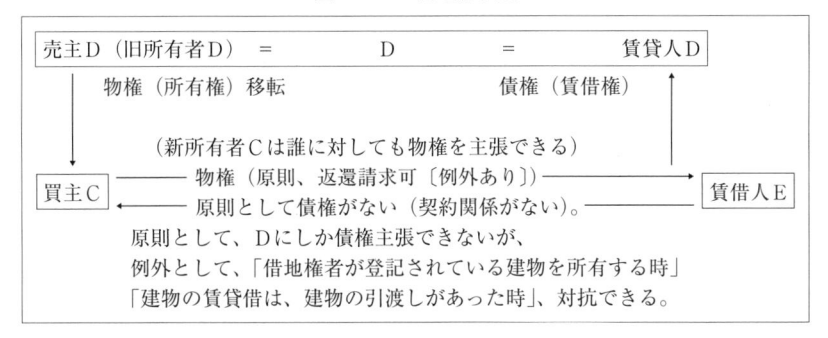

```
売主D（旧所有者D）　＝　　　　D　　　＝　賃貸人D
　│物権（所有権）移転　　　　　　債権（賃借権）　↑
　↓　　（新所有者Cは誰に対しても物権を主張できる）　│
┌────┐──物権（原則、返還請求可〔例外あり〕）──→┌────┐
│買主C│←─原則として債権がない（契約関係がない）。─│賃借人E│
└────┘　　　　　　　　　　　　　　　　　　　　　└────┘
　　　原則として、Dにしか債権主張できないが、
　　　例外として、「借地権者が登記されている建物を所有する時」
　　　「建物の賃貸借は、建物の引渡しがあった時」、対抗できる。
```

　以上の問題に対応する特別法が、借地借家法である。現在は、特定の不動産の賃借権は借地借家法によって保護され、借地借家法の要件を満たせば（借地借家10条1項・31条1項）、「売買は賃貸借を破る」という原則が適用されず、特例として債権（賃借権）を主張できる。「不動産の賃貸借は、これを登記したときは、その後その不動産について物権を取得した者に対しても、その効力を生ずる」（605条）が、しかし、賃借権の登記をしていなければ物権を取得した者（たとえば、新たな所有者）に対抗できない。借地借家法は、この問題に対応している。すなわち、「借地権は、その登記がなくても、土地の上に借地権者が登記されている建物を所有するときは、これをもって第三者に対抗することができる」（借地借家10条1項、なお、借地権とは、「建物の所有を目的とする地上権又は土地の賃借権をいう」〔同法2条1号〕）。そして、「建物の賃貸借は、その登記がなくても、建物の引渡しがあったときは、その後その建物について物権を取得した者に対し、その効力を生ずる」（同法31条1項）と規定することで、「賃借権の登記のない賃借人」に対抗力を与えている（図3-16）。

表3-2　雇用・請負・委任（比較図）

雇用	請負	委任
使用者が、労働者を「管理下」に置いて、労働に従事させる。	注文者が、請負人に「完成」を注文して、独立して作業させる。	委任者が、受任者の裁量に任せて、「ある処理」を委託する。

7　雇　　用

(1) 雇用契約

　雇用・請負・委任、以上3つの類似する制度があり、最初に、簡単に特徴のみ比較する。

　雇用においては、たとえば、業務内容を理解している使用者が、労働者を雇用し、その労働者の裁量で活動させず、管理下に置いて日々の労働について命令して従事させることが多い。

　請負においては、たとえば、ある特定の形態のビルを完成させたい注文者が、請負人（ある建設業者）にそのビルの完成を注文し、注文者は建設作業は請負人である業者に一任して指揮・命令をせず、完成まで独立して作業させることが多い。

　委任においては、たとえば、訴訟の知識の少ない委任者が、委任者自身ではできない訴訟（法律行為および裁判事務処理）を受任者（ある弁護士）に委託し、「請負」のように「裁判に勝つ」という完成を注文するのではなく、また、「雇用」のように管理下に置くのではなく、弁護士という専門家の裁量にまかせて、独立してその処理をさせることが多い（表3-2）。

　「雇用は、当事者の一方が相手方に対して労働に従事することを約し、相手方がこれに対してその報酬を与えることを約することによって、その効力を生ずる」(623条)。たとえば、会社（使用者）が従業員（労働者）を雇用して給料（報酬）を支払う契約が雇用契約である。雇用契約は、「双務契約」・「有償契約」・「諾成契約」である。

(2) 使用者・労働者の義務

「労働者は、その約した労働を終わった後でなければ、報酬を請求することができない」(624条)。労働者には、労働従事義務があり、その後、使用者には、報酬支払義務が生じることとなる。

民法上の原則として、「当事者が雇用の期間を定めなかったときは、各当事者は、いつでも解約の申入れをすることができる。この場合において、雇用は、解約の申入れの日から二週間を経過することによって終了する」(627条1項)。雇用の解除について、ほかにも詳細な規定はあるが、一般的に従業員が自己都合で会社を辞職する場合は、この原則が適用される。しかし、会社（使用者）が不当に解雇権を濫用することのないよう、規制が必要とされている。雇用においては、労働条件等、労働者の保護が問題になることが多く、民法以外の労働法と呼ばれる法律群（労働基準法、労働組合法、労働関係調整法等）により多くの規制がなされている。

8 請　　負

(1) 請負契約

「請負は、当事者の一方がある仕事を完成することを約し、相手方がその仕事の結果に対してその報酬を支払うことを約することによって、その効力を生ずる」(632条)。たとえば、注文者が、請負人（ある建設業者）にビルの完成を注文し、ビルが完成すれば報酬を支払う契約を請負契約という。請負契約は、「双務契約」・「有償契約」・「諾成契約」である。

(2) 注文者・請負人の義務

「報酬は、仕事の目的物の引渡しと同時に、支払わなければならない。ただし、物の引渡しを要しないときは、第624条第1項の規定を準用する」(633条)。請負人には、完成義務があり、完成後（引渡しと同時に）、注文者には、報酬支払義務が生じることとなる。

請負は、瑕疵（欠陥のこと）の「修補」を請求できるところに特徴がある。「仕事の目的物に瑕疵があるときは、注文者は、請負人に対し、相当の期間

を定めて、その瑕疵の修補を請求することができる。ただし、瑕疵が重要でない場合において、その修補に過分の費用を要するときは、この限りでない」(634条1項)。「注文者は、瑕疵の修補に代えて、又はその修補とともに、損害賠償の請求をすることができる」(634条2項)。

「建物その他の土地の工作物」については、解除制限があり、「仕事の目的物に瑕疵があり、そのために契約をした目的を達することができないときは、注文者は、契約の解除をすることができる。ただし、建物その他の土地の工作物については、この限りでない」(635条)と規定されている。

請負人の担保責任追及期間および起算点に関して、それぞれ特殊な規定があり、「瑕疵の修補又は損害賠償の請求及び契約の解除は、仕事の目的物を引き渡した時から1年以内にしなければならない」(637条1項)、そして、仕事の目的物の引渡しを要しない場合には、この期間は、仕事が終了した時から起算する (637条2項)。また、「建物その他の土地の工作物の請負人は、その工作物又は地盤の瑕疵について、引渡しの後5年間その担保の責任を負う。ただし、この期間は、石造、土造、れんが造、コンクリート造、金属造その他これらに類する構造の工作物については、10年とする」(638条1項)。

9　委　　任

(1) 委任契約

「委任は、当事者の一方が法律行為をすることを相手方に委託し、相手方がこれを承諾することによって、その効力を生ずる」(643条)。また、準委任として、委任の規定は、「法律行為でない事務の委託について準用する」(656条)と規定されている。たとえば、委任者が、受任者(ある弁護士)に訴訟(法律行為および裁判事務処理)を委託する契約を委任契約という(この例の場合、「法律行為でない事務の委託」も含まれていれば、準委任契約も含まれている)。委任契約は、「諾成契約」である。ただし、「無償契約」の場合も「有償契約」の場合もあり、また、「片務契約」の場合も「双務契約」の場合もある。

（2） 委任者・受任者の義務

「受任者は、委任の本旨に従い、善良な管理者の注意をもって、委任事務を処理する義務を負う」（644条）。「受任者は、委任者の請求があるときは、いつでも委任事務の処理の状況を報告し、委任が終了した後は、遅滞なくその経過及び結果を報告しなければならない」（645条）。「受任者は、委任事務を処理するに当たって受け取った金銭その他の物を委任者に引き渡さなければならない。その収取した果実についても、同様とする」（646条1項）。「受任者は、委任者のために自己の名で取得した権利を委任者に移転しなければならない」（646条2項）。

委任者の義務として、報酬を支払う特約があれば、報酬支払義務が生じることとなる（648条）。そのほか、「委任事務を処理するについて費用を要するときは、委任者は、受任者の請求により、その前払いをしなければならない」（649条）等の義務がある。

「委任は、各当事者がいつでもその解除をすることができる」（651条1項）。「当事者の一方が相手方に不利な時期に委任の解除をしたときは、その当事者の一方は、相手方の損害を賠償しなければならない。ただし、やむを得ない事由があったときは、この限りでない」（651条2項）。

第4節 事務管理・不当利得

1 事務管理

（1） 事務管理の意義

法律上の義務なしに、他人のためにその事務を処理することを「事務管理」という。たとえば、ある人が、首輪をつけた猫がうずくまっているのを見つけ、これを獣医に診せた際、埋め込まれたICチップから飼主が分かった。ところが、飼主が不在だったので、猫を見つけた人はしばらく猫の世話をし、後日、連絡の取れた飼主に猫を引き渡した。この例で、猫の世話をし

た人は、飼主にそれを頼まれたわけではない。見方によってはお節介であり、他人の飼猫を勝手に連れ回すことは、違法な侵害と見る余地さえある。しかし、これらの行為は、むしろ飼主の利益にも適う面があり、これを一律に違法とする必要はなさそうである。そこで、民法は、法律行為であれ事実行為であれ（たとえば、前述の診療契約や猫の世話）、一定の範囲で事務管理を適法とするとともに、これを始めた「管理者」には最後まで適切に行うよう義務づけた。

（2） 事務管理の効果

　管理者は、本人の利益と意思に適うよう事務管理をしなければならない（697条参照）。これに反して生じた損害については、後述の不法行為責任を負うことがあるが、本人の身体・名誉または財産への急迫の危害を避けるための事務管理では、管理者は、悪意または重大な過失があるのでなければ責任を負わない（698条参照）。また、管理者は、事務管理を始めたことを本人が知らないときは、遅滞なくこれを通知しなければならない（699条参照）。さらに、本人等がみずから事務を処理できるまで、事務管理を継続する義務を負うが、事務管理の継続が明らかに本人の意思や利益に反するときは、それを止めなければならない（700条参照）。

　管理者は、事務管理の報酬を請求できないが、本人のために有益な費用を支出し、有益な債務を負担したときは、その償還または弁済を請求できる。ただし、本人の意思に反するときは、償還または弁済の範囲は、現存利益に限られる（702条参照）。そのほか、事務管理には、受任者の義務と責任に関する委任の規定（645条〜647条）が準用される（701条参照）。

2　不当利得

（1） 不当利得の意義

　自己の物を権原のない者が占有する場合に、所有者は、物権的返還請求権を行使して、その物を取り戻すことができ、民法はその際の利害調整の規定を置いている（189条〜191条・196条参照）。また、契約が解除された場合には、

引渡済の商品や既払代金はそれぞれ返還される（545条1項参照）。しかし、消費や第三者による原始取得のため、現物の返還ができない場合や、契約が無効であったり、取り消された場合について、民法は、これらを個別に規律する規定を用意していない。このような場合の受け皿として機能するのが「不当利得」制度であり、法律上の原因なく他人の財産や労務により利益を受け、そのために他人に損失を及ぼした「受益者」は、その利得を返還しなければならない（703条参照）。

旧通説は、各所のルールを、公平の理念に基づく高次の法理の現れとして、統一的に把握した。しかし、利得の返還が問題となる局面は多様なので、今日では、不当利得をいくつかのタイプに分け、それぞれについて要件・効果を検討する類型論が通説的地位を占める。ここでは、類型論によりつつ、「侵害利得」と「給付利得」を区別して、それぞれ概説するに留める。

（2）侵害利得

他人の立木を伐採して伐木を売却したり、他人の土地を駐車場として利用した場合のように、他人の物を断りなく使用、収益または処分したことによって受益者の得た利得を、侵害利得という。みずからの物と誤信するなど、使用・収益等の権原のないことについて善意の受益者は、現存利益の範囲で利得を返還すれば足りるのに対し、悪意の受益者は、受けた利得に利息を付して返還したうえ、なお損害のあるときは、その賠償をする責任をも負う（703条・704条参照）。

（3）給付利得

契約等の法律上の原因を前提とする給付がなされたが、その無効や取消しにより、法律上の原因を欠くこととなった場合に、当事者に留まる利得を、給付利得という。しかし、売買の無効原因につき善意の売主が、代金をギャンブル等に浪費し、現存利益がないとして返還を免れる一方で、買主から商品の返還を受けるのはアンバランスである。そこで、給付利得にあっては、703条および704条をそのままの形では適用せず、契約類型ごとに、その清算に適した効果を検討すべきとされる。たとえば、売買等譲渡型の双務契約

の清算では、当事者が善意であるときでも、受け取った物のほか、その果実や使用利益のすべてを相互に返還すべきとされる。

ところで、債務の不存在を知りながら、あえて債務の弁済として給付をした者は、保護に値しないので、給付の返還を請求できない（705条参照。もっとも、双務契約の清算には適用されないと解されている）。また、債務者が期限前にした弁済は、その返還を請求できない。ただし、期限に関する錯誤による弁済については、債権者は利得（金銭の運用益分等）を返還しなければならない（706条参照）。他人の債務を自己の債務と誤信してした弁済については、これを受領した債権者を保護すべき一定の場合に、弁済者は返還を請求できず、債務者に求償権を行使できるに留まる（707条参照）。さらに、不法な原因のために無効となる給付の返還に裁判所が助力すべきではないので、給付した者はその返還を請求できない。ただし、不法な原因が受益者にのみ存するときは、この限りでない（708条参照）。

（4） 不当利得の応用

たとえば、債務者が、ある人から騙し取った金銭を弁済として債権者に交付した場合に、騙し取られた人が債権者に不当利得の返還を請求することがある。判例は、騙取金であることについて、債権者に悪意または重過失のある場合に限り、不当利得になるとする（最判昭49・9・26民集28巻6号1243頁）。また、賃借人が賃借物の修理を修理業者に依頼し、代金未払いでその返却を受け、その後、賃貸人に返還したところ、賃借人が無資力となったという場合に、修理業者が賃貸人に対し、未払代金相当額を不当利得として請求できるかが問題となる（転用物訴権）。これを認めた判例もある（最判昭45・7・16民集24巻7号909頁）が、代金未払いで修理した物を返却したことで修理業者がみずから引き受けた不払いリスクを、賃貸人に押しつけるのは不当であるとの学説の批判を容れて、不当利得が成立する場面を限局する判例も現れている（最判平7・9・19民集49巻8号2805頁参照）。

第5節　不法行為法

1　不法行為制度の意義

（1）　不法行為法の全体像

　民法709条は「故意又は過失によって他人の権利又は法律上保護される利益を侵害した者は、これによって生じた損害を賠償する責任を負う」と規定する。これを「不法行為（法）」という。

　日本の不法行為法は、各種の加害行為を個別に列挙し、それぞれ要件・効果を定めるのではなく、加害行為一般に適用される「一般不法行為（法）」を備える。この枠組みは、交通事故、公害、薬害・食品被害、医療過誤、名誉毀損・プライバシーの侵害など、多様な行為類型に適用される（ただし、これらの類型にはそれぞれ特有の性質があるので、要件解釈や判断基準については、訴訟類型ごとに議論されてきた。また、特定の行為類型にのみ適用される不法行為特別法もある）。そのうえで、いくつかの場面で、一般不法行為の要件（特にその特徴としての過失責任主義）を修正する「特殊不法行為（法）」が規定されている。効果はいずれも基本的に同一であり、金銭賠償を原則とするが、名誉毀損に特則があるほか（723条参照）、差止めの法的構成については議論がある（表3-3）。

（2）　目的・機能

　不法行為法の目的は一般に、損害の填補を通じた「被害者救済」にあると解されてきた。もっとも、損害には不法行為によらないものもあるし、不法行為法上の救済は、その要件が満たされる場合に限られる。仮に不法行為責任が認められても、加害者が賠償資力を欠くときは、実質的な被害者救済に

表3-3　不法行為法の条文構造

要件	一般不法行為	709条、712条、713条、720条	効果	710条・711条
	特殊不法行為	714条〜719条		721条〜724条

つながらない。そのため、不法行為の成否にかかわらず損害に備え、または不法行為法を支える仕組みも必要になる。損害保険や傷害保険は、被害者の自衛手段として保険であり、保険事故に伴う損害を潜在的被害者集団に分散する。保険金は不法行為の成否とは無関係に支払われるが、不法行為が成立するときは、賠償金と保険金との調整が問題になることがある。また責任保険は、不法行為責任を負う事態に備えた保険であり、保険金は不法行為が成立する場合にのみ支払われる。賠償金支払いの負担を潜在的加害者集団に分散させることで、賠償資力を確保するのに役立つ。そのほか、労災補償や公害健康被害補償制度のように、企業や特定の業界からの拠出金により運営される公的救済制度（不法行為法とは別の制度であるが、資金拠出の根底には不法行為法の側面もある）や、犯罪被害者に対する補償制度のように、国の財源から支払われる一種の社会保障給付もある。

　ところで、賠償責任を負う加害者は「制裁」を受けているようにも見える。しかし、近代法は刑罰を科す権能を国家に独占させたので、制裁は、不法行為法の主たる目的ではなく、副次的な機能にすぎない（最判平9・7・11民集51巻6号2573頁参照）。さらに、不法行為法の目的として、将来の不法行為の「効率的」な「抑止」が挙げられることもある。もっとも、「抑止」を強調して賠償負担を特定の加害者に集中させると、当該加害者の無資力により「被害者救済」が図られなくなるリスクも生じる。また、「効率的」とは社会的コストを削減することのようであり、そのような観点からは、不法行為により生じると見込まれる損害額が、その防止に要するコストを上回る場合にのみ、責任を課すべきであるとされる。しかし、将来の不法行為による損害の見込額や防止コストを常に数値化できるわけではないし、人命のように、多くコストをかけても保護されるべき重大な法益もあろう。

2　過失責任主義と無過失責任論

(1)　過失責任主義とその根拠

　不法行為法は、損害を生じさせた以上、常に加害者に責任を負わせる原因

主義を採用せず、原則として、故意・過失のある加害者にのみ責任を負わせる（709条参照）。法的責任の要件として、少なくとも過失のあることを要求する原則を「過失責任主義」という。

　起草者は、不法行為法にこの原則を採用する理由を、自由な活動領域を保障するためと説明した。明治期には、産業革命等の成果を取り入れた社会経済の振興が要請されたが、当時最新の科学技術が思いがけない損害を生じさせる可能性もある。ここに原因主義を採用すれば、事業者は収益を超える賠償責任を負わされるおそれがあるので、事業の立ち上げを躊躇させかねない。そこで、損害を生じさせても構わないというわけではないが、注意深く行動していれば、仮に不測の損害が発生しても責任を負わせないことにした。このように、過失責任主義は、歴史的には産業保護の色彩を帯びており、「過失がなければ責任なし」という消極的な側面が強調されたのである。

　他方、旧通説は、法的責任の根拠を終局的に行為者の意思に求めるドイツの意思理論の影響等により、「過失があるからこそ責任あり」として、過失責任主義を積極的に根拠づけようとした。その際、故意と過失はいずれも「責めるべき主観」と捉えられ、過失責任主義の根拠は「責めるべき主観への非難」にあると説明された。

（2）　過失責任主義の修正

　その根拠づけはさておき、過失責任主義が妥当性をもつには、注意深く行動させればほとんどの損害を防止できることと、加害者と被害者に立場の互換性のあること（過失責任主義が特定の者のみに有利に作用しないこと）という前提が必要であろう。ところが、（観念的にはともかく、現実的には）注意深い運転を求めれば、ほぼゼロにできるとは言い難い交通事故のように、行為に内在する危険性のために避けることのできない被害も増加した。また、立場の互換性を見出せない公害や薬害では、過失責任主義は、被害者に一方的に不利に作用すると認識されるようになる。さらに、公害等は時に深刻で広範に及ぶ健康被害を生じさせ、その救済が強く要請されるにもかかわらず、化学的または医学的な知識に乏しい被害者が過失を証明することは、しばしば困難で

あった。これら社会状況の変化に伴い、過失責任主義は修正を迫られることになる。

そこで一方では、客観化された過失概念のもとで、その注意義務を高度化し、または立証責任の事実上の転換によって、過失責任主義の範囲内で被害者救済を導く工夫が試みられた。他方で、過失責任主義を修正する特殊不法行為の適用範囲を広げる要件解釈も模索された。さらに、危険を伴う活動について、立証責任を転換したり、無過失責任を課したりする不法行為特別法も制定された（たとえば、自賠 3 条、原子力損害 3 条）。

（3） 無過失責任の帰責根拠

過失責任主義のもとで、過失なしに責任を負う場合のあることを認めるには、そのための根拠が必要である。この点について、報償責任とは、利益を挙げる過程で他人に損害を与えた者は、過失の有無にかかわらず、その利益から損害を負担すべきであるという考え方である。また、危険責任とは、他人に損害を生じさせる危険のある行為はそもそも行うべきでないところ、あえてこれを行った者は、過失がなくとも危険の現れである損害を負担すべきであるという考え方である。これら 2 つの考え方は二者択一的なものではなく、両者が相まって無過失責任を根拠づける。

3　一般不法行為の成立要件

以下では、一般不法行為の成立要件を解説する。さしあたり、その概略を図示するなら、図 3-17 のようになる。

（1）　故意責任とその独自性の有無

民法 709 条は、不法行為の成立要件として「故意又は過失」を併記する。そして、学説は、故意を「ある行為が損害を発生させるのを知りながら、敢

図 3-17　一般不法行為のイメージ図

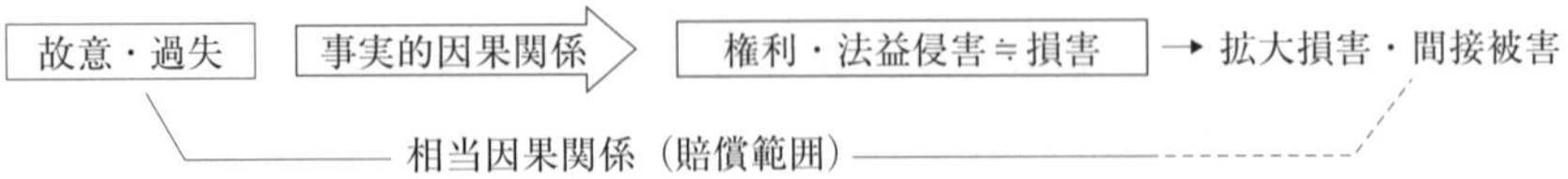

| 故意・過失 | → | 事実的因果関係 | → | 権利・法益侵害≒損害 | → | 拡大損害・間接被害 |

　　　　　　　　　相当因果関係（賠償範囲）

えてこれを行う心理状態」と定義してきた。

　故意責任と過失責任では、故意の場合に限り不法行為となる行為類型があり、また、賠償範囲や賠償額（特に慰謝料）および過失相殺の認否など効果面に違いがある。しかし、故意と過失を「責めるべき主観」として統一的に把握する旧通説は、これらの違いを、帰責性の「質」ではなくて、「非難性の程度」の差によるものと説明し、故意責任の独自性を認めない。また、同じく損害賠償を導けるのであれば、原告にとって、故意と過失の境界を論じる意義に乏しく、「故意」より立証の容易な「過失」を主張した方が得策であることが多い（なお、法人の故意責任を認めた事例として、前橋地判昭57・3・30判時1034号3頁参照）。そのため、日本の不法行為法学は、要件論に関しては、主として過失責任を中心に発展してきた。ただし、次に述べる「過失の客観化」に伴って、主観的要素の強い故意責任に独自の意義を付与する見解も、近時有力に主張されている。

（2）　過失の客観化

　旧通説は、過失を、「不注意（緊張の欠如）のために、ある行為が損害を発生させるのを知らずに、これを行う心理状態」と定義し、不法行為の主観的要件と解した。そして、その判定基準としては、具体的過失ではなくて、抽象的過失を用いた。具体的過失とは、加害者本人の最大の注意レベルを前提として、当該加害者に不注意があったかどうかを判定する基準である。これに対し、抽象的過失は、加害者と同種の職業・地位にある者に標準的に要求されるべき注意レベルを前提として、加害者本人がそれに達していたか否かによって過失の有無を判定する。

　たとえば、医療過誤の事例において、仮に注意レベルを数値化できたとして、ある施術につき、標準的な医師に注意70を要求すべきところ、最大注意100を尽くすことのできる医師Aが注意80を用いてその施術を行ったとする。また医師Bは、その最大注意60を尽くしたとしよう（図3-18）。この際、具体的過失によれば、Aに過失あり、Bに過失なしとされるのに対し、抽象的過失によれば、Aに過失なし、Bに過失ありとされる。具体的過失は、

図3-18　注意レベル

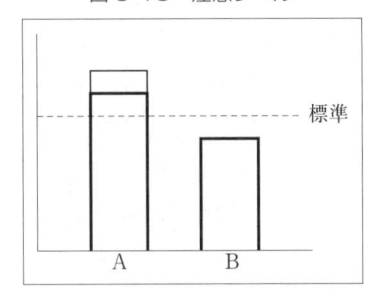

Aに責任を課し、Bを免責するので、不当な結果をもたらす。したがって、旧通説が判定基準として抽象的過失を用いるのは、結論において妥当である。

　しかし、過失を「責めるべき主観」と捉えるのであれば、論理的には具体的過失によって過失の有無を判定すべきことになるはずである。また、「緊張を欠く心理状態」は、上のように数値化しうるものではなく、結局、外部に現れた行為の態様から推認せざるをえない。実際、裁判例では、損害防止のための措置をとったかという客観的な行為が問題とされる（初期の事例として、大阪アルカリ事件〔大判大5・12・22民録22輯2474頁〕参照）。そこで、今日の通説的見解は、過失とは心理状態ではなく、結果回避義務違反であり、過失責任主義を、結果回避のための客観的な行為義務を尽くさなかったことへの非難と説明する。この過失概念の変化を、「過失の客観化」という。

（3）　過失の構造と立証

　それでは、客観化された過失は、どのように立証または認定されるべきか。これは、過失の構造とも関連する問題である。

　まず、そもそも損害発生という結果を予見できない場合には、それを防止すべきであったとか、回避できたはずであるとはいえまい。また、結果が予見できたにもかかわらず、それを防止する措置を取らなかったときに初めて、加害者を法的に非難できよう。したがって、「予見可能性」は、結果回避義務の当然の前提であるとされる。なお、結果を予見できるなら、そのような危険な行為を止めるべきであり、予見可能性さえあれば過失を認定すべきと

する見解も見られる。しかし、そうすると、現代社会の活動は何らかの危険を伴うことが多いから、過失が認められやすくなり、リスクはあるものの社会的に有用な行為をも萎縮させかねない。それゆえ、少なくとも一般論としては、過失の有無は、予見可能性の存否のみではなく、それを前提としつつ、結果回避義務を課すべきか否かによって、判定されるべきであろう。

　ところで、加害行為時の知見を基準にして予見可能性を論じると、行為や製品の安全性について、さらなる調査研究を怠っている方が有利になり、不当な結果をもたらす。そこで、公害や薬害等では、十分な調査研究を尽くしていれば、どのような結果が予見できたかを基準として、予見可能性が判断されることもある。この判断基準は、健康被害のような重大な保護法益の侵害について、予見義務・調査研究義務を課したものといえる。

　次に、予見可能な結果に対し、どのような回避措置が措定されるべきか。もっとも、回避措置の具体的内容は、予見された結果に依存するため、個別に検討せざるをえない。後にいくつか具体例を挙げることにしよう。他方、具体的な回避措置を執る義務を課すべきか（義務違反があるか）については、次のような公式が提案されている。すなわち、結果回避義務違反を認定すべきは、被害の重大さ（L）とその発生頻度（P）の積が被害防止に要するコスト（B）を上回る（$L \times P > B$）ときとされる。この公式は元々、不法行為の効率的な抑止による社会的コストの削減を重視するアメリカの裁判例で提示されたものであり、裁判官の名を取って「ハンドの公式」と呼ばれる（図3-19）。しかし、公式の要素を数値化できないことも多く、被害者を犠牲にして社会的有用性を優先する余地のあることに疑問も呈されている。実際この公式は、裁判上、必ずしも帰責判断の基準として機能しておらず、一種の

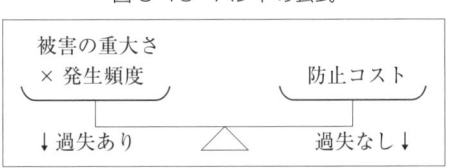

図3-19　ハンドの公式

被害の重大さ ×発生頻度	防止コスト
↓過失あり　△	過失なし↓

理論モデルに留まる。

　さて一般に、ある法律効果を主張する者は、そのための法律要件を立証しなければならないとされるので、過失等の立証責任は、損害賠償を請求する原告被害者にある。しかし、前述のように、公害等では原告が過失を立証することは困難であった。そのため、無過失責任を課す不法行為特別法も制定されるようになるが（水質汚濁 19 条、大気汚染 25 条等参照）、その整備が立ち後れていた時期や特別法の射程が及ばない事案では、原告に厳格な過失の立証を求めることは酷である。もっとも、原告が経験則に照らして過失を推認させる状況（たとえば、食品被害では、当然に人々の口に入る食品に有害物質が混入していたという事実）を立証しさえすれば、裁判官は過失ありとの心証を抱きがちになるため、被告は事実上、みずからに過失のないことを主張する必要に迫られる。被害者救済のために、このような立証責任の「事実上の転換」を積極的に用いる手法を、「過失の一応の推定」という。

（4）　権利・法益の侵害

　民法 709 条は当初、不法行為の要件として「他人ノ権利」の侵害を要求したが、2004 年改正で「又は法律上保護される利益」（の侵害）という文言が挿入された。ここではその経緯を概説する。

　起草者は、過失要件のみでは不法行為の範囲が広がりすぎるのを懸念して、権利侵害の要件を付加したが、これによって不法行為の成立をことさら狭くする意図はなかったようである。ところが、初期には「権利」概念を厳格に解する判例も現れた。雲右衛門事件（大判大 3・7・4 刑録 20 輯 1360 頁）では、X 社が当時人気のあった浪曲師「桃中軒雲右衛門」のレコードを制作・販売したところ、Y 社がその「海賊版」を制作・販売した。そこで、X 社は、Y 社の行為が著作権の侵害にあたるとして、損害賠償を請求した。これに対し、大審院は、浪曲師が聴衆の興味減退を防ぐため公演ごとに節回しを変えることに着目し、旋律の定まらない浪曲は「著作物」とはいえないので著作権は成立せず、したがってまた、権利侵害がないとして、X 社の請求を退けた。

　しかし、上の「著作物」概念には問題があるほか、雲右衛門に報酬を支払

わずにX社より安価でレコードを販売するY社の「ただ乗り」行為を放任する要因となった権利概念は、妥当性を欠く。ほどなく大審院も、大学湯事件（大判大14・11・28民集4巻670頁）で実質的に判例を変更し、権利侵害の要件を緩やかに解した。この事件では、Xは、「大学湯」という湯屋を営むYから施設を賃借して営業を引き継いだ際、「老舗（従前の名称で営業する地位）」を買い取った。その後、Xは賃貸借を合意解除して、Yに施設を返還した。Yが新たにAに施設を賃貸し、Aが営業を再開したところ、Xは、老舗を売却する機会が失われたとして、Yに損害賠償を求めた。商号や商標登録のない老舗それ自体は法的権利ではないが、大審院は、709条にいう「権利」を、法律観念上その侵害に対して不法行為法による救済を必要とするような利益と捉え直し、法律に「○○権」と名称がついているかを詮索して、大局的見地からする救済を狭く限局させる趣旨のものではないと判示した。

大学湯事件を契機として、伝統的な学説は、不法行為法の保護する利益が広範に及ぶことを基礎づける「違法性論」を展開した。すなわち、不法行為法は本来、違法な行為に責任を課すものであり、709条は違法な場面の一つとして権利侵害を例示したにすぎない。したがって、権利侵害がなくとも、違法と評価される行為があるときは、不法行為が成立するのであり、「権利侵害」を「違法性」と読み替えて差し支えないとされた。それでは、行為の違法性はどのように判定されるべきか。その判断基準として通説化したのが「相関関係説」であった。この見解は、加害行為には、犯罪として禁圧されるものから、公序良俗に反するもの、権利行使の過程で損害を生じさせてしまうものまで、その悪性に強弱があり、また被侵害利益にも、明確な権利から、その保護が要請されつつあるものまで、段階強弱があることに注目する。そして、違法性は、加害行為の態様と被侵害利益の要保護性との組み合わせを考慮して、相関的に判断されるべきであるとする。

今日では、権利侵害の判断過程を条文に現れない「違法性」と表現することや、相関関係説に加害者を免責する方向で作用する余地のあることなどに疑問も呈されている。ただし、「権利」侵害がなくとも、「法律上保護される

利益」の侵害があれば、不法行為が成立しうるという点に異論はなく、これを条文に明示して確認したのが、2004 年改正だったのである。

(5) 不法行為法学の混迷

旧通説は、過失は主観的要件であるのに対し、違法性（権利侵害）は客観的要件であるとする要件構造を確立した。ところが、前述の「過失の客観化」により、過失もまた客観的要件と解されるようになると、別の概念を用いていずれも客観的な評価を加えることの当否や、判断材料が重複することに疑問が呈された。その結果、旧通説が確立した要件構造は見直しを迫られ、学説は、新たな要件構造を模索している。この点について、学説を一元論、二元論、二分論の 3 タイプに大別できそうである。一元論は、過失と違法性が交錯したのであれば、いずれかに統一すべきとして、さらに過失一元論と違法性一元論に分かれる。二元論は、過失と違法性に別途の役割を与えて、両者を維持する考え方である。二分論は、過失のみで一元的に帰責判断される（または当然に違法性を帯びる）訴訟類型と、違法性評価を加えて二元的に利害調整を図るべき訴訟類型を区分する。もっとも、各タイプのもと、細部では多様なバリエーションが提案されており、基本的な要件構造について、不法行為法学は「混迷」しているといわれる。

(6) 帰責判断の具体例

そこでやや視点を変えて、侵害された権利または利益を、財産的なものと人格的なものに分け、メルクマールとなりうる裁判例をいくつか紹介しつつ、帰責判断の具体例を見ていくことにしよう。

1) 財産権・財産的利益の侵害 財産権のうち、所有権等の「物権」は絶対的・排他的な権利であり、その権利性が強固なので、故意・過失があれば、その侵害は（当然に違法性を帯び）、原則として不法行為となる（なお、抵当権侵害については 125 頁を参照）。

著作権や特許権等の「知的財産権」は、特別法上、絶対的・排他的な効力を認められており、その侵害については、物権に準じて不法行為の成否が判断される。ただし、みなし侵害行為や過失・損害額の推定など、不法行為法

図 3-20　ヘッドハント

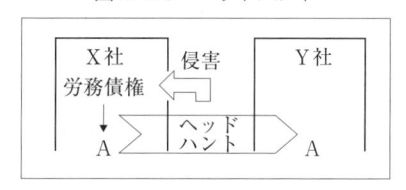

```
┌─────────────────────────────┐
│  ┌──────┐ 侵害          │
│  │ X社  │ ⇐──── │ Y社   │
│  │労務債権│        │        │
│  │      │ ヘッド        │
│  │  A   │ ====> │  A    │
│  └──────┘ ハント          │
└─────────────────────────────┘
```

上の判断に資する特則が置かれている（たとえば、特許101条〜103条）。

「債権」侵害が、どのような場合に不法行為となるかについては議論があるが、ここでは「ヘッドハント」の事例を取り上げる（図3-20）。たとえば、Aを雇ったX社は、雇用契約上、Aを労務に服させる債権を有するところ、競業Y社がAを引き抜いたとする。X社は、引抜行為が労務債権を侵害したとして、Y社に損害賠償を請求できるか。債権には排他性がないので、両立しない複数の債権が併存しうる。また、勤務先に損失が出るのを知っていたとしても、有利な条件を提示して有能な人材を確保する行為は、自由競争の範囲内といおう。したがって、Y社に故意・過失があるだけでは、ヘッドハントは不法行為とならない。その反面、「害意」（自由競争を逸脱する方法）をもってする労務債権の侵害は不法行為となる。たとえば、AがX社の商談に赴くのを妨げる意図で、Y社がAを自動車ではねさせた場合などである。そのほか、X社がある事業を企画し、Aのもとに複数の部下を配置するなど多大なコストをかけて軌道に乗せ、ようやく収益が得られそうな時期に、Y社がAだけではなく、その協力を得て部下全員を自社に集団転職させて、収益のみを独り占めしたとすれば、これを公正な競争とは言い難い。近時、類似の事案でY社またはAに責任を課す裁判例も見られる（東京地判平18・12・12判時1981号53頁、東京地判平22・7・7判タ1354号176頁参照）。

取引きの過程で生じた損害について、不法行為法の枠組みを用いて賠償を求める訴訟類型を「取引的不法行為」という。特にバブル崩壊後は、損失を出した投資家がこの種の訴訟を提起することが多かった。投資の失敗は本来自己責任であるが、投資経験に乏しい者が複雑な金融商品のリスクを理解す

ることは困難な面もある。そのため、証券会社等は顧客にリスクをも説明すべき義務を負い、これに違反するときは、損失額相当の原状回復的損害賠償が認められる。もっとも、説明すべき内容は、顧客の資産や投資額、年齢、投資経験等によって異なり、同種の金融商品について、義務違反の判断が分かれることもある（たとえば、ワラント取引について、東京地判平6・9・8判時1540号71頁、東京地判平7・3・13判時1540号75頁参照）。

　　2）　**人格権・人格的利益の侵害**　　人格権・人格的利益のうち、「生命・身体」は重大な法益であり、人身被害の回避のために高度の注意義務が課される傾向にある（なお、交通事故による死傷は、本節6(2)の自動車損害賠償保障法の解説を参照）。

　四大公害では、深刻な健康被害を被った多くの地域住民が、その救済を求めて不法行為訴訟を提起した。それらのうち、熊本水俣病第一次訴訟判決（熊本地判昭48・3・20判時696号15頁）は、化学工場には、廃水を放流するに際し、最高の知識と技術を用いて危険物質混入の有無や人体への影響等の調査研究を尽くし、その安全性に疑義を生じたときは、操業停止も含む必要最大限の防止措置を講じる高度の注意義務があると判示した。もっとも、公害問題には、従来の不法行為法理では対応できない面もあった。本来自由な企業活動により地域住民に深刻な健康被害が生じ、これに複数の企業が関与することがあるうえ、後述のように因果関係のプロセスが複雑で、発生当時の科学水準では病理機序が未解明だったのである。そこで、四大公害訴訟を契機として、無過失責任を課す特別法や公的救済制度も整備された（ただし、特に熊本水俣病については、公的救済の前提となる行政上の「水俣病認定」基準をめぐって、その後も紛争が長期化した）。

　スモン事件は整腸剤の有害成分による薬害事件であり、患者らは全国各地で提訴した。東京スモン訴訟第一審判決（東京地判昭53・8・3判時899号48頁）は、結果回避義務の前提として、予見義務に裏づけられた予見可能性を要求し、予見義務の内容として、新薬販売前には当時の最高の技術水準による各種の検証実験、販売後には副作用情報の収集や追加実験等を例示した。そして、

被害発生は予見可能と認定したうえで、副作用情報の公表、販売停止や製品回収等の回避措置を措定し、これを怠った製薬企業の責任を認めた（ただし、控訴審では患者側が敗訴した）。また、食品被害に関するカネミ油症訴訟判決（福岡地判昭52・10・5判時866号21頁）は、食品メーカーの過失を推定し、この推定は、同社が高度・厳格な注意を払っても食品の瑕疵を予見できないことを立証しない限り覆らないとした。そのうえで、熱媒体のカタログをよく読めば、そこに含まれた有害物質が食用油に混入するおそれをまったく予見できなかったとはいえないとして責任を認めた。

　医療過誤の事例である東大梅毒輸血事件（最判昭36・2・16民集15巻2号244頁）では、Y病院のA医師が職業的売血者Bの血液を患者Xに輸血した。採血時、Bはすでに梅毒に感染していたが潜伏期間中で症状はなく、A医師は「身体は丈夫か」と尋ねただけだった。後に梅毒を発症した患者XがY病院を訴えた。最高裁は、医業の性質上、その従事者には危険防止のための最善の注意義務が要求されると判示し、Y病院の責任を認めた。もっとも、最先端の研究医学と実践的な臨床医学ではおのずと取りうる施術に違いがあり、いずれを基準として「最善」を判定すべきだろうか。未熟児網膜症に関する一連の事例では、当初最新の治療法がまず都市部の大病院に導入され、徐々に全国に普及していくが、そのころ生まれて失明した未熟児について、この治療法を施さなかった点に過失があるかが争われた。最高裁は、診療時の「臨床医学の実践における医療水準」を判定基準としたが（最判昭57・3・30判時1039号66頁）、その検討に際して医療機関の性質や地域格差等を考慮することを許容した（最判平7・6・9民集49巻6号1499頁）。ただし、現場でできる限りの治療を尽くしたとしても、設備の整った他の病院への転院が可能かつ適切であるときは、転送義務の違反が責任を基礎づけることもある（最判平15・11・11民集57巻10号1466頁）。また、「医療水準」は賠償法上の基準であり、平均的な医師が現に行っている医療慣行とは必ずしも一致しない（最判平8・1・23民集50巻1号1頁）。なお、特定の施術が医療水準を下回らなくとも、患者の自己決定権を侵害しないように、他の選択肢やそれぞれの長所・短所を

説明し、インフォームドコンセントを得なければ、説明義務違反が認定されることもある（最判平 13・11・27 民集 55 巻 6 号 1154 頁等参照）。

次に、人格的利益としての「名誉」を取り上げる。名誉を侵害する言動のうち「名誉毀損」とは、他人の社会的評価を低下させる言辞と定義される（その救済方法として 723 条参照。なお、社会的評価を下げない侮辱的な言動は「名誉感情の侵害」という不法行為となりうる）。もっとも、ある事実の摘示により他人の名誉を毀損しても、報道の自由や知る権利を保障する必要もあるので、それが常に不法行為となるわけではない。意見の表明による名誉毀損では、表現の自由との調整も必要となる。そのため、事実摘示型では、ⓐ公共の利害に関する事実を、ⓘ専ら公益目的で公表したものであり、ⓒ摘示の事実が真実であると証明されれば、名誉毀損は、その違法性が阻却され、また、ⓒが証明されなくとも、真実であると信じる相当の理由があれば、故意・過失が阻却されて、不法行為とならない（最判昭 41・6・23 民集 20 巻 5 号 1118 頁）。他方、意見表明型では、㋐専ら公益を図る目的で、㋑前提とする事実が主要な点で真実であって、㋒人格攻撃に及ぶなど論評の域を逸脱したものでなければ、公正な論評として、不法行為は成立しない（最判平元・12・21 民集 43 巻 12 号 2252 頁）。

プライバシーの侵害は、公表された事柄の真実性が違法性を弱める方向で作用しない（真実である方が深刻である）点で、名誉毀損とは異なる（ただし、両者が重なることはある。図 3-21）。実在の人物をモデルとした小説が問題となった「宴のあと」事件（東京地判昭 39・9・28 下民集 15 巻 9 号 2317 頁）では、プラ

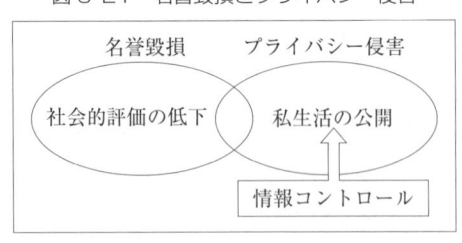

図 3-21　名誉毀損とプライバシー侵害

イバシーの権利は「私生活をみだりに公開されない権利」と把握され、不法行為法上の保護を受けうることが認められた。その後、弁護士法に基づく前科照会（最判昭56・4・14民集35巻3号620頁）や、ノンフィクション作品での前科者の実名公表（「逆転」事件〔最判平6・2・8民集48巻2号149頁〕）についても、プライバシーの侵害が責任を基礎づけた。ただし、これらの判例では公表された秘密が純粋にプライベートな事柄ともいいにくく、特に前者では直接大衆に向けて公表されたわけではない点で、「宴のあと」事件と同列に扱えない面がある。そこで近時、プライバシーの権利は「自己情報コントロール権」と捉えられ、より積極的な意味合いが付与されている。

さらに、騒音・振動、日照・通風妨害、臭気等の「生活妨害」についても、不法行為の成否が問題となる（たとえば、日照・通風について最判昭47・6・27民集26巻5号1067頁、騒音について大阪空港公害訴訟控訴審判決〔大阪高判昭50・11・27判時797号36頁〕等参照）。もっとも、生活利益への干渉を常に不法行為とされたのでは、市民生活は窮屈なものになるので、各人がある程度まで我慢することも求められる。そのため、生活妨害は、「受忍限度」を超えた場合にのみ、不法行為となる。受忍限度は、一律に固定されるのではなく（たとえば、工業地帯・商業地域・住宅地では、受忍すべき騒音レベルはおのずと異なり）、個別の事案の諸事情を総合的に考慮して設定される。

上に挙げたもののほか、社会的にも注目された事例として、たとえば、外国人氏名の日本語読み訴訟（最判昭63・2・16民集42巻2号27頁）や、自衛官合祀訴訟（最判昭63・6・1民集42巻5号277頁）等がある。いずれの訴訟でも訴えは退けられたが、前者については、訴訟を契機として、報道各社は、従来の慣行を改めて、韓国・朝鮮人名を民族語音で読み、表記にも配慮するようになった。このように、不法行為訴訟は、その勝敗にかかわらず、当然視されてきた社会通念や特定の慣行を変化させることがある。

（7） 事実的因果関係とその立証

ある行為と損害の間に原因と結果の関係があって初めて、その行為者を加害者と評価できるから、因果関係の存在は一般不法行為の当然の要件である。

ここでは、成立要件としての「事実的因果関係」を取り上げる（因果関係概念は賠償範囲を画定する役割をも担ってきたが、この点について本書では、不法行為の効果論として解説する）。

　事実的因果関係の有無は、「あれなければこれなし」という条件関係の存否によって判断される。ただし、事実的因果関係といっても、不法行為責任を負う加害者を特定することが目的なのであるから、そこにはおのずと法的評価が加わる。たとえば、河川を挟んで工場AとBがそれぞれ廃水αとβを放流したところ、下流で養殖魚が死滅したとする（図3-22）。αとβが単体で養殖魚を死滅させる毒性をもつときは、AまたはBの操業と損害の間には条件関係がない。他方、αとβは無害であるが、両者が化合して毒性を帯びたときは、AまたはBの操業と損害の間に条件関係が存在する。しかし、AとBが、前例で責任を免れ、後例で責任を負うのは不当であろう。そこで、前例でも、因果関係を認めるべきであるとされる。

　それでは、因果関係は、どの程度の確かさをもって証明されるべきか。ルンバールショック事件（最判昭50・10・24民集29巻9号1417頁）では、化膿性髄膜炎であった幼児が、ルンバールという施術を受けた直後に容態を急変させて重い障害を残すに至ったため、病院を提訴した。訴訟では、障害が病気の悪化によるものか、この施術によるものかが争われた。最高裁は、訴訟上の因果関係の立証は経験則を用いた「高度の蓋然性」の証明でよいとする一方、「通常人が疑を差し挟まない程度に真実性の確信」を要すると述べたうえで、ルンバールとの因果関係を認めた。つまり、不法行為責任を課すには、

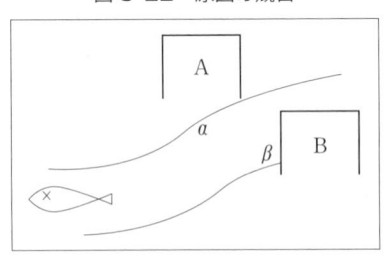

図3-22　原因の競合

原因かもしれないという程度の単なる可能性の証明では不十分であるが、100%確実な証明を要しないのである（比喩的には十中八九とか、80%以上と表現される）。なお、この判示は、医療過誤に特有のものではなく、従来の判例の考え方を確認したものと解されている。

とはいえ、医療過誤はもとより、公害や薬害では、原告が「高度の蓋然性」を証明することさえ容易ではなく、その立証方法を工夫する必要があった。新潟水俣病訴訟（新潟地判昭46・9・29判時642号96頁）では、因果関係の構成要素を図3-23のように区分し、各事実の証明を積み上げる方法が採られた。新潟水俣病では、一斉検診で採取された毛髪サンプルから一定量以上の有機水銀の摂取（③）を証明でき、水俣病の病理機序（④）について、医学的には有機水銀説が有力になりつつあった。しかし、工場内での有機水銀の生成（①）は、その証拠が加害企業に偏在するため、証明困難であった。この点について、裁判所は、汚染源の追及も「いわば企業の門前にまで到達」したときは、法的因果関係の存在が事実上推認されると判示した（門前到達説）。

イタイイタイ病訴訟（富山地判昭46・6・30判時635号17頁）や四日市ぜん息訴訟（津地四日市支判昭47・7・24判時672号30頁）では、疫学（疾病の要因を統計的に究明する医学領域）のデータが活用された。ただし、ぜん息のように不可欠の病因を1つに絞れない「非特異疾患」に関して、疫学的に証明できるのは、特定地域で発症率が高いことの原因（集団的因果関係）であり、個別の患者の病因（個別的因果関係）ではない。「集団と個」の問題について、四日市ぜん息訴訟判決は、他の因子の影響が大きいなどの特段の事情のない限り、

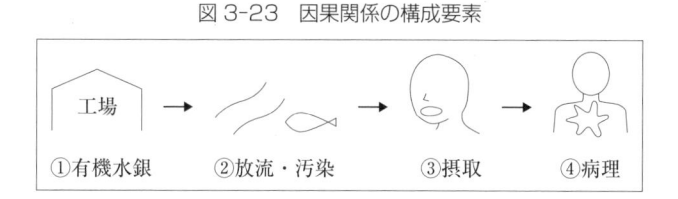

図3-23　因果関係の構成要素

①有機水銀　②放流・汚染　③摂取　④病理

集団の特性を個に推し及ぼすことを認めた。しかし、このような推論を一般化できるわけではないし、疫学的証明には、統計的に有意な症例数を収集し、これを分析するコストを要するといった限界もある。

　そこで、学説には、公害等について、端的に証明度を引き下げようとする見解も現れた。蓋然性説は、当初鉱害（地盤沈下）における証拠の偏在に対処するために提唱されたが、これを公害等にも応用して、証明度を「かなりの程度の蓋然性」に引き下げ、原告がこれを証明すれば、むしろ証拠を有する被告に因果関係の不存在を立証させるのが合理的であるとする。また、証拠の優越説は、英米法の「証拠の優越」理論に依拠して、民事訴訟では、原告と被告の提出する証拠のいずれがより確からしいかが問題であり、50％を超える証明があれば因果関係を認めてよいとする。もっとも、なぜ公害等についてのみ証明度の引き下げが許されるのか、その根拠が問われなければならないであろう。かつての深刻な汚染状況のもとでは、証拠の偏在や立場の互換性のないことが、証明度の引き下げに説得力を与えた。しかし、行政的規制や企業の自主的取組により汚染状況が改善された昨今、低濃度汚染による健康影響について、加害者も十分な知見をもたないことがある。また大気汚染では、汚染源が固定排出源から移動排出源（自動車の排気ガス）へとシフトし、かつてのような意味で立場の互換性がないともいいにくい面がある。

　そのほか、「高度の蓋然性」を境にしたオール・オア・ナッシングの処理に疑問を呈し、因果関係を割合的または確率的に認定して、その寄与度や心証度を賠償額に反映させるという提案も見られ、因果関係の割合的認定ないし確率的心証論と呼ばれる（後者を採用したと見られる公害の事例として、水俣病東京訴訟第一審判決〔東京地判平4・2・7判タ782号65頁〕参照）。しかし、100％確実な立証ができなければ、賠償額を減額されてしまう反面、僅かでも原因となった可能性があれば、実際には加害者でなかった者に、賠償の一部を負担させることになりかねないとの批判も強い。

　また、医療過誤の事例では、医療水準を下回る施術のために死亡や障害が生じたと立証できなくても、その時点で死亡することはなかったという延命

利益の侵害があり、または適切な治療を受けられるという期待を裏切られたとして、その精神的苦痛に対する慰謝料を請求する訴訟戦術が採られることもある。前者について、最高裁は、「患者がその死亡の時点においてなお生存していた相当程度の可能性」という延命利益を思わせる表現を用いて、その保護法益性を認めた（最判平 12・9・22 民集 54 巻 7 号 2574 頁。後遺障害への応用例として前掲最判平 15・11・11 参照）。他方、後者については、医療行為が「著しく不適切」な事案でのみ、不法行為の成否を検討しうるとする（最判平 23・2・25 判時 2108 号 45 頁）。

（8）　不法行為の成立を阻却する事由

　前述の各要件を満たす行為は通常、不法行為となるが、特殊な事情のために、不法行為が成立せず、または加害者が免責されることもある。それらの事情は、被告が立証すべき抗弁である。

　1）　責任無能力　　加害者が未成年者であり、かつ、行為の責任を弁える知能（責任能力）を欠くときは、賠償責任を免れる（712 条参照）。未成年者の責任能力は、道徳的な善悪の判断レベルを超えて、加害行為の法的責任を弁識できる知能と定義される（光清撃つぞ事件〔大判大 6・4・30 民録 23 輯 715 頁〕）。その有無は、加害行為の態様・被侵害利益の重大さ・加害未成年者の発達の程度等から、個別具体的に判定されるが、裁判所は概ね 12 歳前後を基準とする傾向にある。また、精神上の障害（精神疾患・認知症、飲酒酩酊等）により責任能力を欠く状態にある間に、他人に損害を加えた者も、賠償責任を負わない。ただし、故意・過失によって、一時的にその状態を招いたとき（酒乱の自覚のある者が、迷惑をかけるのを承知で、酒類をあおって暴れた場合等）は、この限りでない（713 条参照）。

　ところで、責任無能力者は、なぜ免責されるのか。過失を「緊張を欠く心理状態」と捉える旧通説のもとでは、適度の緊張をもって事にあたる知能のない者を法的に非難できないので、責任能力は過失の当然の前提と説明された。しかし、過失の客観化により、この説明は破綻する。そこで近時は、政策的配慮による免責と解されている。いずれにせよ、被害者の立場に立てば、

その救済を犠牲にして、責任無能力者が免責されるのは不当であろう。そこで、監督義務者責任という特殊不法行為が用意されている（必要に応じて参照部分を233頁とする）。

2) **違法性阻却事由**　他人の不法行為に対し、自己または第三者の権利・法益を防衛するため、やむをえず損害を生じさせてしまったとしても、それは「正当防衛」であり、賠償責任を負わない。ただし、正当防衛の発端となった不法行為者への賠償請求は妨げない（720条1項参照）。また、他人の物から生じた急迫の危難を避けるために、その物を損傷する行為は、「緊急避難」として同様の扱いを受ける（同条2項参照）。

そのほか、明文の規定はないが、解釈上、たとえば、同意のうえで行ったプロレスごっこでのかすり傷のように、「被害者の承諾」ある被害について、不法行為は成立しない（ただし、それは、その活動から定型的に予想される被害に限られる）。また、インフォームドコンセントを得たうえでの医療水準に適った医療侵襲、プロ格闘技における打撃、または令状に基づく警察官による逮捕等の「正当行為」も、不法行為とならない。

4　不法行為の効果

以下では、不法行為（特殊不法行為を含む）の効果を解説する。民法709条は損害賠償責任を負うと規定するので、まずはその中身を検討しよう。

（1）　相当因果関係論・賠償範囲の画定

たとえば、冗談好きで知られる者が、妊婦に、妊娠中とは気づかずに、「ご主人が職場で事故に遭って重体らしい。すぐに会社に電話して確認しなさい」と戯言を述べたところ、激しく動揺した妊婦が気を失って倒れ、最終的に死亡したとする。一命を取り留めた未熟児には重い障害が残り、その父は介護を余儀なくされて収入が激減し、この休職のため勤務先の業績まで悪化したとしよう。遺族の救済を考えなければならないのは勿論であるが、単なる悪ふざけのつもりだった加害者に、妊婦の当初の動揺に対する慰謝料を超えて、上の損失をすべて負担させるのも酷である気がする。このように、加

害行為と因果関係のある損害が思いのほか拡大し、そのすべてを加害者に賠償させることが妥当性を欠くこともあるので、損害賠償を合理的な範囲に画定するための理論が必要になる。

ところが、不法行為法には、債務不履行に関する民法416条のような賠償範囲を規律する明文の規定は、用意されていない。これと関連して、「完全賠償主義（因果関係あるすべての損害を賠償させる原理）」を採用したドイツでは、この原理を維持しつつ、賠償範囲を限定する現実の必要性に迫られて、「相当因果関係論」が確立した（図3-24）。すなわち、賠償法上の「因果関係」は、事実的因果関係それ自体ではなく、加害者に賠償させるのが相当な範囲に限定された法的因果関係のことであり、加害者は相当因果関係あるすべての損害を賠償する責任を負うに留まる。そして、日本の判例と旧通説は、不法行為と債務不履行に共通する賠償範囲の画定理論として、相当因果関係論を取り入れた。富喜丸事件（大判大15・5・22民集5巻386頁）では、過失により沈没した船舶に関する賠償訴訟の前後に、船舶価格の相場が一旦急騰して再び下落したため、賠償額がいくらになるか争われた。大審院は、416条は相当因果関係を規定したものと捉えたうえで、同条を不法行為法に類推し、中間最高価格による賠償の可否は相場の急騰等の「特別事情」を予見できたか否かによって決せられるとした。このように、判例と旧通説は、賠償範囲を画定する役割を因果関係概念に担わせ、しかも、成立要件としての因果関係と明確に区別せずに、いずれも「相当因果関係」と表現してきた。

しかし、その後、相当因果関係論は、次のように批判された。416条は因

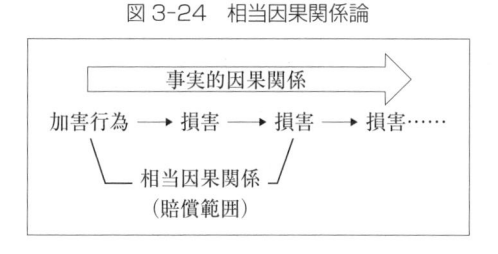

図3-24　相当因果関係論

```
           事実的因果関係
      ┌─────────────────→
  加害行為 → 損害 → 損害 → 損害……
      └─────────────┘
         相当因果関係
          （賠償範囲）
```

果関係の相当性を問う規定ぶりとなっていないし、すでに債権・債務関係にある当事者間で争われる債務不履行と違って、不法行為では通常、加害者は被害者を取り巻く状況を事前に知りえないから、特別事情の予見可能性によって賠償範囲を画定するのは不適切である。そもそも同条が端的に物語るように、日本法は「制限賠償主義」を採っており、因果関係あるすべての損害を賠償させるものではないので、因果関係概念に依拠して賠償範囲を画定する必然性は存在しない。また、公害等のように成立要件としての因果関係の存否が大きな争点となる事案では、これを賠償範囲の画定の問題と切り離して精査すべきであり、両者をいずれも「相当因果関係」と呼ぶのは混乱を招くだけである。富喜丸事件で争われた中間最高価格での賠償の可否は、損害を金銭的に評価する際の基準時の問題と捉えれば足りる。そこで、今日の多数説は、相当因果関係論には、①成立要件としての「事実的因果関係」、②賠償範囲を画定する「保護範囲」、③「損害の金銭的評価」という異質な判断作用が混在していると分析し、混乱を避けるため、因果関係概念（ないしそのような表現）は①に限って用いられるべきであるとする。

　それでは、今日の多数説は、どのような基準で「保護範囲」を判定するのであろうか。義務射程説は、専ら直接被害者以外の者に損害が波及する場面を想定して、加害者が当該損害を回避すべき義務を負うか否かを基準とする。また危険性関連説は、主に直接被害者のもとで拡大する損害を想定して、後続損害が先行損害の惹起した危険の現れである場合に、これを賠償範囲に含める。もっとも、これらの基準により機械的に保護範囲が導かれるわけではなく、ある損害項目を賠償させるべき（またはさせるべきでない）との結論を、どのように説明するかの違いにすぎないように思われる。そうであるとすれば、たとえば、「温泉療養費には相当因果関係がない」とか、「金100万円に限り相当因果関係が認められる」と表現することも許されないわけではない。実際、判例は現在も、相当因果関係という表現を多用している。前述①〜③を分けることは正当であるものの、②の基準は結局、類似の事案に係る裁判例の集積から、帰納的・類型的に抽出せざるをえないであろう。

この点について、たとえば、受傷した父の看護のために娘が要した留学先との往復旅費の賠償を認めた判例がある（最判昭49・4・25民集28巻3号447頁）。休学による遅れを取り戻す学習費や無駄になった授業料等の賠償を認めた事例も見られる（甲府地判昭47・5・18交民5巻3号697頁、東京地八王子支判昭55・3・8交民13巻2号420頁）。温泉療養費やマッサージ料金について、医師が指示した場合には賠償が認められる傾向にあるが、医師の指示のないときは、原告がその必要性や効能等を立証しなければならないとされる（東京地判平14・2・22判時1791号81頁参照）。そのほか、イジメによる自殺については、事案によって判断が分かれる（福島地いわき支判平2・12・26判時1372号27頁、東京高判平6・5・20判時1495号42頁等参照）。

（2） 損害の金銭的評価

不法行為の効果は金銭賠償を原則とするので（722条1項参照）、賠償範囲内の損害を金銭的に評価しなければならない。

物の滅失については、その物の交換価値（市場価格）を基準として、損害額が算定される。ただし、相場変動が大きい物に関して、いつの時点の市場価格を基準にするかが問題になる。他方、物の損傷については、その修理費用と修理期間中の代替物のレンタル料を算定するが、その物の市場価格が上限となる。また、愛着ある物の滅失・損傷により精神的苦痛を受けたとして、慰謝料が請求されることもある。しかし、物への愛着が法的に保護されるべき利益といえるか、一律には断じえない。そのため、原則として物損による慰謝料は認められないが、たとえば、ペットの医療過誤で飼主に慰謝料を認める裁判例もある（東京高判平20・9・26判タ1322号208頁等参照）。

人身損害は、図3-25のように損害項目を区分して、各項目を個別に算定し、それらを積み上げたものが損害総額となる。このような算定方法を個別積算方式という。

財産的損害のうち「積極的損害」とは、不法行為のために被害者が現実に支出した費用をいい、領収証をもらえる出費と喩えられる。たとえば、ケガの治療費・入通院費、障害に応じた家屋の改装費用、死亡事例での葬儀費用

図 3-25　個別積算方式

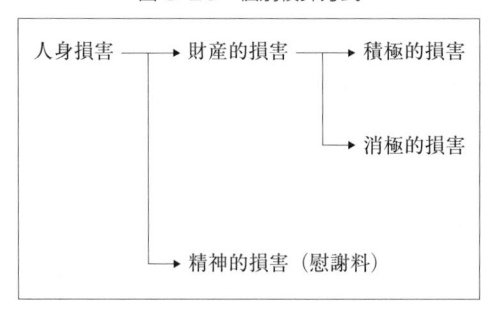

```
人身損害 ──→ 財産的損害 ──→ 積極的損害
                    │
                    └──→ 消極的損害

         └──→ 精神的損害（慰謝料）
```

等である（ただし、賠償されるのは、相当因果関係のある損害に限られる）。

　また「消極的損害」とは、本来得られたはずなのに、不法行為のために得られなかった利益のことであり、「逸失利益」とも呼ばれる。たとえば、療養期間中の休業損害、将来の収入の喪失や減少等である。死亡・後遺障害による逸失利益は、それぞれ次の算式で計算される。

　　死　　亡：年収 × 就労可能年数 － 生活費 － 中間利息
　　後遺障害：年収 × 就労可能年数 × 労働能力喪失率 － 中間利息

　まず、年収と就労可能年数を乗じて、被害者が得るはずであった将来の総収入を割り出す。専業主婦等の実収入のない被害者には賃金センサスの平均年収を用いる（男女別の統計値によるべきか否かに議論がある）。就労可能年数は、67 歳までとされることが多いが、被害者が高齢であるときは、従前の健康状態等に照らして判断される。死亡事例では、本来収入から費やしたはずの生活費を控除するが、必ずしも生前の実際の支出状況によるのではない。後遺障害事例では、被害者が障害と向き合いつつ稼働することもあるので、障害の重さに応じた労働能力喪失率を乗じて、将来の減収分を把握する。ただし、労働能力が低下しても、負担の少ない部署への異動等により、被害者に減収が生じないこともある。そのような事案で、逸失利益を否定した判例があるが（最判昭 42・11・10 民集 21 巻 9 号 2352 頁）、下級審裁判例には、これを認めるものも少なくない。そして、いずれの算式でも、将来収入を一括して受

領することで生じる利息分の利得（中間利息）を差し引く。

　民法710条は、非財産的損害についても賠償を認めており、非財産的損害の典型が「精神的損害」であって、それに対する賠償が「慰謝料」である。とはいえ、精神的損害は金銭的評価が困難であるから、算定根拠を提示する必要はなく、裁判官が裁量により慰謝料額を定める。もっとも、交通事故には算定基準が設けられており、これに法的拘束力はないものの、死傷一般に伴う慰謝料の目安として機能している。なお、慰謝料には、悪性の強い加害行為への制裁的機能や、財産的損害の少なさを補う調整的機能もあるとされる。

　ところで、そもそも不法行為法における「損害」とは何か。通説は、不法行為がなければ被害者が置かれたであろう利益状態と、不法行為のために被害者が置かれている現実の利益状態との「差」と捉える（差額説）。そして、抽象的な利益状態の差を具体的な金額に換算する手法が、個別積算方式なのである。他方、被害者に不利益が生じたという事実それ自体を損害と捉える損害事実説も有力である。この見解によれば、上の損害区分や項目は不利益な事実を金銭的に評価する際の一資料に留まり、その評価に際して、裁判官には広い裁量が認められる。したがって、たとえば、現実の減収がなくとも、後遺障害による労働能力喪失という事実があれば、その賠償が認められることを説明しやすい。死傷損害説は、個別積算方式のもとで大きな比重を占める逸失利益の算定は、仮定的な事実を積み上げたものにすぎず、一見精密にみえて、実は不確実であるとする（不法行為がなくとも病気や天災で死亡することもあるのに、将来の収入の現在価値が算定される）。また、逸失利益の算定には、人間を利益を生む道具のように捉える面があり、平等の精神に反するとして、これを批判する。そして、死傷そのものにより一つの非財産的損が生じると見て、収入の多寡にかかわらず、被害の程度に応じた定額の賠償を認めるべきであると主張する。もっとも、この見解には、現実に収入を得る者の能力差が評価されないのは不当であるとの批判も強く、その趣旨が慰謝料の基準化等に活かされるに留まる。

（3） 賠償額の調整

　前述のように算定された損害のすべてが常に賠償されるわけではなく、賠償額は、さらなる減額調整を受けることもある。

　1）　**過失相殺**　民法722条2項は、被害者の過失を考慮して賠償額を定めることを認めており、これを「過失相殺」という。被害者は、賠償責任を負わされるわけではないので、その過失は加害者のそれと同じではない。とはいえ、賠償額を減額されるのだから、たとえば、Xの飛び出しとYの前方不注意が相まって交通事故が発生した場合、Xに「飛び出すと危ない」と弁える知能のあることは必要であろう。そのため、判例は、過失相殺をするには、被害者に責任能力のあることは不要であるが、「事理弁識能力（物事を弁える知能）」がなければならないとし（最判昭39・6・24民集18巻5号854頁参照）、この能力は、年齢的には概ね6歳前後で備わるとされる傾向にある。また、前述Xが幼児であるときは、その周囲にいてXを見守るべき者が、Xが飛び出さないように注意すれば事故を防げたかもしれない。判例は、被害者本人に過失または事理弁識能力がなくとも、被害者「側」にある者の過失を減額事由とすることを認め、その範囲を「被害者と身分上ないしは生活関係上一体をなすとみられるような関係にある者」とする（最判昭42・6・27民集21巻6号1507頁）。なお、本節5（5）の共同不法行為と関連するが、被害者側の過失の法理は、紛争を1回で解決するためにも活用される（財布は一つ判決〔最判昭51・3・25民集30巻2号160頁〕等参照）。

　しかし、判例の枠組みによれば、加害者のコントロールの及ばない偶発的な事情（被害者の年齢や被害者側の存否）によって、過失相殺の可否が分かれる。これを不当として、722条2項は「被害者の過失」を問うているが、被害者の過失により加害者の違法性が減殺され、または被害者の行為も損害の発生・拡大に寄与したことが、実質的な減額理由であると解し、事理弁識能力の有無にかかわらず過失相殺を認めるべきとする見解もある。

　ところで、被害者以外の者の過失が減額事由になりうるとすれば、損害を発生または拡大させたその他の事情、たとえば、極端なマイナス思考や既往

症等の「被害者の素因」による過失相殺の余地も生じる。この点について、判例は、722条2項の類推により、心因的素因（最判昭63・4・21民集42巻4号243頁）や、身体的疾患（最判平4・6・25民集46巻4号400頁）を考慮して素因減額を認める一方で、身体的特徴による素因減額を否定する（首長事件〔最判平8・10・29民集50巻9号2474頁〕）。これらの判例の当否や射程および理論構成については議論が多く、加害者は被害者をあるがままに受け入れるのが原則であるとして、素因減額に否定的な見解も有力である（あるがまま判決〔東京地判平元・9・7判時1342号83頁〕参照）。

2）損益相殺　明文の規定はないが、被害者が不法行為によって利益をも得た場合には、当該利益が賠償額から控除され、これを「損益相殺」という。ただし、被害者の得た利益が、常に損益相殺の対象となるわけではない。たとえば、葬儀で受けた香典は、死者の損害を填補することを目的としない儀礼的な金員なので、損益相殺されない。そこで、どのような利益が損益相殺の対象となるかが問題となるが、ここでは保険金の取扱いを取り上げる。

　死亡事例で、相続人が受給した死亡保険金は、生前払い込まれた保険料の対価であり、不法行為と無関係に支給されるので損益相殺されず（最判昭39・9・25民集18巻7号1528頁）、また保険会社は保険代位しない。つまり、相続人（＝受取人）は、保険金と賠償金の双方を受け取ることができる。保険代位とは、さしあたり、保険会社が、支払う保険金の限度で、被害者の賠償請求権を取得することと理解すればよい（図3-26）。他方、被害者の受給した火災保険金も、同様の理由から損益相殺の対象とならないが、損害保険では保険代位が認められる結果（保険25条参照）、受給額の限度で被害者の賠償請求権は消滅し（最判昭50・1・31民集29巻1号68頁）、実質的な重複填補は避けられている。それでは、何が実質的な重複填補の可否を分けるのか。人間はいつか必ず死亡するので、死亡保険金は、ほぼ確実に受給するという意味では、貯蓄に近い側面を有する。これに対し、家屋は必ずしも焼失しないので、火災保険金は、むしろ受け取れないことの方が多い。保険には多種多様な商

図 3-26　保険代位

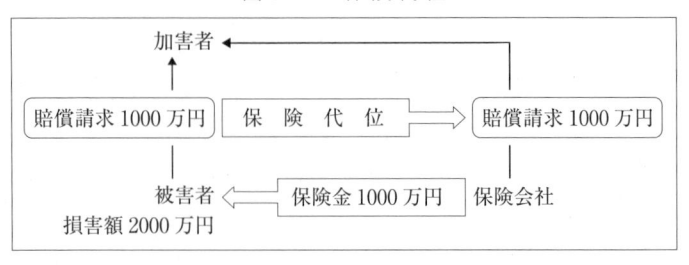

```
                    加害者
                      ↑
  ┌──────────┐  ┌──────────┐  ┌──────────┐
  │賠償請求1000万円│  │ 保 険 代 位 │⇒│賠償請求1000万円│
  └──────────┘  └──────────┘  └──────────┘
       被害者 ←  ┌──────────┐  保険会社
                 │保険金1000万円│
   損害額2000万円 └──────────┘
```

品・特約があるので一概にはいえないが、上の性質の違いが、重複塡補の可否を説明する手がかりの一つになるかもしれない。

（4）損害賠償請求の主体

次に、誰が損害賠償を請求するのかを検討しよう。当然ながら、自然人であれ法人であれ、被害者本人は賠償請求権を有する。胎児は、損害賠償請求権について、権利能力を有する（721条参照）。人格権・人格的利益の侵害は通常、自然人にのみ問題になるが、名誉毀損について、法人の賠償請求を認める判例もある（最判昭39・1・28民集18巻1号136頁等参照）。なお、法人でない社団・財団にも、訴訟上の当事者能力が認められうる（民訴29条参照）。

死亡事例では、被害者本人は賠償請求できないので、遺族の法的救済をいかに構成するかが問題となる。まず遺族の悲しみに対し、民法711条は、被害者の父母、配偶者および子に固有の慰謝料請求権を付与する。しかし、同条所定の近親者でなくとも、被害者と精神的な絆を有した者に悲痛が生じることもあろう。判例は、身体障害者であり、被害者に介護されていた義理の妹に同条を類推して以来（最判昭49・12・17民集28巻10号2040頁）、その範囲を拡張する傾向にある。また、同条がなくとも、不法行為により精神的損害を被ったことを立証すれば、709条と710条を根拠に固有の慰謝料を請求することもできるはずである。そうとすると、711条は、死亡事例で同条所定の近親者に限り、精神的損害の発生を自明のものと見て、その立証を不要とする趣旨に留まると解される。判例には、709条と710条を適用して、「死亡したときにも比肩」しうる障害について、近親者に固有の慰謝料を認める

ものもある（最判昭33・8・5民集12巻12号1901頁等参照）。

　次に、被害者の賠償請求権について、起草者は、死者は権利能力の喪失により賠償請求権を取得できないとの理解に立って、被害者に扶養されていた者に限り、みずからの扶養利益の賠償を受けるという「扶養構成」を採った。しかし、この構成では、被扶養者がいなかったときは、被害者が重傷を負うに留まった場合と死亡した場合とで不均衡が生じる。また被害者の逸失利益よりも被扶養者の扶養利益の方が低額である。そこで、判例は、遺族の法的救済を厚くするため、仮に被害者が即死した場合でも、受傷と死亡との時間的間隔を観念し、被害者に生じた財産的損害の賠償請求権が死亡より相続人に相続されるとする「相続構成」を採用した（大判大15・2・16民集5巻150頁）。他方、被害者の慰謝料請求権は当初、一身専属的なものであり原則として相続されないが、請求の意思が示されれば単純な金銭債権に転じて相続の対象になるとされ、被害者が生前「残念」と連呼していた事案で請求の意思表示を認めた判例等がある（残念判決〔大判大2・5・30新聞2702号5頁〕参照）。しかし、被害者が生前どう述べたかという偶発的な事情によって、相続の可否を分けるのは不当である。そこで、最高裁は判例を変更し、何らの意思表示も要せず当然に、慰謝料請求権は相続されるとした（最判昭42・11・1民集21巻9号2249頁）。

　とはいえ、死亡による損害の賠償請求権は、死亡して初めて成立するから、「受傷と死亡との時間的間隔」では、その取得と相続を説明できないのではないか。また、慰謝料は、精神的苦痛を受けた者自身に支払われることによってのみ、塡補の意味をもつのではないか。さらに、相続構成には、被害者と生計を異にし、音信にも乏しかった「笑う相続人」が賠償請求権を取得することや、収入を自己のために費消するであろう子の死亡により、親が子の逸失利益の賠償請求権を「逆相続」することの当否といった問題もある。そこで、今日の多数説はむしろ、起草者の考えに立ち返って、扶養構成を支持する。もっとも、相続構成を固守する判例も扶養構成を一切排除するものではなく、相続人でない被扶養者と笑う相続人の混在する事案で、扶養利益相

当額を遺産から控除して被扶養者に配分し、その残余のみが相続人に相続されるとするものもみられる（最判平5・4・6民集47巻6号4505頁参照）。

ところで、父の看護に娘が要した留学先との往復旅費の賠償を認めた判例のあることは紹介した。これは、父の賠償範囲に含まれるとの判断であるが、「間接被害者」である娘に旅費の賠償請求権を認めたものと構成する余地もある。類似の事例として、被害者と会社に一体（いわゆる「一人企業」）と見られる関係がある場合に、被害者の賠償範囲の問題として「企業損害」の賠償を認める判例もある（最判昭43・11・15民集22巻12号2614頁参照）。他方、上のような関係のないときは、企業損害の賠償には、会社の被害者に対する労務債権の侵害として同社を積極的に害する意図が必要であろう。

(5) 差止めの法的構成

損害の発生・拡大を未然に防止するため、加害行為の中止を命じる「差止め」が認められることもある。ところが、民法には、差止めを認める明文の規定がないため（ただし、占有訴権については101頁を参照）、差止めを法的にいかに構成するかが問題となる。

「権利的構成」は、侵害された権利の効力として差止めを説明するものであり、不法行為の成否とは切り離して差止めの可否を判定する。そのうち、物権的請求権説は、公害や生活妨害を土地・家屋等への物権侵害と捉え、妨害排除請求権として差止めを基礎づける。この見解は、実定法上の権利を根拠とするため法的安定性に優れるが、物権を有しない者の保護に欠けるほか、公害等における被害の実態に合わないきらいがある。人格権説は、生命・身体や生活利益等の総体を人格権と把握し、人格権のもつ物権類似の排他性に差止めの根拠を見出す（大阪空港公害訴訟控訴審判決〔前掲大阪高判昭50・11・27〕等参照）。「人格権としての名誉権」が差止めを基礎づけることもある（北方ジャーナル事件〔最判昭61・6・11民集40巻4号872頁〕、「石に泳ぐ魚」事件〔最判平14・9・24判時1802号60頁〕等参照）。もっとも、人格権概念には広がりがあるため、人格権説には、その他の人格的利益について、どこまで差止めが認められるのか、必ずしも明らかではない面がある。また環境権説は、人格的利

益の一種として、よい環境を享受し、これを支配しうる環境権を措定し、その効力として差止めを認める。この見解には、健康被害等の発生なしに、より早い段階で差止めが認められるという長所があるが、権利の内容や外延が一層不明確であるうえ、私人が周辺環境を支配することの是非が問われよう（たとえば、景観利益の法益性について、国立(くにたち)景観訴訟〔最判平18・3・30民集60巻3号948頁〕参照）。

　他方、「不法行為構成」によれば、差止めは、将来の被害への救済であるにすぎず、過去の被害への救済である損害賠償との区別は困難または無意味であって、不法行為の効果として認められる（図3-27）。しかし、これを貫徹すれば、差止めが認められるのは、過失等の不法行為の成立要件が満たされる場合に限局されてしまう（純粋不法行為説）。そこで、違法と評価される侵害行為と差止めを必要とする状況があれば、過失がなくとも差止めを認めてよいとする違法侵害説や、侵害行為の態様・被侵害利益の要保護性・差止めの影響等を総合的に考慮し、受忍限度を超える場合に差止めを認める（新）受忍限度論等もある。これらの見解は、差止めを不法行為法に基礎づけつつ、その要件を修正するので「準不法行為構成」と呼ばれる。

　そのほか、排他性ある権利または法益の侵害については、権利的構成によりつつ、その他の法益の侵害については、加害行為の態様や違法性を考慮する準不法行為構成の趣旨を容れて、差止めを二元的に構成する見解もある。

　ところで、社会的に有用な側面をも有する加害行為の差止めには、それに伴う弊害も懸念される（たとえば、排気ガスによる被害を避けるため、幹線道路の供用を廃止すると、その社会的影響は測り知れない）。そのため、差止めには、すで

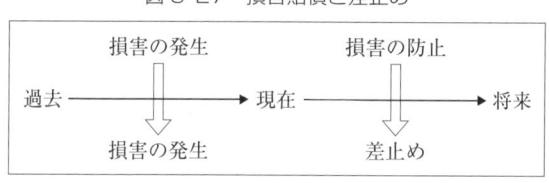

図3-27　損害賠償と差止め

```
        損害の発生              損害の防止
           ↓                      ↓
過去 ────────→ 現在 ────────→ 将来
           ↓                      ↓
        損害の発生                差止め
```

に生じた損害の賠償を認める場合よりも強い違法性を要するとされる（国道43号線大気汚染訴訟〔最判平7・7・7民集49巻7号2599頁〕等参照）。しかし、この違法性段階説によれば、損害賠償は認められるのに、差止めは認められないという事態を生じ、被害者は定期的に賠償請求を繰り返さなければならなくなる。そこで、損害賠償と差止めとで要求される違法性レベルに違いはないが、差止めを躊躇させる差止阻却事由のあるときは、「差止めに代わる補償（実質的には将来分の損害賠償）」を認めることを提案する見解も見られる（ただし、これを否定するものとして、大阪空港公害訴訟上告審判決〔最判昭56・12・16民集35巻10号1369頁〕参照）。

(6) 賠償請求権の期間制限

不法行為による賠償請求権は「被害者又はその法的代理人が損害及び加害者を知った時から3年」で時効消滅する（724条前段参照）。この時効期間は、（債務不履行による賠償請求権を含む）債権一般についての10年間と比べて短期である。もっとも、起算点の「損害を知った時」とは、被害者が損害の発生を現実に認識した時のことであり（最判平14・1・29民集56巻1号218頁）、「加害者を知った時」とは、加害者への賠償請求が事実上可能な状況のもとに、その可能な程度にこれを知った時とされる（最判昭48・11・16民集27巻10号1374頁）。また、継続的不法行為は日々新たな損害を生じさせるので、その賠償請求権の消滅時効も日々新たに進行し（大判昭15・12・14民集19巻2325頁）、不法行為時に予測できない後遺症については、それが顕在化するまで時効は進行しない（最判昭42・7・18民集21巻6号1559頁）。起算点の解釈を通じて、賠償請求権が短期で時効消滅する場面を限局することが試みられているといえよう。

民法724条後段は「不法行為の時から20年を経過したときも、同様」と規定する。判例・通説は、賠償請求権が消滅する点が同様であるにすぎず、この期間制限は、消滅時効ではなくて、除斥期間であると解する。そうすると、援用を要する時効消滅と違って、当事者の主張が権利濫用や信義則違反として封じられる余地はなく、裁判所は当事者の主張なしに期間経過後の請

第3章 債　権

求を退けうる。しかし、被告が原告の賠償請求を困難にする対応を取った事案でも、一般条項による制限さえ受けないこと（最判平元・12・21民集43巻12号2209頁参照）には批判が強い。そこで、重度の障害を被り寝たきり状態の被害者が期間満了6カ月内に後見人を備えなかった事案で、同条後段を除斥期間と解しつつ、158条の法意に照らして、その適用を制限する判例も見られる（最判平10・6・12民集52巻4号1087頁参照）。不法行為の継続性や累積性の人身被害の特質に依拠して、起算点を繰り下げるものもある（熊本地判平13・5・11判時1748号30頁、最判平16・4・27民集58巻4号1032頁）。そのため、近時は、同条後段を端的に消滅時効と解する見解も主張されている。

5　特殊不法行為

以下では、特殊不法行為の要件を解説する（なお、716条は、特殊不法行為というより、請負契約の特則と見る方が適当であろう）。効果は、基本的にすでに解説したところと共通であるが、若干の補足をする。

（1）　監督義務者責任

加害者は、責任能力を欠くときは、損害賠償責任を負わない（必要に応じて参照部分を219頁とする）。もっとも、そのような場合には、責任無能力者を監督すべき法定の義務を負う者（親権者や後見人等）が責任を負う。ただし、「監督義務者」は、その義務を怠らなかったこと、または義務を怠らなくとも損害が生じたこと（つまり、因果関係の不存在）を立証すれば、免責される。監督義務者に代わって責任無能力者を監督する「代理監督者」（教職員や精神科の主治医等）も同様の扱いを受ける（714条参照）。

監督義務者は義務違反（みずからに過失）のないことを立証すれば免責されるので、その責任は過失責任主義の範疇に属する。とはいえ、この立証を容易に認めなければ、被害者が過失の立証責任を負う民法709条の責任よりも、無過失責任に近づく。このように、過失の立証責任を法律上転換された責任類型を、過失責任と無過失責任の間にあるという意味で「中間責任」と呼ぶ。

ところで、加害未成年者に責任能力のあるときは、その監督義務者に714

233

条の責任を追及できず、加害者本人に709条の責任を問うことになる。しかし、仮に加害者本人の責任が認められても、未成年者は通常、賠償資力に乏しいため、実質的な被害者救済につながらない。もっとも、被害者の方で、監督義務者がその義務を怠ったこと、義務違反と損害とに因果関係があることを証明すれば、監督義務者にも709条の責任を負わせることができよう。判例には、15歳の少年が強盗殺人を犯した事案で、その両親に709条の責任を認めたものがある（最判昭49・3・22民集28巻2号347頁）。しかし、被害者救済のためにやむをえなかったとしても、この事例における因果関係の認定にはやや無理がある（不良少年のほとんどは人を殺さないのに、親の躾の不十分さと子による殺害との因果関係を、高度の蓋然性をもって証明できるだろうか）。そこで、立法論としては、714条から加害者本人の免責という要件を削除すべきとする見解も、有力に主張されている。

（2）　使用者責任

使用者（会社等）は、被用者（従業員等）が事業執行の過程で生じさせた損害の賠償責任を負う。ただし、使用者は、被用者の選任と事業の監督に相当の注意をし、または相当の注意をしても損害が生じたこと（因果関係の不存在）を立証すれば、免責される（715条1項参照）。したがって、使用者責任も中間責任の類型に属する。もっとも、企業活動に伴う損害には、報償責任および危険責任（必要に応じて参照部分を204頁とする）による帰責が妥当する面があるため、同項但書の免責は容易に認められない傾向にある。

使用者責任を問われる「事業」は広く解されており、たとえば、兄から弟への自動車運転の依頼でもよく（最判昭56・11・27民集35巻8号1271頁）、暴力団組員による死傷について組長に責任を認めた例もある（最判平16・11・12民集58巻8号2078頁）。また「使用関係」は、雇用関係になくとも、実質的な指揮監督の関係があれば足りる。他方で、委任者の指揮監督に服さない受任者（弁護士等）による損害について、委任者は使用者責任を負わない。

加害行為の「事業執行性」について、判例は当初、事業との不可分一体性を求め、株券担当者による偽造発行の事案で会社の責任を否定したが（大判

大 5・7・29 刑録 22 輯 1240 頁)、ほどなく同様の事案で判例を変更し、使用者責任を認めた（大判大 15・10・13 民集 5 巻 785 頁)。その後、手形の偽造等取引的不法行為の事案で、行為の外形から客観的に事業の一環と見えるかを基準とする「外形標準説」が定着する（最判昭 36・6・9 民集 15 巻 6 号 1546 頁等参照)。判例はさらに、被用者が社用車を私用して起こした交通事故の事案でも、外形標準説に依拠した（最判昭 39・2・4 民集 18 巻 2 号 252 頁)。しかし、このような事実的不法行為は外観への信頼と無関係に発生するので、外形標準説は取引的不法行為に限定して用いるべきとの批判もある。

使用者に代わって事業を監督する「代理監督者」も責任を負う（715 条 2 項参照)。判例によれば、代理監督者とは、工場長・支店長・現場監督等、現実に事業を監督する地位にある者をいい（最判昭 35・4・14 民集 14 巻 5 号 863 頁)、代表取締役というだけで責任を負うのではない（最判昭 42・5・30 民集 21 巻 4 号 961 頁)。しかし、被用者の一人にすぎない監督者に会社と同等の責任を課す反面、会社代表者が免責されうることに疑問を呈し、監督者は事業から実質的に利益を受ける者と解すべきとする見解も有力である。

ところで、使用者責任が成立したとしても、加害被用者が免責されるわけではなく、両者は連帯責任を負う。もっとも、不法行為は通常、突発的に生じるので、あらかじめ主観的な結びつきをもつ連帯債務者とは同列に扱えないという意味で、不真正連帯の関係に立つ。また、使用者や監督者が賠償金を支払った場合には、加害被用者に対して求償権を行使できる（715 条 3 項参照)。ただし、使用者責任は報償責任・危険責任にも基礎づけられるため、信義則により、被用者の負担を 4 分の 1 に制限した判例も見られる（最判昭 51・7・8 民集 30 巻 7 号 689 頁。図 3-28)。

(3) 工作物責任

土地の工作物の設置または保存の瑕疵により損害が生じたときは、その占有者が賠償責任を負う。ただし、損害防止に必要な注意をしたことを立証すれば、占有者は免責され、その所有者が二次的に責任を負う。竹木の植栽や支持の瑕疵も同様である（717 条 1 項・2 項参照)。占有者の責任は中間責任で

図 3-28　求償権の制限

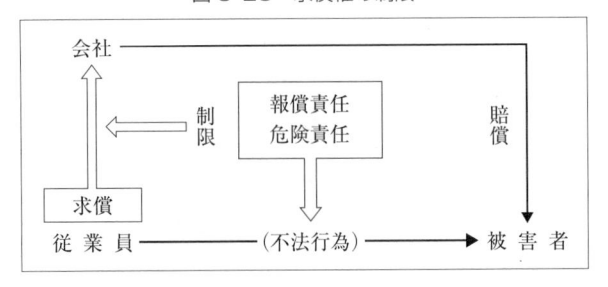

```
会社
 ↑            報償責任
 │  ←制限     危険責任     賠
 │            ↓            償
求償
従業員 ──── (不法行為) ────→ 被害者
```

あるが、所有者の責任は、免責事由が定められていないので、無過失責任と解されてきた（ただし、後述のように議論がある）。

　土地の「工作物」とは、土地に定着し、人工的に造られた物をいい、建物、鉄塔、道路・トンネル等である。設置・保存の「瑕疵」とは一般に、用途に応じて通常有すべき安全性を欠くこととされるが、構成要素の瑕疵だけではなく、遮断機のない踏切のように施設全体の機能的瑕疵を含む（最判昭46・4・23民集25巻3号351頁）。また施設が物理的には安全でも、その利用のされ方によって他人に危害の及ぶ場合に、供用瑕疵が認定されることもある（大阪空港公害訴訟上告審判決〔前掲最判昭56・12・16〕参照）。

　ところで、瑕疵の捉え方には対立があり、客観説は、工作物責任が過失を不要とすることの意義（無過失責任性）を強調し、専ら物理的性状に基づいて瑕疵を判定する。他方、義務違反説は、工作物を危険な状態に放置した不作為に着目し、安全確保のための行為義務の違反を瑕疵と捉え、工作物責任を過失責任と連続的なものと位置づける。もっとも、客観説のもとでも機能的瑕疵や供用瑕疵が認められるため、結論的には義務違反説と大差なく、この対立は、結論を説明するアプローチの違いに留まる。

　なお、損害の原因について他に責任を負うべき者（瑕疵ある工作物を建造した請負人等）がいるときは、賠償金を支払った占有者や所有者は、その者に求償権を行使できる（717条3項参照）。

（4） 動物占有者等の責任

　動物の占有者または管理者は、その動物が生じさせた損害の賠償責任を負う。ただし、動物の種類および性質に従い、相当の注意をもって管理したことを立証すれば、免責されるので（718条参照）、この責任は中間責任である。もっとも、相当な注意による免責は容易に認められないようであり、たとえば、自転車に乗った子供が、運動のために鎖を解かれた小型犬が吠えることなく近づいてきたのに怯え、川に転落して受傷した事案で、飼主に責任を認めた判例がある（最判昭58・4・1判時1083号83頁参照。なお、人に危害を加えるおそれのない小型犬の飼主には、このような異常事態に対処する注意義務まではないとの反対意見が付されている）。

（5） 共同不法行為

　民法719条は、損害の発生に関与した複数の者が連帯責任を負う3つの場面、すなわち、共同の不法行為に関する「狭義の共同不法行為」（1項前段）、関与者のうち損害を生じさせた者が分からない「加害者不明の共同不法行為」（同項後段）、および「教唆・幇助による共同不法行為」（2項）を規定する。ところが、民法には、たまたま複数の不法行為が重なったにすぎない「競合的不法行為」を直接規律する規定がない。そのため、競合的不法行為と共同不法行為（特に1項前段）との関係について、学説は錯綜した状況にある。ここではその議論状況を概観することとする。

　共同の不法行為の成立には、関与者に「関連共同性」のあることを要する。この要件に関し、客観説はまず、関与者が事前に共謀する場合のように、各人の行為を一つの共同行為と評価でき、共同行為と損害に因果関係があれば、各人が全部責任（連帯責任）を負うのは当然（特別の規定は不要）と捉える。そして、それぞれ709条の要件を満たした不法行為が競合し、被害者に不可分の損害が生じた場合にも、全部責任を認めることに719条1項前段の独自性があると解し、事前の共謀等がなくとも、各自の行為に客観的関連共同性があれば、各人が全部責任を負うとする（図3-29）。客観説の実践的意義は、競合的不法行為を共同不法行為に取り込み、被害者救済を厚く（加害者の無資力

図3-29　客観説

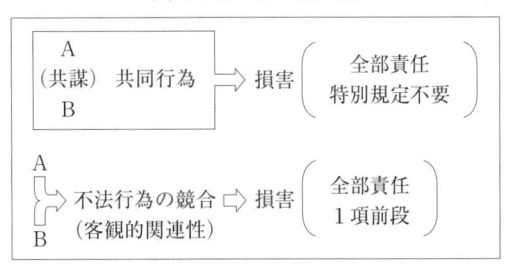

```
┌─────────────────────────────┐
│   A                           全部責任    │
│ (共謀) 共同行為 ⇒ 損害  特別規定不要 │
│   B                                      │
│                                          │
│ A                                        │
│  ⊢ 不法行為の競合 ⇒ 損害  全部責任  │
│ B   (客観的関連性)           1項前段    │
└─────────────────────────────┘
```

リスクを分散)することにある。裁判例には、二重事故の事案で時間的・場所的関連性から客観的関連共同性を認定し、連帯責任を負わせるものがある（大阪地判平10・6・18交民31巻3号877頁等参照）。さらに、交通事故と医療過誤が競合した事案で、共同不法行為の成立を認める判例も見られる（最判平13・3・13民集55巻2号328頁参照）。

　しかし、交通事故と医療過誤の競合に時間的・場所的関連性があるとは言い難く（前述判例も「719条所定の共同不法行為」と述べるのみで）、少なくとも1項前段の共同不法行為を認めるのは困難であろう。また、各自の行為について、被害者が709条の要件を立証できるなら、各々に同条の責任が成立する。その場合、各不法行為者はみずからの行為と因果関係ある損害についてのみ限度責任を負えば足りるはずであるが、損害が不可分のときは複数の709条の責任を不真正連帯の関係と見ることもできないわけではない。そうすると、結局、客観説が想定した719条1項前段の独自性は失われる。

　そこで、(新)主観説は、みずからの行為と因果関係がなく、またはその寄与した範囲を超える損害についても、関与者に全部責任を負わせることに719条1項前段の独自性を見出す（図3-30）。そして、その適用には、関与者に限度責任の原則を排除するほどの主観的関連共同性がなければならないとする。もっとも、事前の共謀までは要せず、各自が他人の行為を利用し、自己の行為が他人に利用されるのを認容する関係があればよいとされる。この立場には、同項前段を、強い関連共同性と弱い関連共同性に区分して、前者

図 3-30 （新）主観説

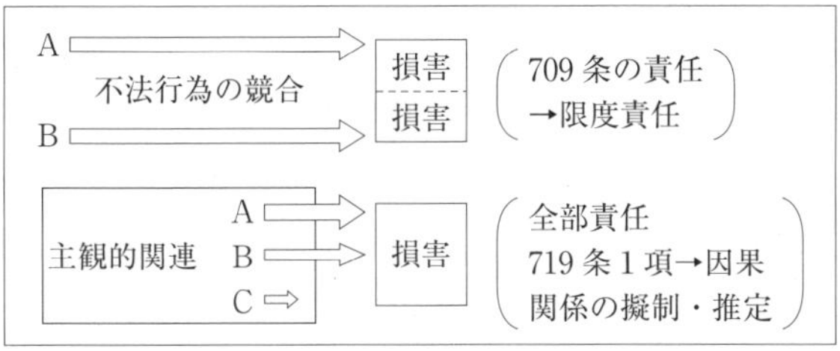

```
A ─────────→
   不法行為の競合   損害   （709 条の責任
B ─────────→   損害    →限度責任）

         A ──→
主観的関連  B ──→  損害   （全部責任
         C ─→            719 条 1 項→因果
                          関係の擬制・推定）
```

では因果関係を擬制し、後者では因果関係を推定（関与者が因果関係の不存在を立証すると、その限りで同人を減免責）する見解がある（四日市ぜん息訴訟判決〔前掲津地四日市支判昭 47・7・24〕参照）。また、主観的共同関連性のある場合には同項前段により因果関係を擬制し、客観的共同関連性を有するに留まる場合には、これを加害者不明の共同不法行為と捉え、同条後段を適用（または類推）して因果関係を推定する見解も見られる（西淀川大気汚染第一次訴訟判決〔大阪地判平 3・3・29 判時 1383 号 22 頁〕参照）。

なお、不真正連帯の関係に立つ共同不法行為者は、他の共同不法行為者に対し、過失や寄与の割合に応じて、相互に求償権を行使できる。

6　不法行為特別法

本節の締め括りとして、ここでは、いくつかの不法行為特別法を取り上げ、その概要を解説することとする。

（1）　失火責任法

この特別法は、失火には民法 709 条を適用せず、（故意を含む）重大な過失がある場合にのみ、失火者に賠償責任を課すことを規定する。その立法趣旨は、伝統的に木造家屋の多い日本では、延焼範囲が拡大しやすいため、損害のすべてを軽過失に留まる失火者に負担させるのは酷であること等にある。しかし、耐火性のある家屋が増え、消火体制・技術も向上した今日、立法論として、その妥当性には疑問も呈されている。なお、同法は民法 709 条の適用を排除するものであり、借家人は、失火について、家屋返還債務の履行不

能として債務不履行責任を負う（415条参照）。

（2） 自動車損害賠償保障法

　突然の交通事故に巻き込まれた被害者が運転者に過失のあったことを立証するのは、必ずしも容易ではない。そもそも自動車の運転には危険がつきものであり、危険責任による帰責が妥当する面もある。そこで、自賠法は、交通事故による人身被害について、過失の立証責任を転換し、むしろ加害者の側（運行供用者）が、みずからに過失のないことを示す3つの要件を立証した場合に限り、責任を免れることとした（同法3条参照）。

　また、仮に責任が認められても、加害者に賠償資力がなければ、実質的な被害者救済につながらない。交通事故が頻繁に発生することに照らして、加害者無資力のリスクを放置することは望ましくない。そのため、いわゆる「自賠責保険（責任保険）」の付された自動車でなければ公道を運行してはならないとされた（自賠5条参照。保険契約者がみずから付保された自動車を運転するとは限らないので、同法3条は、責任主体を運転者ではなく、運行供用者とするのである）。なお、強制加入の自賠責保険では、保険料をあまりに高額にはできず（特に貧困層は自動車を維持できなくなる）、したがってまた、支払われる保険金には、被害の程度に応じた上限額が設定されている。そこで、この上限額を超えて賠償責任を負担する事態に備えて、運行供用者は一般に、任意の責任保険にも加入している。

（3） 製造物責任法

　製造物による被害のうち、薬害や食品被害については、製造業者（製薬企業や食品メーカー）に高度の注意義務が課されていた（必要に応じて参照部分を212頁とする）。しかし、これらの訴訟では、過失等の不法行為の成立要件が大きな争点となり、被害者救済への道のりは必ずしも平坦なものではなかった。そのような経験を踏まえて、欠陥のある製造物による被害に対処するものとして制定されたのが、製造物責任法である。

　すなわち、製造業者等は、製造物の欠陥により生じた他人の生命・身体または財産への損害を賠償する責任を負う（製造物3条参照。なお、責任主体につ

いて同法2条3項参照)。「製造物」とは、製造または加工された動産をいい、「欠陥」とは、製造物が通常有すべき安全性を欠くことである（同条1項・2項参照）。ただし、製造業者等は、引渡し時の科学技術の知見で認識できなかった欠陥については、責任を負わず（同法4条一号参照）、これを「開発危険の抗弁」という。たとえば、不治の病に対する新薬を早期に患者に提供する場面等を想定した免責であるが、この抗弁を広く認めると、製造物責任法が、過失に代えて、欠陥を帰責根拠とした意義が減殺されるので、その認定は慎重になされる必要があるとされる。

(4) 国家賠償法

国または公共団体は、公務員がその職務の執行にあたり故意・過失によって違法に生じさせた損害、および公の営造物の瑕疵による損害について、責任を負う（国賠1条1項および2条参照）。この責任は、民法上の使用者責任および工作物責任に相当するものと考えればよい（そのため、上に紹介した裁判例の内、国または公共団体の責任を問う事例は、国家賠償責任に関する事例である）。なお、職務執行に伴う損害について、賠償金を支払った国または公共団体は、加害公務員に故意または重過失があったときに限り、求償権を行使できる（同法1条2項参照）。これは、公務員が求償をおそれて職務の執行を躊躇する事態が生じないように、求償権を行使しうる場面を限局する趣旨である。

第4章

親　族

第1節　総　則

1　親族の意義

親族とは、配偶者、一定の範囲の血縁関係にあるものの続柄および婚姻によって生ずる続柄の者をいう。

2　親族の範囲

民法は、六親等内の血族、配偶者および三親等内の姻族は親族と定めている（725条）。配偶者とは、法律上の婚姻の相手方をいう。血族には、生物学的に血縁のある自然血族、養子縁組により生じた法定血族（727条）がある。また、血族は、直系血族と傍系血族とに分けることができる。さらに、自己より前の世代を尊属、後の世代を卑属という。姻族は、婚姻を介して相手方の血族または血族の相手方との間に生じる関係であり、自己の配偶者の父母等が挙げられる。なお、配偶者は、血族でも姻族でもない。

親等は、1世代を単位として計算する。直系血族は、1世代ごとに一親等ずつ増えていき、傍系血族は、他の一人との共通の始祖まで遡り、その始祖から下るまでの世代を計算する（726条①②）。たとえば、親子は一親等、兄弟姉妹は二親等、伯父・伯母（叔父・叔母）、甥・姪は三親等、いとこは四親等となる（図4-1）。

図 4-1　親族・親等

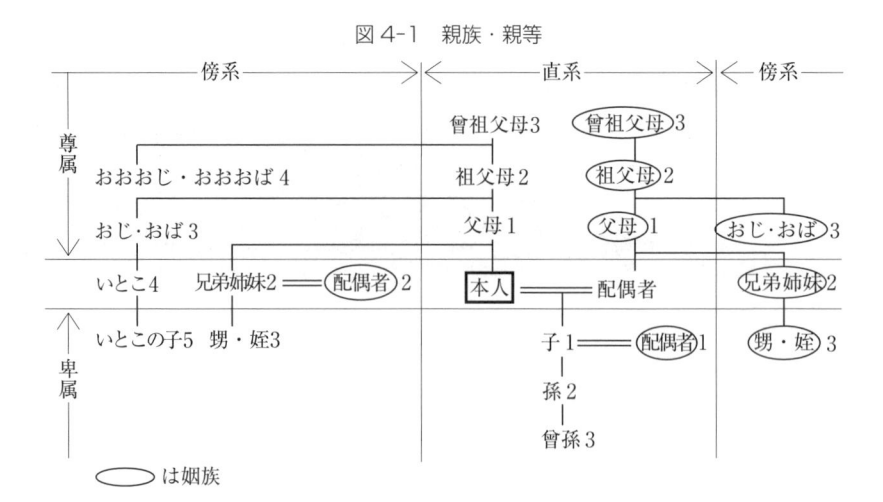

```
         ←――傍系――→ ←――直系――→ ←―傍系―→
尊                        曾祖父母3  (曾祖父母)3
属                祖父母2        (祖父母)2
        おおおじ・おおおば4
↓       おじ・おば3      父母1    (父母)1    (おじ・おば)3
        いとこ4  兄弟姉妹2=(配偶者)2 [本人]=配偶者    (兄弟姉妹)2
↑       いとこの子5  甥・姪3         子1=(配偶者)1  (甥・姪)3
卑                              孫2
属                              曾孫3

        ◯ は姻族
```

第 2 節　婚　　姻

1　婚姻の意義

　日本では法律婚主義の立場を採用している。婚姻とは、男女間における法律上認められたという共同体を形成する関係のことをいう。

2　婚姻の成立

（1）　婚姻の成立要件

　婚姻が法律上成立していると認められるためには、形式的要件として婚姻の届出（739条①。図4-2）、実質的要件として婚姻意思の合致と婚姻障害事由がないことが必要である。婚姻届は、市区町村長に、当事者双方および成年の証人2人以上が署名した書面または口頭でしなければならない（739条②、戸籍27条）。届出は、市区町村長により婚姻障害事由（本節（2）参照）がないこと等を確認されたうえで受理される（740条）。

　実質的要件として婚姻意思の合致がなければならないが、この「婚姻意

図4-2 婚 姻 届

婚 姻 届

平成　年　月　日届出

長殿

受理 平成　年　月　日 第　号	発送 平成　年　月　日
送付 平成　年　月　日 第　号	長印

書類調査	戸籍記載	記載調査	調査票	附票	住民票	通知

		夫になる人	妻になる人
(1)	(よみかた) 氏　名	氏　名	氏　名
	生年月日	年　月　日	年　月　日
(2)	住所 (住民登録をしているところ)	番地 番　号 世帯主の氏名	番地 番　号 世帯主の氏名
(3)	本籍 (外国人のときは国籍だけを書いてください)	番地 番 筆頭者の氏名	番地 番 筆頭者の氏名
	父母の氏名 父母との続き柄 (他の養父母はその他の欄に書いてください)	父 母　　続き柄 男	父 母　　続き柄 女
(4)	婚姻後の夫婦の氏・新しい本籍	□夫の氏 □妻の氏　新本籍 (左の☑の氏の人がすでに戸籍の筆頭者となっているときは書かないでください)　番地 番	
(5)	同居を始めたとき	年　月 (結婚式をあげたとき、または、同居を始めたときのうち早いほうを書いてください)	
(6)	初婚・再婚の別	□初婚　再婚 (□死別 □離別　年　月　日)	□初婚　再婚 (□死別 □離別　年　月　日)
(7)	同居を始める前の夫妻のそれぞれの世帯のおもな仕事と	夫 妻 1. 農業だけまたは農業とその他の仕事を持っている世帯 夫 妻 2. 自由業・商工業・サービス業等を個人で経営している世帯 夫 妻 3. 企業・個人商店等（官公庁は除く）の常用勤労者世帯で勤め先の従業者数が1人から99人までの世帯（日々または1年未満の契約の雇用者は5） 夫 妻 4. 3にあてはまらない常用勤労者世帯及び会社団体の役員の世帯（日々または1年未満の契約の雇用者は5） 夫 妻 5. 1から4にあてはまらないその他の仕事をしている者のいる世帯 夫 妻 6. 仕事をしている者のいない世帯	
(8)	夫妻の職業	(国勢調査の年…　年…の4月1日から翌年3月31日までに届出をするときだけ書いてください) 夫の職業	妻の職業
	その他		
	届出人署名押印	夫　　印	妻　　印
	事件簿番号	住定年月日 夫　年　月　日	妻　年　月　日

記入の注意

鉛筆や消えやすいインキで書かないでください。

この届は、あらかじめ用意して、結婚式をあげる日または同居を始める日に出すようにしてください。その日が日曜日や祝日でも届けることができます。(この場合、宿直等で取扱うので、前日までに戸籍担当係で下調べをしておいて下さい。)

届書は、1通でさしつかえありません。

この届書を本籍地でない役場に出すときは、戸籍謄本または戸籍全部事項証明書が必要ですから、あらかじめ用意してください。

	証　人	人
署名押印	印	印
生年月日	年　月　日	年　月　日
住所	番地 番　号	番地 番　号
本籍	番地 番	番地 番

「筆頭者の氏名」には、戸籍のはじめに記載されている人の氏名を書いてください。

父母がいま婚姻しているときは、母の氏は書かないで、名だけを書いてください。

養父母についても同じように書いてください。

□には、あてはまるものに☑のようにしるしをつけてください。

外国人と婚姻する人が、まだ戸籍の筆頭者となっていない場合には、新しい戸籍がつくられますので、希望する本籍を書いてください。

再婚のときは、直前の婚姻について書いてください。

内縁のものはふくまれません。

届け出られた事項は、人口動態調査（統計法に基づく指定統計第5号、厚生労働省所管）にも用いられます。

思」について、学説では、届出意思だけではなく社会生活上の夫婦関係を設定しようとする意思であるとする説（実質的意思説）と、届出意思で足りるとする説（形式的意思説）の対立がある。判例は、「真に社会観念上夫婦であると認められる関係の設定を欲する意思」とし、実質的意思説を採っている（最判昭 44・10・31 民集 23 巻 10 号 1894 頁）。

（2） 婚姻障害事由

　婚姻障害事由があると、婚姻の届出は受理されず、婚姻は成立しない。婚姻障害事由は、次のように規定されている。①男性 18 歳、女性 16 歳以上でなければ婚姻をすることができない（731 条）。なお、家族法の改正に関する 1996 年「民法の一部を改正する法律案要綱」（以下、「1996 年民法改正案」という）では、男女ともに満 18 歳とする案が示されている。②重婚は禁止である（732 条）。重婚は、離婚後再婚した場合、前婚の協議離婚が無効または取消しとされたときに生じることがある（最判昭 57・9・28 民集 36 巻 8 号 1642 頁）。また、③女性には 6 カ月の再婚禁止期間を規定している（733 条）。これは、「父性推定の重複を回避し、父子関係をめぐる紛争の発生を未然に防ぐ」ために設けられている（最判平 7・12・5 判時 1563 巻 81 頁）。しかし、772 条では、婚姻成立 200 日以降、離婚後 300 日以内に生まれた子は、父の子と推定されている（同条②）。したがって、婚姻成立後 200 日以内に生まれた子は摘出子と推定されない。つまり、再婚禁止期間は 100 日あれば足りることになる。「1996 年民法改正案」では、6 カ月から 100 日に短縮する提案がされている。④近親婚は認められない（734 条・735 条・736 条）。直系血族間、三親等内の傍系血族間の婚姻等である（734 条①）。したがって、おじ・おば、甥・姪との婚姻は認められないが、四親等であるいとことの婚姻は認められる。さらに、⑤未成年者は父母の同意が必要である（737 条①）。ただし、一方の同意がないときは、他の一方の同意だけでよい（737 条②）。父母の同意がない婚姻届が誤って受理されても、取消しはできない（744 条）。

（3） 婚姻の無効・取消し

　婚姻意思がないとき、婚姻は無効となる（742 条①）。判例は、実質意思

説を採り、子に嫡出子としての地位を付与するための婚姻を無効とした（前掲最判昭 44・10・31）。婚姻意思の存在時期について、判例は、婚姻の届出受理時に意識を失っていたとしても、その届出の依頼時に婚姻意思を有しており、受理前に翻意した等の特段の事情がない限り、届出の受理により婚姻は有効に成立するとした（最判昭 44・4・3 民集 23 巻 4 号 709 頁）。また、同居している一方が勝手に婚姻届出をした場合、他方に婚姻意思がないときは婚姻は無効となるが、判例は、無効な婚姻の追認をした場合は、婚姻は有効であるとした（最判昭 47・7・25 民集 26 巻 6 号 1263 頁）。

　父母の同意以外の婚姻障害事由に該当している場合、また、詐欺・強迫による婚姻の場合は、取消すことができる（744 条・747 条①、人訴 2 条①）。婚姻の取消しには、遡及効がなく、将来に向かってその効力が生ずる（748 条①）。

3　婚姻の効力

（1）　一般的効力

　①夫婦の氏は、夫または妻の氏を選択する「夫婦同氏の原則」となる（750 条）。「1996 年民法改正案」では、選択的夫婦別姓が提案されている。夫婦は、②同居協力扶助義務を負う（752 条）。しかし、夫婦の一方が正当な理由なく同居を拒む場合、他方は、同居を命ずる審判を求めることができるが（家事 39 条別表第 2①）、その履行の直接強制、間接強制は許されていない（大決昭 5・9・30 民集 9 巻 926 頁）。扶助義務は、夫婦の一方が他方の生活を自分の生活と同様に保障する生活保持義務であり、親族間での最低生活費用の援助をする生活扶助義務と区別される。また、条文に規定はないが、③貞操義務を負う。不貞行為が離婚原因となることによる（770 条① 1 号）。不貞行為がある場合、他方配偶者は、不貞行為の相手方に慰謝料請求ができる（最判昭 54・3・30 民集 33 巻 2 号 303 頁）。ただし、婚姻破綻後の不貞行為は不法行為の責任を負わない（最判平 8・3・26 民集 50 巻 4 号 993 頁）。④未成年者の婚姻は、成年に達したものとみなされる（成年擬制・753 条）。未成年者でも婚姻をすると、民法上は成年者と同じように扱われ、婚姻解消後も成年擬制は消滅しな

い。ただし、選挙権等公法上は成年者として扱われない。⑤夫婦間の契約は、婚姻中はいつでも、夫婦の一方からの取消しが可能である（754条）。しかし、婚姻が実質的に破綻している場合は754条の適用はない（最判昭42・2・2民集21巻1号88頁）。このように、754条の適用が制限されるため、754条は空文化しており、「1996年民法改正案」では、削除されている。

（2） 財産的効力―夫婦財産制

夫婦は夫婦財産契約をすることができる。ただし、婚姻届前に登記が必要であり（756条）、婚姻届後に変更することができない（758条①）。現在、このような夫婦財産契約の利用は非常に少ない。夫婦財産契約がない場合、夫婦財産は法定財産制となる（755条）。

法定財産制は、以下の3つの規定がある。まず、①婚姻費用の分担義務を負う（760条）。夫婦は、その資産、収入その他一切の事情を考慮して、婚姻から生ずる費用を分担しなければならない。その分担の方法は、金銭の給付だけではなく、家事・育児労働でもよい。婚姻費用は、一般には、衣食住に関する費用、未成熟子の養育・教育費、医療費等が挙げられる。婚姻費用分担請求が問題となるのは、婚姻関係が破綻し別居している場合であるが、原則として、別居していても婚姻費用の分担義務は生じる。ただし、別居責任者が他方に婚姻費用分担請求することについては認められない場合もある（東京高決昭58・12・16家月37巻3号69頁）。また、判例は、過去の未払い分の婚姻費用は、過去に遡ってその分担請求を認めている（最大決昭40・6・30民集19巻4号1114頁）。

夫婦は、②日常家事債務連帯責任を負う（761条）。夫婦の一方が日常家事に関して第三者と契約をした場合、他の一方は、これによって生じた債務の連帯責任を負わなければならない。ただし、第三者に対し責任を負わない旨を予告した場合は、この限りではない（同条但書）。日常家事債務の連帯責任は第三者保護のためであるが、夫婦双方に代理権は認められるのであろうか。この点、判例は、連帯責任の効果が生じる前提として、761条には代理権があるとした。ただし、その範囲は日常家事債務の範囲に限定している（最判

昭44・12・18民集23巻12号2476頁)。一般的に、日常家事の範囲については、未成熟子を含む夫婦共同生活に日常必要とされるものであり、衣食住の生活資材の購入、子の教育・医療・保険に関する契約等が挙げられる。

　夫婦の財産は、③別産制であり、婚姻前の財産および婚姻中自己の名で得た財産は、各自の特有財産となる(762条1項)。また、帰属不明の財産は、共有財産となる(762条2項)。しかし、別産制は、妻が主婦として家事・育児に専従していた場合には、妻の家事・育児の労働は財産の帰属に反映されることはなく、夫婦間に不公平が生じる。判例は、このような別産制の不都合について、離婚時の財産分与、死亡解消時の配偶者相続により、夫婦間の実質的な不平等は配慮しているとした(最大判昭36・9・6民集15巻8号2047頁)。

4　離　　婚

(1)　婚姻の解消

　婚姻の解消には、婚姻の取消し、離婚、死亡解消がある。離婚をするには、協議離婚(763条)、裁判離婚(770条)、調停離婚、審判離婚等の方法によることになる。

(2)　協議離婚

　当事者の合意による離婚届をすることで(764条・739条準用、戸籍76条)、協議離婚が成立する。しかしながら、離婚届は手続きが簡便なため、夫婦の一方が他方に無断で届出を出す場合がある。このような届出の受理を防止するめに、不受理申出制度がある(戸籍27条の2③)。民法に規定はないが、離婚届が提出されても、離婚意思がない場合は離婚が無効である。ただし、無効な協議離婚が追認された場合、届出は有効となる(最判昭42・12・8家月20巻3号55頁)。また、判例は、離婚意思とは、「法律上の婚姻関係を解消する意思」と解し、仮装離婚を有効とした(最判昭38・11・28民集17巻1号1469頁)。詐欺強迫による離婚は取り消すことができる(764条、747条①準用)。

(3)　裁判離婚

　当事者間で合意が成立しない場合、離婚の訴えをすることができる(人訴

2条1号)。これを「裁判離婚」という。離婚原因は、具体的離婚原因として、不貞行為 (770条1項1号)、悪意の遺棄 (2号)、生死不明が3年以上 (3号)、強度の精神病 (4号) を規定し、抽象的離婚原因として、婚姻を継続し難い重大な事由 (5号) を規定した。5号にあたるものには、暴行、虐待等が挙げられている。また、1号から4号までの事由がある場合であっても、裁判所は、一切の事情を考慮して婚姻の継続を相当と認めるときは、離婚の請求を棄却することができる (770条②)。また、有責配偶者による離婚請求は、かつての判例は、認めていなかったが (踏んだりけったり判決〔最判昭27・2・19民集6巻2号110頁〕)、別居が長期間であり、未成熟子がいない等の場合には、特段の事情がなければ、離婚請求を認めた (最大判昭62・9・2民集41巻6号1423頁)。

(4) 審判離婚・調停離婚等

裁判離婚を提起するには、家庭裁判所に調停の申立てをしなければならない (調停前置主義・家事257条)。調停で離婚の合意が成立し、調書が記載され、調停が成立したものを調停離婚という (家事268条)。調停が不成立の場合、当事者の主張を踏まえたうえで、職権で離婚を命じる審判ができ、これが成立すると審判離婚となる (家事284条)。その他に人事訴訟法に新設された訴訟上の和解離婚と、認諾離婚がある (人訴37条)。

(5) 離婚の効果

身分的効果として、婚姻によって氏を改めた者は、婚姻前の氏に復氏する (767条①、771条)。ただし、離婚の日から3カ月以内に届出をすると、婚姻中の氏を称することができる (婚氏続称・767条②)。

財産的効果として、当事者の一方は、相手方に対して財産分与を請求することができる (768条①、771条)。財産分与の内容は、夫婦財産の清算、離婚後の扶養および慰謝料が挙げられる。離婚に伴う慰謝料について、判例は、慰謝料は別個に請求できるが、財産分与を定めるときに、慰謝料を含めることもできるとした (最判昭53・2・21家月30巻9号74頁)。財産の清算の対象財産は、不動産、動産、預貯金、株式等婚姻中に取得した財産であり、年金については年金分割制度が導入された。

5 婚約・内縁・事実婚

（1） 婚姻外男女関係の法律上の保護

民法には婚姻の規定はあるが、婚姻外男女関係に関する規定はない。しかし、実際には、婚姻前に婚約をすることがある。また、婚姻の届出をしていないが、法律上の夫婦と同様の夫婦共同生活をしている内縁・事実婚がある。判例は、婚約・内縁・事実婚について、法律上の保護を認めている。

（2） 婚　　　約

婚約の成立は、将来婚姻しようという合意があれば、認められる（最判昭38・9・5民集17巻8号942頁）。判例は、一方的な婚約破棄について、損害賠償請求を認めた（最判昭38・12・20民集17巻12号1708頁）。

（3） 内縁・事実婚

内縁の他方の一方的な不当破棄について、判例は、婚姻予約理論により債務不履行に基づく損害賠償請求（大判大4・1・26民録21巻49頁）、また準婚理論により不法行為に基づく損害賠償請求を認めた（最判昭33・4・11民集12巻5号789頁）。

内縁の成立には、婚姻意思と、事実上の夫婦同様の共同生活体の存在が必要である（東京地判昭49・7・16判時769巻65頁）。生存中の解消は、婚姻のような手続きは必要がなく、当事者の合意で共同生活が終了すれば解消する。

内縁の効果については、同居協力扶助義務、婚姻費用分担義務、日常家事債務連帯責任、帰属不明の財産の共有推定規定等が類推適用される。また、生存中の解消の際に、財産分与規定の類推適用は認められている（東京家審昭31・7・25家月9巻10号38頁）。しかし、夫婦同氏、姻族関係の発生、成年擬制、子の嫡出推定規定については類推適用が認められていない。また、配偶者相続規定の類推適用も認められていない（仙台家審昭30・5・18家月7巻7号41頁）。そのため、死亡解消の場合に、内縁中に内縁者双方が協力して形成した財産を清算できないという問題が生じる。ただし、特別縁故者に対する相続財産分与規定（958条の3）により、相続人がいない場合は、財産の承

継ができる。また、厚生年金法3条2項では、生存内縁者を配偶者とし、遺族年金の受給権を認めている。

第3節　親　　　子

1　実　　　子

　民法が規定する親子関係には、実親子関係と養親子関係がある。実親子関係における実子は、父母が婚姻しているか否かで「嫡出子」・「非嫡出子」と呼ばれている。

(1)　嫡　出　子

　婚姻している夫婦から生まれた子を「嫡出子」という。
　民法772条1項は、「妻が婚姻中に懐胎した子」は、夫の子と推定し、同条2項で、婚姻成立の日から200日後、婚姻の解消後300日以内に産まれた子を、婚姻中に懐胎したものと推定する（図4-3）。したがって、この条文は父子関係の推定規定であるとともに、嫡出推定の規定であると解されている。このように、民法は父子関係を定めているが、母子関係を定めた規定はない。この点、判例は、懐胎・出産した者が法律上の母になるとした（最判昭37・4・27民集16巻7号1247頁）。
　しかしながら、婚姻後200日以内に出生した子は、夫の子と推定されない。

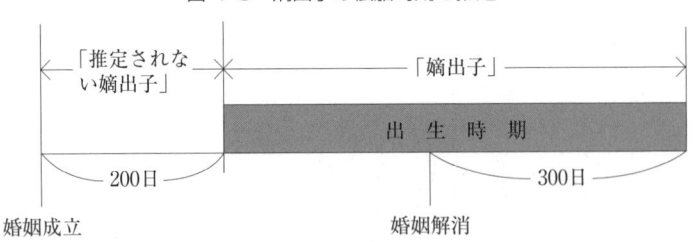

図4-3　嫡出子の懐胎時期の推定

このような子を「推定されない嫡出子」と呼ぶ。現在、戸籍実務では、婚姻後に出生した子は嫡出子として出生届が受理されている。また、嫡出推定期間内に出生しているが、客観的に夫の子ではない子を、「推定の及ばない子」と呼ぶ。たとえば、夫が海外赴任中、夫が行方不明、夫が在監中である場合等、夫による妻の懐胎が明らかに不可能な場合である。「推定されない嫡出子」・「推定の及ばない子」の父子関係は、いつでも、利害関係人であれば誰でも親子関係不存在確認の訴えにより争うことができる（人訴2条2号）。

（2） 嫡 出 否 認

夫は、嫡出推定期間に生まれた子について、自己の子ではないという嫡出否認の訴えができる（774条）。この訴えは、夫のみが、子の出生を知った時から、1年以内にしなければならない（777条）。訴えは、子または親権者である母に対して行う（775条）。また、夫の否認権は、夫が子の出生後に自己の子であることを承認したときには消滅する（776条）。

（3） 非嫡出子と認知

では、婚姻関係にない男女間に生まれた子はどうなるのであろうか。このような子を「非嫡出子」と呼ぶ。非嫡出子の親子関係は、父または母の認知により成立する（779条）。これ「任意認知」という。しかし、母子関係は分娩という事実で成立するため、母の認知は不要である（前掲最判昭37・4・27）。

認知は、父が一方的に届出または遺言によりすることができる（781条）。ただし、成年の子を認知する場合は子の承諾が（782条）、胎児を認知するには母の承諾（783条①）が必要である。認知には期間の制限がなく、子の死亡後でも、子に直系卑属がいる場合は死亡した子を認知できる（783条）。また、非嫡出子は父母の婚姻により嫡出子となる（準正・789条①）。認知により法律上の親子関係が出生時に遡り成立する（784条）。

1） 認知の訴え 父の認知がない場合、子またはその法定代理人は認知の訴えができる（787条）。これを「強制認知」という。父の死亡後は父の死亡日から3年以内に検察官を被告として訴えることになる（死後認知・人訴42条①）。しかし、父の死後に生殖補助医療により懐胎した子は、父の死後3

年以内に認知の訴えをした場合であっても認められていない（最判平 18・9・4 民集 60 巻 7 号 2563 頁）。

2) 認知の取消しと認知無効　認知者の認知の取消しはできない（785 条）。他方、768 条は、真実に反する認知は、子その他の利害関係人が反対の事実を主張し無効とすることができると規定する（認知無効）。768 条の「その他の利害関係人」に認知者が含まれるのか争われた事案で、判例は、認知者が、血縁上の親子関係がないことを知りながら認知した場合でも、利害関係人に含まれるとして、認知無効を主張できるとした（最判平 26・1・14 民集 68 巻 1 号 1 頁）。

（4）生殖補助医療と親子関係

生殖補助医療には、人工授精、体外受精、代理懐胎等がある。人工授精には、夫の精子による AIH、ドナー提供の精子を用いる AID があり、妻が分娩する。AIH の場合は特に問題とはならないが、AID の場合、父は、精子提供者か、AID に同意した夫か、どちらなのであろうか。この点、下級審において、AID に同意した夫が父であるとした（東京高決平 10・9・16 家月 51 巻 3 号 165 頁）。代理母に出産を依頼する代理懐胎において誰が母となるのかについて、判例は、子を懐胎・出産した代理母が母となるとした（最決平 19・3・23 民集 61 巻 2 号 619 頁）。

2　養　　　子

（1）養子縁組制度の目的

養子縁組は、生物学上の親子関係にない者の間に法的な親子関係を設定する制度である。民法は、子の福祉のために、普通養子縁組のほかに親に恵まれない子を養育する特別養子縁組を設けている。

（2）普通養子縁組の成立要件

縁組成立の形式的要件は、縁組の届出である（799 条・739 条準用）。実質的要件として、当事者の縁組意思の合致が必要である。ただし、養子が 15 歳未満であるときは、その法定代理人が代諾縁組できる（797 条①）。さらに、

第4章 親　　族

未成年者を養子にする場合は、家庭裁判所の許可が必要であるが (798条)、自己または配偶者の直系卑属を養子とする場合はこの限りではない (同条但書)。また、養親は成年であること (792条)、尊属養子・年長養子でないこと (793条) が必要である。縁組は単独でもできるが、未成年者を養子とする場合、配偶者がある者は夫婦共同縁組となる (795条)。また、配偶者のある者が成年者と単独縁組する場合、配偶者の同意が必要である (796条)。

（3）　普通養子縁組の効力

養子は、縁組の日から養親の嫡出子の身分を取得し (809条)、養親および養親の血族間では、法定血族関係が成立する (727条)。ただし、普通養子は、実親との親子関係も残るため、養親子関係と実親子関係の2つの親子関係を有する。したがって、養子は養親の氏を称し (810条)、養親の戸籍に入る (戸籍18条3項) が、相続は、実親と養親の双方の相続が発生することになる。

（4）　普通養子縁組の無効・取消し

縁組意思を欠く場合は無効となる (802条)。また、縁組は、804条から808条までの規定により取り消すことができる。たとえば、養親が未成年者 (804条)、養子が養親の尊属または年長者 (805条)、後見人と被後見人間の縁組の家庭裁判所の許可がない (806条)、配偶者の同意がない (806条の2①)、詐欺・強迫による同意 (806条の2②) 等である。縁組の取消しは、将来に向かってのみ効果が生じることになる (808条・748条の準用)。

（5）　離　　縁

普通養子縁組は離縁により解消する。その方法には、協議離縁 (811条①)、調停・審判離縁 (家事257条・284条)、裁判離縁 (814条①) がある。基本的な枠組みは離婚の場合と同じであるが、離婚の場合にはない死後離縁がある。養子縁組においては、当事者の一方が死亡しても縁組は解消しない。養親の死亡後も養子と養親の血族関係は存続する。これを解消するには、家庭裁判所の許可を得て届出をする死後離縁の手続きが必要である (811条⑥)。

（6）　特別養子縁組

特別養子縁組は、養子の実父母との親子関係が終了する縁組である。この

特別養子制度は、1973年に、「わらの上からの養子」の斡旋が問題となった菊田医師事件が発端となり、要保護児童を救うため1987年に創設された。

 1） 特別養子縁組の成立と効果 特別養子縁組は、家庭裁判所の審判により成立する（817条の2①）。そのためには、817条の3から817条の7に規定される要件を満たす必要がある。たとえば、夫婦共同縁組でなければならない（817条の3）。ただし、養親の他方の嫡出子の養親となるのはこの限りではない（同条②但書）。養親は、25歳以上とするが、一方が25歳以上、他方が20歳以上であればよい（817条の4）。また、養子は、6歳未満でなければならない（815条の5①）が、6歳前から養親の監護にあった場合は、8歳未満でよい（同条の5①但書）。さらに、養子の実父母の同意が必要である（817条の6）。また、特別養子は要保護性が必要であり、実父母による養子の監護が著しく困難または不適当であること、子の利益のために特に必要があることが認められるときに家庭裁判所は特別養子縁組を成立させる（817条の7）。

　特別養子縁組は、養子と養親および養親の血族との法定血族関係が生じさせると同時に、実父母およびその血族との親族関係が終了することになる（817条の9）。

 2） 特別養子縁組と離縁 特別養子縁組は、原則として離縁は認められない。ただし、①養親による虐待、悪意の遺棄その他養子の利益に著しく害する事由があり、②実父母が相当の監護をすることができる場合は、家庭裁判所は離縁させることができる（817条の10）。

第4節　親　　権

1　子と親権者

　親権とは、父母が未成年の子の生育・成長を図る養育をするために、子を監護教育し、子の財産を管理することを内容とする。未成年の子は父母の共

同親権に服し（818条①）、養子は養親の親権に服する（同条②）。また、非嫡出子の場合は、母が単独で親権を行使するが、父が認知した場合、父母の協議により、父を単独親権者として定めることができる（819条④）。ただし、父母が離婚したときは単独親権となる。協議離婚の場合は、一方を親権者と定めなければならず（819条①）、親権者の記載のない離婚届は受理されない（765条①）。また、離婚のときに、親権者とは別に監護者を定めることができ、親権者ではない者は、離婚後の子との面会交流を定めることができる（766条①）。

2　親権の効力

（1）　身上監護権
親権者は、子の利益のために、身体的な成長・生育を図り、教育する権利・義務を負う（820条）。また、居所指定権（821条）等が規定されている。

（2）　財産管理権
親権者は、子の財産を管理し、財産管理についてその子の法定代理人となる（824条）。子の財産管理権には、自己のためにするのと同一の注意義務を負う（827条）。また、親権者と子の間で利益が衝突する利益相反行為は、親権者の代理権が制限される（826条）。利益相反行為となるのは、たとえば、子の財産が親権者に譲渡される行為等とされている。

3　親権の喪失・停止

（1）　親権の喪失
父または母による虐待または悪意の遺棄、親権の行使が著しく困難または不適当により、子の利益を著しく害するとき、家庭裁判所は、親権喪失の審判ができる（834条本文）。ただし、2年以内にその原因が消滅する見込みがあるときは、この限りではない（834条但書）。

（2）　親権の停止
父または母による親権の行使が困難、不適当なため、子の利益を害すると

きは、家庭裁判所は、最長2年間、親権停止の審判ができる（834条の2）。親権喪失の要件は、「虐待または悪意の遺棄」による「子の利益を著しく害する」と限定する一方、親権停止の場合は、「親権の行使が困難または不適当」により「子の利益を害するとき」と適用を柔軟にしている。

親権喪失および親権停止の申立権者は、子、その親族、未成年後見人、未成年後見監督人、検察官（834条、834条の2①）、および児童相談所長である（児童福祉法33条の7）。

親権喪失・親権停止の原因が消滅すると、親権・管理権喪失の宣告を取り消すことができる（836条）。

第5節　後　　見

1　後見の意義

後見とは、制限行為能力者の保護のための制度で、未成年後見と成年後見の2種類がある。未成年者に親権者がないか、もしくは親権者が財産管理権をもたない場合に、未成年者を監護教育し、またはその財産を管理するためのもの、ならびに後見開始の審判があった場合に、被後見人の生活、療養看護および財産の管理に関する事務を行うものがある。後者は、成年者だけでなく、必要があれば未成年者も対象となる。成年後見制度は、1999年に制定・公布され、2000年から施行された成年後見関連の民法改正（民法の一部を改正する法律、任意後見契約に関する法律、後見登記等に関する法律、および民法の一部を改正する法律の施行に伴う関係法律の整備等に関する法律）によって新たに導入された制度である。これは、従来の禁治産者および準禁治産者を対象とする行為無能力者制度を制限行為能力者制度として抜本的に改め、保護を受ける者の自己決定の尊重、残存能力の活用、ノーマライゼーション等の新しい理念を基礎としている。この制度は、後見・保佐および補助という3類型の法定後見制度ならびに任意後見制度から成り立っている。

2　未成年後見

　未成年後見は、未成年者に対して親権を行う者がない、または親権を行う者が管理権を有しない場合に開始する（838条1号）。

　未成年後見人の選任は、最後に親権を行う者が遺言によって指定することができる（839条）。指定がない場合には、家庭裁判所が、未成年被後見人またはその親族その他の利害関係人の請求によって選任する（840条）。2011年の民法改正により、未成年後見人がいても、家庭裁判所が必要があると認めれば、職権でさらに未成年後見人を選任できるようになった（840条2項）。

　未成年後見人は1人でなければならないと規定されていたが、これも2011年の改正により、複数選任し共同後見が可能となった（840条2項・857条の2・842条・旧規定は削除）。また、この改正により社会福祉法人等の法人による後見も認められるようになった（840条3項）。

　未成年後見人は、親権者と同様に、監護教育、居所指定、懲戒および職業許可の権利を有する（857条）。ただし、親権者が定めた教育の方法および居所を変更する場合等は、未成年後見監督人があるときは、その同意を得なければならない（857条但書）。また財産管理に関しては、親権者と異なり、後見人には善良なる管理者の注意義務が課せられている（869条・644条）。

　未成年後見人を監督する任意の機関として未成年後見監督人があり、選任方法は未成年後見人と同様、親権者による指定および家庭裁判所による選任がある（848条・849条）。後見人と被後見人との間の利益相反行為については、後見監督人がある場合を除き、特別代理人を選任しなければならない（860条による826条の準用）。

3　成年後見制度

（1）　成　年　後　見

　成年後見は、精神上の障害により事理弁識能力を欠く常況にある者について、家庭裁判所の後見開始審判で開始する（838条2号）。審判は、本人、一

定範囲の親族もしくは後見人等の保護機関および検察官の請求により行われる (7条)。後見開始審判の際に、家庭裁判所は職権で成年後見人を選任する (843条1項)。

　従来の配偶者後見人 (旧840条、保佐人につき旧847条) を、現行法では家庭裁判所が個々の事案で最も適切な者を成年後見人に選任できることとなった (843条)。後見人は、複数置くことができ (859条の2)、法人を後見人とすることも認められている (843条4項)。

　成年後見人は、被後見人の法定代理人であり、その職務は成年後見の事務を執行することである。後見人は、本人の利益のため善良なる管理者としての注意義務を負っており (644条・869条)、本人の心身の状態および生活の状況に配慮する身上配慮義務ならびに自己決定尊重の観点から本人意思尊重義務を負っている (858条)。なお、保佐および補助も同様に規定されている (876条の5・876条の10第1項)。

　被後見人は、日用品の購入その他日常生活に関する行為を除き (9条但書)、ほぼ全面的に行為能力が制限されるので、成年後見人が包括的代理権および財産管理権を有する (859条)。ただし、本人の居住用不動産の処分については家庭裁判所の許可が要求され、代理権に一定の制限が加えられている (859条の3)。さらに、成年後見人は被後見人の療養看護および財産管理に関する事務を行うものとされるが (858条)、この場合の療養看護とは事実行為としての介護ではなく、介護契約や介護施設への入所契約等の療養看護に関する法律行為が想定されていることに注意しなければならない。

　成年後見は、被後見人の死亡、または本人の判断能力回復、後見開始審判の取消し (10条) で終了する。成年後見人の死亡、辞任、解任および欠格事由発生 (844条・846条・847条) でも終了する。

(2) 保　　佐

　保佐は、精神上の障害により事理弁識能力が著しく不十分な者について、家庭裁判所の保佐開始審判で開始する (876条)。審判は、本人、一定範囲の親族もしくは後見人等の保護機関および検察官の請求により行われる (11

条)。保佐開始審判の際に、家庭裁判所は職権で保佐人を選任する(876条の2第1項)。

保佐人は、被保佐人が重要な法律行為(13条1項)を行う場合の同意権を有し、同意なしに被保佐人が行った法律行為は取り消すことができる(取消権・13条4項・120条)。また、当事者が申立てにより選択した特定の法律行為について、本人の申立てまたは同意を要件として、審判により保佐人に代理権を与えることもできる(876条の4第1項・第2項)。必要に応じて、同意権ならびに代理権の範囲の拡張および取消しもできることとなった(13条2項・876条の4第1項・第3項)。

保佐は、被保佐人の死亡、または保佐開始審判の取消しで終了する(14条)。

(3) 補　　　助

補助は、精神上の障害により事理弁識能力が不十分な者について、家庭裁判所の補助開始審判で開始する(876条の6)。審判は、本人、一定範囲の親族もしくは後見人等の保護機関および検察官の請求により行われる(15条)。補助開始審判の際に、家庭裁判所は、職権で補助人を選任する(876条の7第1項)。

補助人は、当事者が申立てにより選択した特定の法律行為(たとえば不動産等の重要な財産の処分、介護契約、預貯金管理等)について、本人の申立てまたは同意を要件として、審判により同意権および代理権を付与される(17条1項・2項・876条の9第1項)。本人の状況の変化に応じて、同意権ならびに代理権の範囲の拡張および取消しもできる(17条1項・876条の9第1項・18条2項・876条の9第2項)。この同意権および代理権が全部取り消された場合には、補助開始審判も取り消される(18条3項)。

4　任意後見制度

任意後見制度は、本人が精神上の障害により判断能力が不十分になった場合に備えて、後見事務の内容および後見をする任意後見人を、本人自身が事

前に契約で決めておく制度である。判断能力が不十分になり、家庭裁判所が任意後見監督人を選任したときから後見が効力を生じる（任意後見契約に関する法律2条）。任意後見は、公正証書によることが要求され（同3条）、公証人の嘱託により、後見登記簿に登記される（後見登記等に関する法律5条）。

任意後見は委任契約の一種で、原則として委任の規定に従い、誰に任意後見を委任するかは本人の自由であるが、本人保護の必要性から、家庭裁判所による任意後見人選任審判の段階で、受任者に不正な行為、その他不適任な事由があれば申立てを却下することで、任意後見人の適格性を確保している（任意後見契約に関する法律4条）。

第6節　扶　　養

1　扶養の意義

扶養とは、自分だけの力で生活できない人を扶ける制度である。扶養には、憲法25条で規定する生存権に基づく公的扶助（生活保護制度）および民法等の規定する私的扶養があるが、親族等から支援を受けられる場合には、私的扶養が優先される（私的扶養優先の原則・生活保護法4条2項）。

親族間の扶養には、生活保持義務と生活扶助義務という程度の違いが存在するという見解がある。前者は共同生活の存在を前提としており、たとえば夫婦は相互に相手方に対し、そして親は未成年の子に対して自己と同一水準の生活を保障する義務があるとされる。一方、後者は必ずしも共同生活が存在するわけではなく、扶養者の生活に余力がある限りで、生活に困窮する一定の親族を扶助する義務であるとされる。

2　扶養の当事者

民法は直系血族および兄弟姉妹を当然の扶養義務者と規定している（877条1項）。これらの者以外でも、特別の事情がある場合には、三親等内の親族

に対して家庭裁判所の審判で扶養義務を負わせることができる（877条2項）。要扶養状態にある者から請求され、扶養能力がある場合に、具体的な扶養義務が生じる。

3　扶養の内容

　扶養義務者が複数いる場合の扶養の順位・程度・内容は、当事者が協議によって定め、協議できないときは、扶養権利者の需要、扶養義務者の資力その他一切の事情を考慮して家庭裁判所が定める（879条）。扶養の方法には、毎月いくらというように生活費等を支給する金銭扶養のほか、たとえば要扶養者を引き取って扶養するという引取扶養があり、いずれの方法を採るかも協議または家庭裁判所で定める。扶養を受ける権利（扶養請求権）は、一身専属権であり、処分することはできず、差押えや相続の対象にもならない（881条・896条、民執152条1項1号）。

第5章

相　続

第1節　総　則

1　相続の意義

人が死亡した場合に、その人の財産上の権利義務を包括承継させることが相続である。ただし、一身専属権は包括承継の対象からは除外される。死亡した者を被相続人、財産を承継する者を相続人という。相続を認める根拠については諸説あるが、被相続人の意思、財産形成への貢献に応じた清算、残された家族の生活保障、取引社会の安定の要請および次世代への財産の承継の5つが重要である。

2　相続の開始

（1）　相続開始時期

相続は、人の死亡によって開始する（882条）。失踪宣告（30条以下）や認定死亡により、死亡確認の有無にかかわらず、死亡したものとして法律的な対応がなされる。複数人の死亡の前後が明らかでない場合には、それぞれの相続に影響が及ぶことから、同時死亡の推定規定が設けられている（32条の2）。同時死亡の推定がなされると、同時に死亡したとされる者の間ではお互いに相続が生じないことになる。

（2） 相続開始の場所

相続は被相続人の住所で開始し（883条）、死亡した人の住所を基準にして相続の問題を処理するということになる。相続に関する問題が裁判で争われることになった場合には、住所がその事件を扱う裁判所（裁判管轄）を決める基準となる。

3 相続回復請求権

相続回復請求権は、真正の相続人が表見相続人に対して、相続権の確認を求め、併せて相続財産の返還等相続権の侵害を排除して相続権の回復を求める権利である。

相続回復請求権は相続人またはその法定代理人の相続権の侵害があった場合に発生し、表見相続人に相続権侵害の意思があることを要しない。また、表見相続人が所有の意思をもって相続財産を占有することをも要せず、現に相続財産を占有することによって客観的に相続権が侵害されている事実状態があれば足りるとするのが裁判所の立場である（最判昭39・2・27民集18巻2号383頁）。この相続回復請求権の行使にあたっては、目的の財産を列挙する必要がない（大連判大8・3・28民録25輯507頁）。

4 相続財産に関する費用

相続財産の管理や保存には当然費用がかかる。民法は、それを相続人全体の負担とするという趣旨から、原則として相続財産に関する費用は、その財産の中から支弁するとし、相続人の過失によるものは含まれないと規定している（885条1項）。遺産分割までの管理費用（東京高決昭54・3・29家月31巻9号21頁）や相続財産に関する固定資産税、土地改良費および管理費等がこの費用に含まれる（東京高決昭54・6・6家月32巻3号101頁）。

第2節　相　続　人

1　血族相続人

（1）胎　　児

相続の開始によって相続人は被相続人に帰属する一切の権利・義務を当然に承継するので、相続をするには、権利能力が必要とされる。この権利能力については「私権の享有は、出生に始まる」（3条1項）と規定されている。胎児の特則の一つとして、「胎児は、相続については、既に生まれたものとみなす」（886条1項）と規定され、相続能力が認められている。ただ、「胎児が死体で生まれた」場合には相続権を認める必要がないので、これが明記されている（同条2項）。

（2）血族相続人の順序

被相続人の子およびその代襲者が第一順位の相続人である（887条）。代襲相続とは、相続人が被相続人より先に死亡していた場合に、相続人に代わって相続をすることをいう。代襲相続人についての再代襲も規定されている（同条1項・2項・3項）。この代襲相続に関しては、被相続人の直系卑属でない者には代襲相続が認められないと規定され（同条2項但書）、養子縁組前に生まれていた養子となる者の子は代襲相続することができない。

第一順位の相続人がいない場合には、第二順位の相続人として被相続人の直系尊属が相続する（889条1項1号）。親等の異なる者の間では、その近い者が先に相続するので（同号但書）、父または母がいる限り祖父母は相続しない。

第二順位の相続人もいない場合には、第三順位の相続人として被相続人の兄弟姉妹が相続する（同項2号）。兄弟姉妹についても代襲相続が認められているが、再代襲については規定されていないので認められない（889条2項。子について再代襲を認める887条3項は準用されていない）。

代襲者は、被代襲者の地位に基づいて被相続人を代襲相続する。代襲者が

数人ある場合は、代襲者全員で被代襲者に代わり、代襲者相互の割合は相続分に関する規定に従うことになる（901条）。

2 配偶者相続人

被相続人の配偶者は、常に相続人となり、血族相続人と同順位で相続する（890条）。この配偶者は、法律婚の配偶者に限られ、事実婚の場合は含まれない。事実婚については、相続人不存在の場合に、特別縁故者として相続財産の全部または一部の分与が認められている（958条の3）。居住用家屋に関しては、賃借人である事実上の夫または妻に相続人がない場合に、その妻または夫に賃借権の承継が認められている（借地借家36条）。

3 相続欠格

血族相続人および配偶者相続人とされる者が、被相続人に対して、法の定める一定の行為をした場合には、正義・公平の観点から、その資格を奪うことになる。欠格事由としては、①被相続人の殺害に関するもの（891条1号・2号）、②遺言に関するもの（同条3号・4号・5号）があり、この制度は、民事上の制裁である。

被相続人の意思を尊重し、相続欠格の宥恕を認める学説が多いが、正義・公平の考え方で公益的観点から設けられているものであり被相続人の意思による宥恕は認められないと解すべきである。

4 相続人の廃除

相続が開始した場合に相続人となるべき者を推定相続人といい、その推定相続人の内で遺留分を有する者に法の定める一定の非行があった場合には、被相続人の意思で相続人の廃除を家庭裁判所に請求することができる（892条）。第三順位の相続人である兄弟姉妹には、遺留分が認められていないので（1028条）、被相続人は遺言により必要に応じて、相続させたくない者の相続財産の承継をさせないことが可能であるから、相続人廃除の対象に含める

必要がない。この相続人の廃除は、遺言でも可能であり、廃除の効果は被相続人の死亡時に生じることになる（894条）。

廃除は、被相続人の意思に基づくもので、被相続人は生前でも遺言でも廃除の取消しが認められている（同条）。廃除の取消しがなされると、取消しの効果は遡及し、廃除されていた者は最初から相続人であったことになる（同条2項）。

第3節　相続の効力

1　相続財産の包括承継

（1）包括承継

相続人は、相続開始の時から、積極財産も消極財産も含めて、被相続人の財産に属した一切の権利義務を承継する（896条本文）。ただし、被相続人の一身に専属したものは、承継の対象には含まれない（同条但書）。また、祭祀財産は慣習に従って祭祀を主宰すべき者があるときは、その者が承継する（897条）。

相続の対象となる財産を相続財産といい、遺産分割の対象となる財産を遺産という。相続財産には、個々の権利義務のみならず、それらの権利義務の基礎となる法律関係も含めて一切が承継されるので、相続は、被相続人の財産的地位の包括的承継と捉えられる。

（2）共同相続

相続財産は、相続人が数人ある場合は、その共有に属する（898条）。この共有の性質について、判例は一貫して共有説を採用し、各共同相続人は、個々の財産について、相続分に応じて物権的持分権を有し（899条）、その持分は、遺産分割前でも、各相続人が単独で処分する自由を有することになる（905条）。

2　相続分

(1)　法定相続分・指定相続分

共同相続人が相続財産に対して有する持分の割合が相続分で、遺言による指定があればそれに、指定がない場合は法定相続分に従う。

1)　法定相続分　子と配偶者が相続人の場合の相続分は、それぞれ2分の1、直系尊属と配偶者の場合は直系尊属3分の1配偶者3分の2、兄弟姉妹と配偶者が相続人の場合は兄弟姉妹4分の1配偶者4分の3。子、直系尊属、兄弟姉妹が複数いる場合は原則として均等で、半血の兄弟姉妹は全血の兄弟姉妹の2分の1とされている(900条)。血族相続人がいない場合は配偶者のみが、配偶者がいない場合は子、直系尊属、兄弟姉妹のみが相続する。非嫡出子は嫡出子の2分の1と規定されていたが、最高裁判所で法のもとの平等に反すると判示され(最大決平25・9・4民集67巻6号1320頁)、それを受けて削除された。

代襲相続人の相続分は、いわゆる株分けの相続で、代襲者の相続分は、被代襲者の相続分と同じである(901条)。

2)　指定相続分　被相続人は、遺留分の規定に反しない限り、遺言で共同相続人の全部または一部について、法定相続分と異なる割合を自由に定めることができる。これを指定相続分という。この指定は第三者に委託をすることもできる(902条)。

(2)　特別受益

共同相続人が、被相続人から受けた遺贈、または、婚姻・養子縁組・生計の資本として受けた贈与を特別受益という。相続人間の公平を図るため、被相続人が相続開始のときに有した財産の価額に、その贈与の価額を加えたものを相続財産とみなし、法定相続分または指定相続分により計算した相続分の中から、その遺贈または贈与の価額を控除した残額をもってその者の相続分とするとされている(903条1項)。遺贈または贈与の価額が、相続分の価額に等しく、またはこれを超えるときは、受遺者または受贈者は、その相続

分を受け取ることができない（同条2項）と規定されているので、相続分の計算で、特別受益が相続分の価額を超えていても、その者は超えている金額を返す必要はなく、相続分がゼロになるだけである。

持ち戻し免除の意思表示といって、被相続人が、特別受益に関して、民法と異なる意思を表示した場合は、遺留分の規定に反しない範囲で、その効力が認められる（同条3項）。

(3) 寄 与 分

被相続人の財産の増加または維持に対する特別な貢献があった場合に、相続人に認められ、相続財産からその貢献度に応じて他の相続人より多く取り分を認める制度を寄与分という。寄与分権利者は、被相続人が相続開始のときにおいて有した財産の価額から共同相続人の協議で定めたその者の寄与分を控除したものを相続財産とみなし、法定相続分または指定相続分により計算した相続分に寄与分を加えた額をもってその者の相続分とする（904条の2）。

(4) 相続分の譲渡

遺産分割前であっても、共同相続人は自分の相続分を第三者に譲渡できる。譲渡の対象は相続人の地位と解されている。譲受人は、譲渡がなされると、相続人が有していたのと同一の権利・義務を承継する（905条・990条）。

3 遺 産 分 割

相続が開始されると遺産は指定相続分または法定相続分の割合で相続人の共有状態になる。この共有状態を解消し、各相続人の取得する具体的な財産を決める手続きを遺産分割という。まず相続人全員による協議、協議が整わない場合は家庭裁判所の調停、調停不成立のときは家庭裁判所による審判により決定される。

被相続人が遺言によって分割方法を定め、または、被相続人が分割を第三者に委託することを指定分割という（908条）。現物分割・換価分割・代償分割等の方法のいずれか、またはこれらの併用を指定できるが、原則として法定相続分を変更しない範囲で行わなければならない。

第4節　相続の承認および放棄

1　相続の承認

（1）　相続の承認および放棄の意義

　相続制度では、無主物の状態を発生させないことが最も重要であり、相続開始と同時に、相続人は法律上当然に相続財産を承継するとされている。しかし、承継される相続財産は必ずしも積極財産だけとは限らず、被相続人が多額な借金をしていたような場合には、その消極財産も承継されることになる。消極財産が積極財産を上回る場合に、相続人がその不利益を引き継ぐことになるので、相続人に選択権を与えて、相続の承認または放棄をする自由を認めている。相続の効果を無条件に承認するのが単純承認、条件つきで承認するのが限定承認、全面的に拒否するのが相続放棄である。

（2）　単純承認

　単純承認とは、相続人が、無限に被相続人の権利義務を承継することを内容として相続の承認をすることをいう（920条）。単純承認をすると、相続財産としての積極財産で相続債務の消極財産を弁済できない場合には、相続人は自己の財産からその弁済をする義務を負うことになる。

（3）　限定承認

　限定承認とは、相続によって得た財産の限度においてのみ被相続人の債務および遺贈を弁済するという条件で相続の承認をすることをいう（922条）。相続財産が債務超過であることが明らかな場合は、相続放棄をすればよいが、積極財産と消極財産のいずれが多いか必ずしも明らかでないような場合もあるので、そのような場合には限定承認をすることに実益がある。

　相続人が数人ある場合の限定承認は、法律関係が複雑になることを避けるために、共同相続人の全員が共同で限定承認をしなければならない（923条）。これは、承認する場合に共同相続人の中に単純承認と限定承認をする者がい

ることを避けるための規定で、共同相続人の中に相続放棄する者がいたとしても、その者ははじめから相続人にならなかったものとみなされているので（939条）、残りの共同相続人が全員で限定承認をすればよい。

（4） 法定単純承認

相続財産の処分をしたり、熟慮期間・考慮期間が経過したり、また、限定承認や相続放棄後の不正行為をした場合には、相続人には当然に単純承認の効果が発生する（921条）。これを法定単純承認という。

相続財産の処分とは、たとえば、相続財産を売却したり、債権の取立てをしたりした場合のことで、保存行為や短期賃貸借（602条）は法定単純承認の対象とする処分からは除外されている（921条1号但書）。相続人が相続開始の事実を認識しているかどうかについては明文では規定されていないが、相続人が認識を欠く場合には単純承認の効果が生じないというのが判例の立場である（最判昭42・4・27民集21巻3号741頁）。

相続人は、自己のために相続の開始があったことを知ったときから3カ月以内に、相続について、単純もしくは限定の承認または放棄をしなければならないと規定されている（915条本文）。この3カ月の期間は一般に熟慮期間・考慮期間といわれる。相続人が、この期間内に限定承認または相続放棄をしない場合には単純承認をしたものとみなされる。

熟慮期間・考慮期間の起算点は、自己のために相続の開始があったことを知ったときと規定されているが、これに関しては、相続開始の原因である被相続人の死亡の事実を知っただけでなく、それによって自分が相続人になったことを覚知することが必要であるとされる（大決大15・8・3民集5巻679頁）。最高裁判所は例外として、相続開始の原因となる事実および自己が相続人となった事実を知ったときから3カ月以内に限定承認または放棄をしなかったのが、相続財産がまったく存在しないと信じたためであり、かつこのように信じるについて相当な理由がある場合には、この期間は相続財産の全部または一部の存在を認識したとき、または通常これを認識しうべき時から起算するのが相当であるとの見解を示している（最判昭59・4・27民集38巻6号698頁）。

相続人が限定承認または放棄をした後で、相続財産の全部または一部を、隠匿したり、密かに消費したりまたは悪意で相続財産目録に記載しなかった場合には、単純承認したものとされる。相続人が放棄をしたことにより新たに相続人となった者が承認をした場合には、放棄をした相続人に不正行為があったとしても、その者に単純承認の効果は生じない（921条3号但書）。

2　相続の放棄

相続人が、被相続人の有した権利義務の承継を、全面的に拒絶することが、相続放棄の意義である。相続放棄をするには、熟慮期間・考慮期間内にその旨を家庭裁判所に申述しなければならない（938条）。家庭裁判所は、相続放棄の申述が本人の真意に基づくものであることを確認したうえで受理の審判をする。相続放棄は、共同相続の場合でも各相続人が単独で行うことができる。

相続放棄をすると、相続人は相続資格を失い、その相続に関してははじめから相続人とならなかったものとみなされる（939条）。相続放棄がなされると、相続分の算定の際にその相続人を除外して計算をすることになる。

第5節　財産分離

1　財産分離の意義

相続が開始した場合に、被相続人に債権を有する相続債権者、被相続人から遺贈を受けている受遺者が、被相続人の残した相続財産から優先的に弁済を受けられるように、または相続人の固有の債権者が、相続人の固有財産から優先的に弁済を受けられるように、被相続人および相続人の財産を分離して相続財産の清算を行う制度を財産分離という。限定承認は相続人を保護するために財産の分離を図る制度であるのに対して、財産分離は相続債権者と相続人の債権者の公平を図ることを目的としている。相続債権者および受遺

者の請求によるものを第一種財産分離、相続人の固有債権者の請求によるものを第二種財産分離という。

2　第一種財産分離

　相続人の固有財産が債務超過と思われる場合に、相続債権者や受遺者が家庭裁判所に請求するのが第一種財産分離である。この請求は相続開始から3カ月以内に行うとされているが、相続財産が相続人の固有財産と混合していなければ、3カ月を超えていても請求が認められる (941条1項)。相続人が単純承認をした後であっても、財産分離の請求がなされたら、家庭裁判所が管理人を選任した場合を除いて、相続人は自己の固有財産におけるのと同一の注意義務で相続財産の管理をしなければならない (944条)。家庭裁判所は、必要があれば、相続財産の管理人を選任する等の処分を命じることができる (943条)。家庭裁判所が財産分離を命じた場合には、5日以内に他の相続債権者や受遺者に対して、財産分離の命令がなされたこと、および2カ月を下らない一定期間内に配当加入の申し出をすべき旨を官報により公告しなければならない (941条2項・3項)。家庭裁判所は、相続人が債務超過等の場合で、必要があると認めるときに、その裁量で命令を出すことができると解される。

　財産分離の請求をした者および配当加入の申し出をした者は、相続財産について、相続人の債権者に先立って弁済を受けることができる (942条)。相続人は、財産分離を請求できる期間および財産分離の請求がなされた後の配当加入の一定期間内は、相続債権者や受遺者に対する弁済を拒絶することができる (947条1項)。財産分離の請求があり、配当加入の期間が経過した後に、優先権を害すことなく、債権額の割合に応じて、相続財産から弁済をする (同条2項)。相続債権者への弁済の後で受遺者に弁済し、また、相続人が債権者や受遺者に損害を与えた場合には、損害賠償責任を負うことになる (同条3項)。財産分離の請求者および配当加入の申し出をした相続債権者や受遺者は、相続財産からの優先弁済で完済されなかった場合に限って、相続人の固有の財産についてその権利を行使できるが、この場合には、相続人の債権

者への弁済が優先される（948条）。

　相続債権者や受遺者の保護が、他の方法でも可能な場合には、必ずしも財産分離をする必要はない。また、相続人の債権者が損害を受けることを証明して異議を述べない限り、相続人が、相続債権者や受遺者に対して、自己の固有財産でこれらの者に満足を与え、または相当の担保を提供することにより、財産分離を回避することが認められている（949条）。

3　第二種財産分離

　相続財産が債務超過である場合に、相続人が限定承認をすることができる間または相続財産が相続人の固有財産と混合しない間に、相続人の固有債権者が、家庭裁判所に請求するのが、第二種財産分離である（950条1項）。財産分離を請求した者は、財産分離の命令があったことと配当加入の申し込みをなすべき旨の公告のみでなく、知れたる相続債権者や受遺者に対しての個別の催告をしなければならない（950条2項）。

　第二種財産分離は、相続人の固有の債権者の保護が目的であるが、対象となる財産は相続財産であり、財産分離の効果は第一種財産分離と同様である。相続債権者や受遺者は相続人の固有の債権者に優先して相続財産から弁済を受け、それで満足を得られない場合には、その債権残額について、相続人の固有の財産からの弁済を請求できる。この場合、相続人の固有の債権者が優先されることになる（950条2項）。配当加入の申し出をしなかった相続債権者や受遺者でも、相続人に知れたる者である場合には、配当手続きからの除外ができないという点が、第一種財産分離の扱いとは異なる（950条2項による929条の準用）。

第6節　相続人の不存在

1　相続財産の管理

　相続人が存在するかどうかが明らかでない場合には、まず、相続財産それ自体を法人化して「相続財産法人」を形成させる（951条）。次に、この法人としての相続財産の管理や清算手続きを行う相続財産管理人を選任する（952条）。相続財産管理人が選任されると、これを公告し（952条2項）、相続人の捜索の公告をするとともに（958条）、一定の期間内に相続債権者および受遺者に請求の申し出をするよう公告をし、一定の期間内に申し出た者に対して弁済を行う（957条・958条の2）。相続財産法人が成立した後で、相続人捜索の最後の公告期間終了までに相続人が出現した場合には、相続財産法人は遡及的に消滅する（955条）。

2　相続財産の国庫への帰属

　最終的に残った財産は国庫に帰属するが（959条）、その前に、特別縁故者への財産分与が行われる（958条の3）。特別縁故者は、相続人捜索の最後の公告期間満了から3カ月以内に家庭裁判所に対して相続財産の分与の審判を申し立てなければならないとされている（同条・家事別表第1第101）。特別縁故者は、被相続人と生計を同じくした者、被相続人の療養看護に努めた者、その他被相続人と特別な縁故があった者で、家庭裁判所の裁量で、清算後残存する財産の全部または一部を分与する。

　相続人の不存在が確定してから3カ月以内に特別縁故者による分与の申立てがない場合、または分与後に財産が残った場合には、その財産は最終的に国庫に帰属する（959条）。

第7節 遺 言

1 遺言制度の意義

　被相続人の意思を尊重して、財産を処分することが認められている。被相続人の最終意思を一般に遺言というが、法律的には、このうちで法律の定める方式に従ったものに限られる。遺言は被相続人の死亡後に効力が発生するので、厳格な要件・手続きが定められている。民法上、遺言には普通方式と特別方式がある。法律行為には行為能力が要求され、民法は満20年を成年として行為能力を認めているが、遺言については、例外的に満15歳に達した者は単独で遺言をする能力があると規定している（961条）。

　遺言により法律上の効力が認められるのは、認知、遺贈、寄附行為、未成年後見人・後見監督人の指定、相続分の指定、遺産分割方法、遺贈についての遺留分減殺方法、遺言執行者の指定またはその委託、遺産分割の禁止、相続人の廃除・その取消しといった10種類の民法で定める事項に限られる。それ以外についての遺言は道徳的な効力しか認められない。

2 遺言の方式

　民法では、遺言しようとする者の各々の要求やその置かれている状態に応じて、7種類の方式が認められている（図5-1）。

（1）普通方式

　普通方式遺言には、自筆証書遺言（968条）、公正証書遺言（969条）および秘密証書遺言（970条）の3種類がある。

　1）自筆証書遺言　普通方式の遺言の一つで、遺言の内容の全文、日付（原則として年月日）、氏名を自書し押印して作成する（968条）。全文を自書することが絶対的要件であるから、他人に筆記させたものやタイプライター・ワープロ・点字機等を用いたものは、自筆証書とは認められない。また氏名

図 5-1 遺言の方式

```
        ┌─ 自筆証書遺言 (968条)
普通方式 ─┼─ 公正証書遺言 (969条)
        └─ 秘密証書遺言 (970条)

        ┌─ 危急時遺言 ──┬─ 一般危急時遺言 (976条)
特別方式 ─┤             └─ 難船危急時遺言 (979条)
        └─ 隔絶地遺言 ─┬─ 伝染病隔絶地遺言 (977条)
                      └─ 船舶隔絶地遺言 (978条)
```

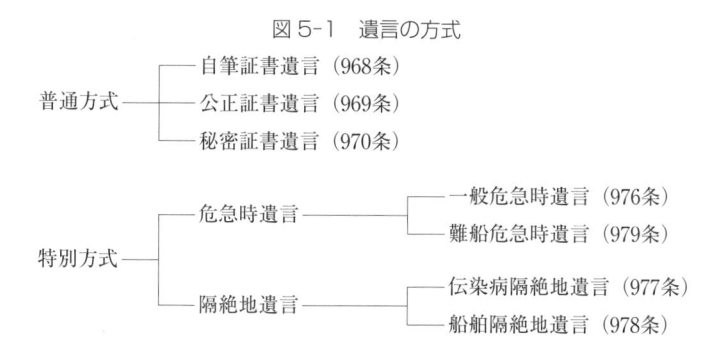

を明記することが原則である。

　2)　**公正証書遺言**　公正証書によって遺言をするには、証人2人以上が立ち会い、遺言者が遺言の趣旨を公証人に口授し、公証人が、遺言者の口述を筆記し、これを遺言者・証人に読み聞かせ、遺言者・証人が、筆記の正確なことを承認した後に、各自これに署名・押印し、公証人が、その証書が適式な手続きに従って作成されたものである旨を付記して、これに署名・押印することが要求される (969条)。

　3)　**秘密証書遺言**　遺言者が遺言書 (自筆でなくてもよい) に署名・押印し、その遺言書を封入し、証書に用いた印章で封印し、その封書を証人2人以上の立会いのうえで公証人の前に提出し、自分の遺言書であるということ、ならびに遺言書の筆者の氏名および住所を申述し、公証人が、証書が提出された日付と遺言者の申述を封紙に記載し、遺言者・証人・公証人が封紙に各自署名・押印して作成する遺言である (970条)。遺言の存在をはっきりさせながら、しかも内容を秘密にできる利点がある。

　4)　**無効な遺言の転換**　秘密証書遺言の方式に違反したためにその遺言としては無効となるが、自筆証書の方式を備えているような場合には、自筆証書遺言として有効とされる (971条)。これは無効行為の転換の一例である。

(2) 特別方式

　特別な事情があるために、普通方式による遺言ができない場合に、簡略化された手続きで遺言が認められる。これには大きく分けて死期が迫っている

危急時遺言および一般社会から隔絶されている隔絶地遺言がある。

1) **危急時遺言** 疾病その他の事由で死亡の危急に迫っている場合の一般危急時遺言（976条）と、船舶が遭難した場合の難船危急時遺言（979条）がある。

2) **隔絶地遺言** 伝染病のため行政処分によって交通を絶たれた場所にいる場合の伝染病隔絶地遺言（977条）と、船舶中にある場合の船舶隔絶地遺言（978条）がある。

3　遺言の効力・執行・撤回と取消し

（1）　遺言の効力

遺言は単独行為であるから、遺言者が一定の方式に従って遺言の意思表示をしたときに成立するが、その効力は、遺言者が死亡したときに発生する（985条1項）。

効力発生に条件をつけた遺言を条件付遺言という（985条）。遺言によって財産を受ける予定者は、遺言者が死亡するまでは効力が生じないのでその権利は期待権にすぎない。停止条件付遺言は、遺言者が死亡する前にその条件が成就すれば無条件となり、その条件が遺言者の死亡後に成就したときは、条件成就の時から効力が生じる（985条2項・127条1項）。

遺贈は、遺言による財産の処分で、遺産の割合による包括遺贈と特定の財産を特定の者に与える特定遺贈の2種類がある。遺言者の死亡の時に効力を生じ、遺贈を受ける者は受遺者と呼ばれ、包括遺贈の場合はその割合で遺産を取得し、特定遺贈の場合は死亡と同時に特定の遺産を取得する。

遺贈により財産を受ける者を受遺者という。遺贈は単独行為であるから受遺者の同意は必要ないが、受遺者には遺贈を放棄することが認められる。包括遺贈の場合は相続人と同一の権利義務を有し積極財産も消極財産も承継し、特定遺贈の場合はその財産だけを取得する。受遺者が相続人の場合はその遺贈が特別受益となる。また、遺贈が遺留分を侵害する場合には減殺請求の対象となる。

包括遺贈は、遺産の全部または何分の1という割合でなされるもので、相続の承認、放棄、遺産分割といった規定がそのまま適用される。

　包括遺贈を受ける者が包括受遺者で、相続人ではないが、実質的には相続人の地位に類似しているので、相続人と同一の権利義務を有すると規定されている（990条）。遺言者が、遺贈によって利益を受ける受遺者に、一定の給付を目的とする債務を負担させる遺贈を負担付遺贈という。負担自体が不能または公序良俗に反する場合は無効となる。負担不履行の場合には、相続人または遺言執行者は、相当の期間を定めてその履行を催告し、その期間内に履行のないときには、遺言の取消しを裁判所に請求する（1027条）。

　条件付遺贈について、停止条件付遺贈は条件成就までは遺贈の効力は生じず、義務も課されない。解除条件付遺贈では、条件成就によって当然に遺贈の効力が消滅する。負担付遺贈と類似していると思われるが、義務が課され、その履行まで効力が生じないという点、負担が履行されないからといって遺贈の効力が失われない点等で異なる。

（2）　遺言の執行

　遺言が効力を生じた後、その内容である遺言者の意思を実現するために必要な事務を行うことを遺言の執行という。

　形式的に遺言書の方式に関するすべての状況を調査・確認するとともに、その保存を確実にするための検証手続きを遺言の検認という。遺言書の保管者は相続開始後遅滞なく遺言書を家庭裁判所に提出しなければならない（1004条1項・2項）。家庭裁判所は遺言の方式・内容その他の形状を調査・検証して記録に留め、後日の滅失・毀損に備えてその保存を確保すると同時に事後の偽造・変造を防止し、紛争の予防と遺言者の意思の実現を図る。

　遺言執行者とは、遺言の内容を実現する行為の権限と職務を有する者で、法律上相続人の代理人とされている（1015条）。遺言により指定することができるが（1006条）、指定がない場合には利害関係人の請求により家庭裁判所に選任を申し立てることができる（1010条）。遺言執行者が選任されると、遺言執行者が遺言の執行に必要な一切の行為をする権利義務を有し、相続人は相

続財産の処分その他遺言の執行を妨げる行為をすることができない（1013条）。

（3） 遺言の撤回と取消し

いったん成立した遺言を、遺言者は遺言の方式に従って、その全部または一部についていつでも撤回することができる（1022条）。条文の規定では「取消し」となっているが、民法総則に規定されている「取消し」ではなくて、「撤回」の意味であると解されている。

前後2通の遺言の内容が矛盾するような場合に、後の遺言を優先するという原則が後遺言優先の原則で、仮に後の遺言に前の遺言を取り消したり撤回する明確な意思表示がなくても、その矛盾する部分については、前の遺言を撤回したとみなすと規定されている（1023条）。

第8節　遺　留　分

1　遺留分制度の意義

遺言があれば原則としてそれに従って被相続人の財産は承継される。しかし、被相続人の財産の形成には家族の貢献もあり、残された家族の生活も確保しなければならない。そのため、兄弟姉妹を除く法定相続人（子・配偶者・親）には一定範囲で財産の取戻しが認められる（1028条）。

2　遺留分権利者と遺留分

遺留分とは、一定の相続人のために必ず留保しておかなければならない遺産で、兄弟姉妹を除く法定相続人に認められる。原則として遺産の2分の1で、父母等の直系尊属だけが相続人の場合は3分の1である。遺留分は一種の期待権で、これを遺留分権という。この遺留分権から、遺留分を侵害する遺贈や贈与の効力を奪う遺留分減殺請求権という具体的な権利が生まれる。

3　遺留分の算定

　被相続人が相続開始時において有した財産の価額にその贈与した財産の価額を加え、その中から債務の全額を控除したものが遺留分算定の基礎財産である（1029条1項）。この債務は私法上の債務に限らず、税金や罰金等の公法上の債務も含まれる。

4　遺留分の減殺方法

　遺留分の侵害を受けた遺留分権利者は、自己の遺留分の確保に必要な限度で、遺贈および遺留分算定の基礎となる財産に算入された贈与から一定の順序に従って取戻しを請求することができる。この請求権が遺留分減殺請求権である。

　寄与分制度が新設された際に、寄与分が遺留分減殺の対象となるかどうかについては明文の規定が設けられなかった。そこで、寄与分は遺留分の影響を受けないと一般には解されている。しかし、寄与分は相続財産の額から遺贈の額を控除した範囲でなければならず（904条の2第3項）、遺贈が寄与分に優先する。したがって、遺留分と遺贈と寄与分は複雑な優劣関係に立つことになる。

索　引

●ア 行●

遺産分割	91, 271
意思主義	30, 85
遺失物	95
意思と表示の不一致	31
意思能力	13
意思の不存在	30
異時配当	128
意思表示	29
慰謝料	225
遺贈	280
一元論	210
逸失利益	224
一般財産	143
一般失踪	21
一般の先取特権	115
一般不法行為（法）	201
一般法人	22
委任	194, 196
違法性段階説	232
違法性論	209
入会権	104
遺留分	282
遺留分減殺請求権	283
遺留分権利者	282
医療過誤	213
因果関係の割合的認定	218
インフォームドコンセント	218
請負	194-5
永小作権	104
営利法人	22
延命利益	219

●カ 行●

外形標準説	235
解除	90
解除契約	175
解除条件	47
蓋然性説	218
買戻し	184
解約手付	180
隔絶地遺言	280
確定期限	47
確定性	29
確定日付のある証書	159
確率的心証論	218
隠れた瑕疵	182
瑕疵	180
瑕疵ある意思表示	40
瑕疵担保責任	182
過失	205
果実収取権	113
過失責任主義	203
過失相殺	226
過失の一応の推定	208
過失の客観化	206
仮登記担保	131
簡易の引渡し	92
慣習	28
間接強制	143
間接代理	53
完全賠償主義	221
監督義務者責任	233
元物	27
期間	65
危急時遺言	280
期限	47
危険性関連説	222
危険責任	204
危険負担	172
帰責事由	140
基本代理権	59
義務射程説	222
逆相続	229
客観説	237

285

給付利得	199		公益法人	22
狭義の債務不履行	140		更改	165
協議離婚	249		効果意思	29
競合的不法行為	237		交換	185
供託	163		広義の債務不履行	140
共同相続	269		公共の福祉	7
共同抵当	128		後見	16, 258
共同不法行為	237		工作物責任	235
強迫	43, 90		公示の原則	83, 85, 123
共有	97		公信の原則	83-5
許可主義	23		公正証書遺言	279
虚偽表示	33		口頭の提供	163
極度額	129		合有	97
居所	19		国家賠償法	241
寄与分	271		個別積算方式	223
緊急避難	220		雇用	194
近親婚禁止	246		婚姻	244
近親者固有の慰謝料	228		——の成立	244
金銭債権	139		——の無効・取消し	246
具体的過失	205		婚姻障害事由	246
形式主義	85		婚姻届	244
契約	166		婚姻費用の分担義務	248
契約自由の原則	167		混同	165
血族相続人	267		婚約	251
権限外の行為による表見代理	58		●サ 行●	
検索の抗弁権	157			
現実の提供	162		債権	135, 166
現実の引渡し	92		——と物権	136
原始的不能	172		——の準占有者	162
原状回復	176		——の目的	135, 137
限定承認	272		債権行為	28
顕名主義	48		債権者主義	174
権利外観法理	34		債権者代位権	146
権利質	122		——の転用	148
権利的構成	230		債権者平等の原則	105
権利能力	10		債権譲渡	159
権利濫用の禁止	7		催告	74
牽連性	112		——の抗弁権	157
故意	204		再婚禁止期間	246
合意解除	175		財産分離	274
行為能力	13		裁判離婚	249

債務	166	重過失	36
債務者主義	174	重婚禁止	246
債務の履行	135, 140	住所	19
債務引受	160	従物	26
債務名義	142	受益者	149, 174
詐害行為取消権	149	熟慮期間の起算点	273
差額説	225	受動債権	164
詐欺	41, 90	取得時効	66
先取特権	114	受忍限度	215
錯誤	36	主物	26
指図による占有改定	93	種類債権	138
差止め	230	順位確定の原則	123
死因贈与	179	順位上昇の原則	123
時効	66, 91, 98	準委任	196
——の援用	67	準消費貸借	187
——の完成	76	準則主義	23
——の遡及効	74	消極的損害	224
——の中断	74	条件	47
——の停止	74	証拠の優越説	218
時効利益の喪失	76	使用者責任	234
自己契約	51	使用貸借	186, 188
自己占有	99	承諾	169
事実婚	251	承諾転質	119
事実的因果関係	216	譲渡担保	132
自主占有	99	消費者契約法	46
死傷損害説	225	消費貸借	186-7
自然債務	31, 142	消滅時効	66
質権	118	条理	28
失火責任法	239	食品被害	213
実子	252	所有権	95
実質的無権利者	89	——に基づく返還請求権	96
失踪宣告	19	——に基づく妨害排除請求権	96
指定相続分	270	——に基づく妨害予防請求権	96
私的実行	132	所有権絶対の原則	95
自働債権	164	所有権留保	134
自動車損害賠償保障法	240	自力救済	142
自筆証書遺言	278	事理弁識能力	226
事務管理	197	侵害利得	199
指名債権	159	信義則	7
借地借家法	137, 192	親権	256
収益的効力	109	——の効力	257

——の喪失	257	素因減額	227
——の停止	257	相関関係説	209
新権原	100	相殺	164
（新）主観説	238	相続	100
親族	243	——の承認	272
親等	243	——の放棄	274
審判離婚	250	相続開始時期	265
信頼利益	145	相続開始の場所	266
心裡留保	31	相続回復請求権	266
随伴性	110, 157	相続欠格	268
生活扶助義務	262	相続構成	229
生活妨害	215	相続財産管理人	277
生活保持義務	262	相続財産の包括承継	269
請求	74	相続財産法人	277
制限行為能力者	14	相続人の廃除	268
制限賠償主義	222	相続人の不存在	277
制限物権	79	相続分	270
清算義務	132	相続放棄	91
生殖補助医療	254	相対的効力	154
製造物責任法	240	相当因果関係論	221
正当行為	220	双方代理	51
正当防衛	220	双務契約	169
成年擬制	247	総有	97
成年後見	259	贈与	177
成年後見制度	15, 258	即時取得	94
成年後見人	260	損益相殺	227
成年被後見人	17	損害事実説	225
責任財産	143	●タ　行●	
責任転質	119		
責任能力	219	第一種財産分離	275
責任保険	202	代価弁済	127
積極的損害	223	第三者	88
絶対的効力	154	——のためにする契約	174
善意の第三者	33	胎児	12, 267
選択債権	139	代襲相続	267
占有回収の訴え	102	代償物	124
占有改定	92, 94	代替執行	143
占有権	98	第二種財産分離	276
占有訴権	101	代物弁済	163
占有保持の訴え	101	代理	47
占有保全の訴え	101	代理権授与表示の表見代理	56

代理権消滅後の表見代理	60
代理占有	99
諾成契約	168
諾約者	174
他主占有	99
他人物売買	136
単一性	82
単純承認	272
担保責任	180
担保物権	79, 105
担保不動産収益執行	117
地役権	104
遅延賠償	145
地上権	103
嫡出子	252
嫡出否認	253
中間責任	233
抽象的過失	205
重畳類推適用	35
調停離婚	250
直接強制	142
直接効果説	176
賃借権	103, 193
賃借人	88
賃貸借	186, 189
追認	15, 46
通常損害	144
定期贈与	178
停止条件	47
抵当権	122
抵当権消滅請求	127
手付	180
典型契約	168
典型担保	107
転質	119
転貸	191
転抵当	125
天然果実	27
填補賠償	145
転用物訴権	200
ドイツ民法（BGB）	77, 84-6
同意	15
登記	86
動機	29
——の錯誤	37
同居協力扶助義務	247
動産	25
——の先取特権	115
動産質	120
同時死亡の推定	265
同時配当	128
同時履行の抗弁権	112, 171
到達	43
到達時説	160
到達主義	170
盗品	95
動物占有者等の責任	237
特殊不法行為（法）	201
特定遺贈	280
特定債権	148
特定の原則	123
特定物債権	138
特別縁故者への財産分与	277
特別失踪	21
特別受益	270
特別損害	144
特別の先取特権	115
特別法上の抵当権	130
特別養子縁組	255
特許主義	23
取消し	44
取引的不法行為	211

●ナ 行●

内縁	251
内外人平等	13
二元論	210
日常家事債務連帯責任	248
二分論	210
任意規定	28
任意後見制度	261
任意代理	49

認可主義	23	負担付遺贈	281
認証主義	23	負担付贈与	179
認知	253	普通養子縁組	254
根抵当権	129	物権行為	28
		物権的請求権	81
●ハ 行●		物権と債権	136
		物権変動	82
配偶者相続人	268	物権法定主義	78
背信的悪意者	89-90	物上代位性	111
売買	179	物上保証人	123
——は賃貸借を破る	82	不動産	25
発信主義	170	——の先取特権	115
ハンドの公式	207	不動産競売	126
非営利法人	22	不動産質	121
被害者「側」の過失	226	不当利得	199
被害者の承諾	220	不法行為（法）	201
非嫡出子	253	不法行為構成	231
必要費	190	扶養	262
非典型契約	168	扶養義務者	262
非典型担保	107	扶養構成	229
被保佐人	17	不要式契約	168
被補助人	17	プライバシーの侵害	214
秘密証書遺言	279	分割債権	151
表見代理	56	分割債務	151
表示意思	30	併存的（重畳的）債務引受	160-1
表示行為	30	弁済	161
表示主義	30	——の提供	162
費用償還請求権	114	片務契約	169
夫婦財産契約	248	包括遺贈	281
夫婦財産制	248	包括受遺者	281
夫婦同氏の原則	247	報償責任	204
付加一体物	124	法人	10
不確定期限	47	法人法定主義	22
不可分債権・債務	152	法定解除権	175
不可分性	110	法定果実	27
不完全物権変動説	87	法定財産制	248
不完全履行	140-1	法定相続分	270
復代理	52	法定代位	129
復任権	52	法定代理	49
不在者	19	法定単純承認	273
付従性	110, 156	法定担保物権	106
不真正連帯	235		

法定地上権	126	――の撤回と取消し	282
法定利率	146	遺言執行者	281
暴利行為	163	有償契約	169
法律行為	27	優先的効力	82
保佐	16,260	優先弁済的効力	108
保佐人	261	有体物	25
補助	16,261	有名契約	168
保証契約	155	用益物権	79
保証債務	155	養子	254
補助人	261	要式契約	168
本権の訴え	102	要素の錯誤	37
		要物契約	119,168
●マ 行●		要約者	174
未成年後見	259	予見可能性	206
未成年者	14	予見義務・調査研究義務	207
無過失責任	204	四大公害	212
無記名債権	26		
無権代理	55	●ラ 行●	
無効	31,44	離縁	255
無効行為の転換	279	履行遅滞	140-1
無償契約	169	履行引受	160
無名契約	168	履行不能	140-1
名誉毀損	214	履行利益	145
免除	165	離婚原因	250
免責的債務引受	160	離婚届	249
申込み	169	利息債権	139
――の誘引	170	留置権	111
門前到達説	217	留置的効力	109
		了知	43
●ヤ 行●		類推適用	34
薬害	212	連帯債務	153
約定解除権	175	連帯保証	157
約定担保物権	106		
遺言	278	●ワ 行●	
――の検認	281	笑う相続人	229
――の執行	281		

編著者紹介

小川　富之（おがわ　とみゆき）

　広島大学大学院社会科学研究科法律学専攻（博士課程後期）単位取得。
　法学修士。
　近畿大学法学部教授などを経て、
　現　在　福岡大学法科大学院教授。

［著書・論文］
『ロードマップ民法①〜⑤』（共編著、一学舎、2012〜2015年）
『家族法』（共編著、法律文化社、2013年）
『The Changing Japanese Society and the Law』（共編著、広島経済大学叢書、2000年）
「親権—オーストラリア」比較法研究75号（有斐閣、2013年）
「オーストラリアにおける子どもの手続上の代理人」法律時報81巻2号（日本評論社、2009年）
「オーストラリア家族法（1）〜（5）」戸籍時報629〜634号（翻訳、日本加除出版、2008年）　など多数。

民　法

2015年4月30日　第1版1刷発行

　編　著　者―小川富之
　発　行　者―森口恵美子
　印刷・製本―松本紙工
　発　行　所―八千代出版株式会社

　　　　東京都千代田区三崎町2-2-13
　　　　TEL　03（3262）0420
　　　　FAX　03（3237）0723
　　　　振替　00190-4-168060

＊定価はカバーに表示してあります。
＊落丁・乱丁本はお取り替えいたします。

ISBN978-4-8429-1656-9　Ⓒ Tomiyuki Ogawa et al., 2015